FRÉDÉRIC GARCIN

Ancien Lieutenant d'Infanterie de Marine

Au TONKIN

pendant la Conquête

LETTRES

D'UN SERGENT

(1884-1885)

R. CHAPELOT et Cᵢₑ, Éditeurs

30, Rue Dauphine

AU TONKIN

PENDANT

LA CONQUÊTE

(1884-1885)

DU MÊME AUTEUR

———

Un an chez les Muongs (*Souvenirs d'un Officier*). Ouvrage enrichi de gravures et de cartes. — Paris, Plon et Nourrit, Éditeurs (1891).

EN PRÉPARATION :

Le Tonkin d'aujourd'hui.

FRÉDÉRIC GARCIN

Ancien Lieutenant d'Infanterie de Marine

Au TONKIN

pendant la Conquête

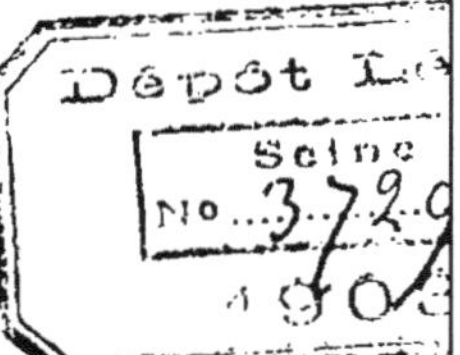

LETTRES

D'UN SERGENT

(1884-1885)

R. CHAPELOT et Cᵉ, Éditeurs
30, Rue Dauphine

PRÉFACE

Le titre du présent ouvrage en détermine et en formule la pensée : il montre par quels efforts, quelles luttes, quels sacrifices fut conquise à la France la terre lointaine du Tonkin.

C'est le récit des opérations militaires en 1884 et 1885, précisément les plus sérieuses de toutes celles que nécessita cette longue campagne, opérations où il nous fallut réunir les plus gros effectifs et les *seules* où se produisit le choc entre nos troupes et *l'armée régulière chinoise*.

Drame plein de péripéties. Le narrateur en fut un des humbles acteurs. Sergent alors d'infanterie de marine, du théâtre même de la guerre, il adressait à ses parents de longues lettres.

Ce sont ces mêmes lettres qui sont publiées aujourd'hui, avec des coupures forcées, mais telles qu'elles furent écrites autrefois, au jour le jour, sous la vive impression des scènes les plus pittoresques et des actes les plus émouvants.

Elles offrent l'intérêt de mettre à nu la vie de nos modestes troupiers, leurs privations, leurs fatigues, leurs dangers et aussi leur endurance, l'espoir et le patriotisme qui les animèrent. Chacun des participants à cette rude campagne pourra se reconnaître, et, là où le témoin qui raconte est contraint, par la forme épistolaire, de dire *moi*, tous ses anciens compagnons pourront lire : *nous*. Ce n'est donc pas un individu seul qui se trouve mis en cause, c'est le gros de l'armée militante, souffrante, et qui, grâce à d'habiles chefs, est restée, en définitive, l'armée triomphante.

Un tel spectacle contient une leçon et un grand espoir. Ceux qui ont suivi nos soldats sur les champs de bataille du Tonkin conçoivent de la vitalité, de l'énergie et des vertus de notre race une idée tout autre que celle inspirée aux hommes qui n'observent que nos luttes intérieures.

Qu'on ne s'imagine point, comme l'ont fait tant de nos compatriotes, que nous n'avions à recueillir, là-bas, que la plus facile victoire ! On verra quels ennemis se sont dressés devant nous et, certes, non dépourvus de moyens pour nous combattre. Quiconque s'est mesuré avec eux ne saurait leur jeter l'insulte et parfois même ne peut retenir un cri d'admiration devant la sauvage bravoure des Pavillons-Noirs.

Ce pays très original, merveilleux de végétation luxuriante et qui semble parfois reproduire les rêves de l'imagination a contraint l'épistolier de céder au charme de décrire à grands traits les paysages si curieux, si peu connus alors et qu'on voit défiler devant soi sur la longue route du Tonkin.

En somme, tout ce qu'il dépeint, tout ce qu'il raconte, « il l'a vu, de ses yeux vu, ce qu'on appelle vu. » Son œuvre est donc celle d'un témoin.

Et, avec un serrement de cœur, il songe à tous ceux qui furent des témoins, eux aussi, mais qui gardent, hélas! et pour toujours leurs bouches closes. Pour ceux-là, le terme de *témoin* reprend son sens antique et profond, le sens de *martyr*.

Finalement, cette œuvre humble, mais ardent hommage à tous nos morts du Tonkin, est, selon une formule expressive de nos jours, *un livre vécu*.

Puisse-t-il être un *livre vivant !*

LE TONKIN

DE LA

CONQUÊTE DE 1884-1885

CHAPITRE PREMIER

**De Toulon à la baie d'Halong — Messine — Port-Saïd,
le canal de Suez — Aden — Colombo — Singapoor — Saïgon.**

A bord de la *Nive*, dans la mer Ionienne, le 23 mars 1884.

Je vous écris par un temps calme; les encriers peuvent tenir sur les tables, et c'est à la fois un plaisir et une distraction, dans l'ennui de la traversée, que de causer avec vous.

Nous avons quitté Toulon, le 20, à 3 h. 18 du soir. On a longé, en sortant de la rade, les côtes de Provence; les petites falaises rouges, baignées par les flots bleus et que dominent les collines arrondies, couvertes de pins et d'oliviers; on a passé en vue des îles d'Hyères; puis, le soir, à 9 heures, étant de quart avec l'escouade de loch, sur la dunette, j'ai vu disparaître les feux d'Antibes et de Fréjus. « C'est peut-être la dernière fois, me disais-je, que je vois la France. »

Ici, par l'obligation de prendre le quart, on n'a jamais qu'une partie de la nuit à dormir, et quelle couchette! Au lieu d'avoir un hamac muni d'un petit matelas, comme les marins, on se trouve dans une simple toile, le corps enveloppé d'un mauvais couvre-pieds, ballottés les uns contre les autres par le roulis. On dort cependant, dans ces hamacs rudimentaires, on dort de fatigue, ce qui est moins réparateur.

Je me suis débrouillé, dès le début, pour obtenir un petit

emploi. D'une part, j'ai la surveillance des factionnaires ; d'autre part, j'assiste, dans la cambuse, à la distribution des vivres des 600 passagers de l'infanterie de marine.

Alimenter tout ce monde?... Durant les premiers jours de la traversée, on aurait pu croire être dispensé d'un tel souci, pour la plupart de mes camarades, même pour des matelots. Tous ces malheureux, subissant le mal de mer, semblaient prêts à rendre l'âme.

Je n'en ai souffert en aucune façon. Jusqu'à cette heure, un seul accident tragi-comique a pu troubler mon repas. L'autre jour, nous voguions par une forte brise, avec des lames de 5 à 6 mètres. Dans la batterie, qui nous sert de dortoir et de réfectoire, nous nous mettons à table ; je venais de me servir de la soupe, quand soudain l'assiette se précipite de l'autre côté et va se choquer à d'autres assiettes, à des quarts de vin, roulant pêle-mêle contre le bordage. Que cela m'étonna !

Nos tables de troupiers, montées sur des pieds mobiles et que l'on glisse, après le repas, sur des tringles de fer, au plafond de la batterie, ces longues planches ne ressemblent point aux tables massives, fixées au plancher, du carré des officiers.

Ces dernières sont percées de petits trous, où l'on enfonce des chevilles de bois qui, en les entourant, fixent plats et assiettes, bouteilles, carafes et verres. Parfois, pour plus de solidité, de longues règles de bois encadrent toutes les grosses pièces du couvert. On appelle cela *mettre les violons*.

Mais trève à tous ces détails d'intérieur ! Ce qui intéresse le plus, en mer, c'est le dehors, les pays nouveaux pour vous qui défilent sous vos yeux.

Le 21 mars, par un temps superbe, nous avons rasé le cap Corse, avec sa forteresse en ruines, la petite île rocheuse qui le prolonge et que surmonte une vieille tour gênoise ; puis, l'île d'Elbe, Caprera, Monte-Christo.

Aux approches des Lipari, nous avons aperçu le Stromboli, avec son cratère, d'où s'échappait un lourd nuage noir. Nous pouvions voir, parmi les vignes, au pied de la montagne, les maisons blanches, semblables de loin à de petits dés à jouer ; puis, tout s'est noyé à la nuit tombante, pas assez obscure néanmoins pour faire briller à nos yeux les lueurs rouges du volcan.

Bientôt deux phares nous annoncent l'entrée du détroit de Messine. Devant nous, deux longues chaînes de montagnes : l'Italie à gauche; la Sicile à droite, séparées par une large coupure; engagés dans le passage, deux longues files d'illuminations. Sur la côte de Calabre, les maisons encore éclairées indiquent les ports italiens; sur l'autre bord, tous les feux de Messine, grande ville de 70,000 habitants, teignent le ciel d'une lumière pâle. Et les phares, les signaux des ports, les étoiles resplendissantes dans l'azur sombre, tout cela se reflète comme en un miroir dans la mer aussi calme qu'un lac. Splendide tableau! Sans doute notre navire, en son passage, ne le dépare point. Avec légèreté il fend les ondes, et, derrière nous, toutes ces lumières se jouent sur les vagues brillantes, qui se forment en éventail de chaque côté du sillage.

Lentement nous avançons entre Charybde et Scylla; puis, quand le passage réputé jadis si périlleux est franchi, l'officier de quart commande : « Machine à 55 tours! » Aussitôt l'énorme cheminée vomit un panache de fumée et, laissant les côtes latines, la *Nive* s'élance sur la mer Ionienne. On n'aperçoit plus de loin que les feux de Catane, au pied de l'Etna, dont le profil sombre se détache sur le ciel étoilé.

Aujourd'hui, nous filons assez bon train, car on s'est couvert de toile. Tant mieux! Nous avons hâte d'arriver au fameux Canal.

Port-Saïd, 27 mars.

Nous y voici enfin, du 26 au soir. Le ciel est plein d'éclat; la mer, bleu foncé sur les côtes d'Italie, se colore ici d'un vert pâle, et la chaleur nous semble étouffante.

Le 24, nous avions longé l'île de Candie, et de si près que, avec une lunette, nous apercevions les soldats turcs, grimpés sur les terre-pleins d'un fort pour regarder passer notre navire.

Les montagnes, encore couvertes de neige, étincelaient de blancheur au soleil, entre l'azur du ciel et de la mer.

Notre navigation est devenue alors assez monotone; de temps à autre, à l'horizon, la petite tache blanche d'un voilier ou le léger panache de fumée d'un steamer. Finalement, le matin, nous avons distingué, sur notre droite, une longue ligne de côtes très basses, petites dunes de sable, touffes de palmiers, surgissant au-dessus de l'horizon, puis les deux phares de Rosette et de Damiette.

La rencontre de nombreux bateaux à vapeur nous signalait l'approche de l'isthme. Bientôt Port-Saïd apparaît à nos yeux, émergeant de la mer.

Après avoir reçu un pilote, la *Nive* s'engagea avec précaution entre les deux jetées; deux longs tas de pierres protégeant l'entrée du Canal, et nous voici mouillés à peu de distance du quai, près de trois autres navires de guerre : un turc, un cuirassé italien et un grand transport anglais, chargé de troupes, retour des Indes.

Vis-à-vis de nous, à 40 ou 50 mètres, s'élèvent des cafés, des hôtels, et tous affichent des enseignes en langue française. Sur le bord du Canal s'agite une foule bariolée, Européens, Arabes, Turcs, petits Égyptiens, presque noirs, qui courent tout nus.

Dans ce méli-mélo passent des ânes portant des Européens et que des conducteurs indigènes, galopant derrière, font trotter à grands coups de matraque.

Sitôt notre arrivée, une multitude de barques nous assiègent : marchands de tabac, d'oranges, de citrons, de dattes. Des canots, avec pavillon, les obligent à leur laisser passage : c'est la douane, c'est la visite sanitaire, l'administration du Canal, le consul; tout cela est venu à notre bord, et j'avais bien envie de rire en face d'un petit lieutenant, noir comme un corbeau, avec de vieilles épaulettes fanées.

Je ne puis, hélas! aller à terre; seuls, les officiers descendent aux escales; mais, du bord, je distingue très bien la ville, dont nous enfilons la principale rue. Les chants des femmes françaises ou viennoises, le son grêle des violons, m'arrivent très distincts des cafés tout proches et tout étincelants de lumières.

Nous allons rester à Port-Saïd, pour réparer quelques avaries de machine, durant trois jours. Il faudra ensuite filer rondement pour rattraper le temps perdu.

Encore près d'un mois, avant d'arriver au Tonkin, avant d'avoir une lettre de vous.

Mon service à bord, secondant le capitaine d'armes, m'empêche de trop souffrir de ce manque de nouvelles.

Nous n'avons la franchise postale qu'arrivés au Tonkin; aussi, voyez, je colle sur ma lettre un beau timbre rose, orné d'une petite pyramide.

Mer Rouge, 2 avril 1884.

Le 29 mars, au lever du soleil, nous avons quitté Port-Saïd. La *Nive* a suivi lentement le Canal aux eaux jaunes, sans cesse remuées par le passage des paquebots. Naviguant à travers de nombreux vapeurs de toutes nationalités, bientôt nous avons perdu de vue les maisons rouges, jaunes, bleues, entourées de galeries de bois, qui composent la ville, et les petites maisons blanches du quartier indigène, qui vont se perdre dans l'immense plaine de sable.

Les nuits précédentes, nous avions joui d'un curieux spectacle. Les navires arrivés le soir et devant, pour la plupart, repartir le lendemain, faisaient, dans la nuit, leur charbon.

D'énormes chalands porteurs de houille, remorqués par des chaloupes à vapeur, les accostaient, et les Arabes chargés du transbordement travaillaient à la lueur de grands braseros piqués dans le bordage des chalands ; la flamme rouge du charbon jetait de fantastiques reflets sur l'eau, sur ces longues files d'hommes noircis, luisants de sueur, courant, la hotte sur les épaules, et s'engouffrant par les sabords de charge. Puis, la dernière hotte vidée dans la soute, ces demi-sauvages, tout nus, qui avaient accompli leur tâche en psalmodiant des chansons, se livraient à une joie effrénée. Ils hurlaient, dansaient, agitaient au-dessus de leurs têtes les braseros rouges de flammes ; on eût dit une bande de démons.

La veille de notre départ, les commandants des navires de guerre sur rade étaient venus rendre, ou avaient fait rendre la visite qu'ils avaient reçue de notre capitaine de frégate.

Que d'officiers anglais, turcs, italiens, nous vîmes ainsi défiler sur notre navire !

Il faut que je note une cérémonie qui, chaque soir, impressionnait vivement les indigènes et que les autres nations, je crois, n'accomplissent pas comme nous : c'est *la rentrée des couleurs*.

Sitôt le soleil tombant et prêt à disparaître, les deux clairons, les deux tambours du bord et les dix clairons d'infanterie de marine forment le cercle sur le pont, et, à la minute où le dernier rayon va s'éteindre dans la mer, l'officier de garde (en rade, on n'est pas de quart, mais de garde) jette ce commandement : « Attention pour les couleurs... Envoyez ! » A une demi-seconde d'intervalle, on entend les coups de fusil des deux factionnaires des coupées retentir, tambours battre et clairons sonner au drapeau :

> A nos couleurs sacrées,
> Soyons toujours fidèles ;
> En braves matelots,
> Sachons mourir pour elles.

Pas fameux, ces vers de pauvres troupiers ; mais en pays étranger, ils ont le don de vous émouvoir ; et, pendant qu'à bord tout le monde restait immobile, tête nue, que le pavillon et la flamme de guerre, amenés par deux timoniers, descendaient lentement vers le pont, sur le quai, à peu de distance, une foule bariolée, où les tuniques vertes à parements rouges des gendarmes égyptiens se mêlaient aux tuniques écarlates de soldats anglais, nous regardait avec ébahissement.

La navigation à travers l'isthme est bien monotone : à droite, du sable ; à gauche, du sable ; poursuivez votre chemin, du sable encore, du sable toujours. Figurez-vous, dans un désert, une immense trouée, une prodigieuse gerçure pleine d'eau : c'est tout. Et cependant cela saisit.

Sans doute, l'œuvre de M. de Lesseps ne frappe point les yeux de la même manière que ces masses antiques et colossales surgissant au milieu des solitudes de Giseh et que je voudrais bien voir : les Pyramides. Sur la route liquide où nous sommes portés, l'admiration est d'un autre ordre.

Et, pour peu qu'on raisonne, on trouve que le Canal de Suez l'emporte sur les Pyramides de mille coudées. Les tombeaux des Pharaons, sauf la pensée de la mort et de l'immortalité qui s'en dégage, n'offrent qu'une grandiose inutilité. L'utilité, une utilité immense, caractérise au contraire le Canal. Le nom de M. de Lesseps sera donc tout autrement apprécié dans l'histoire que celui des deux frères tyranniques et cruels, Chéops et Chéphrem.

Mais le nom de M. de Lesseps doit-il être le seul qu'on acclame ? Peut-on oublier ses inspirateurs immédiats ? Je me posais tout à l'heure cette question, et alors j'entrevoyais soudain la ferme et loyale figure de M. Massol, celle si sympathique et si noble de son *alter ego*, notre excellent ami Tajan-Roger, ces derniers Saint-Simoniens ; je me rappelais les *Mémoires d'un Piano* ; je voyais la caravane, guidée par le Père Enfantin, comprenant d'éminents ingénieurs, qui mirent bientôt à l'étude le percement de l'isthme ; elle arriva, en 1834, à Alexandrie, où M. de Lesseps, consul de France, les reçut à bras ouverts. Trente ans plus tard, c'est lui qui eut la gloire de réaliser le plan des Saint-Simoniens.

Voilà incontestablement une des œuvres les plus belles, les plus fécondes de notre siècle. Jugez donc : sans le Canal, nous serions contraints de doubler le cap de Bonne-Espérance et, vu le défaut d'escales pour s'approvisionner de charbon le long de la côte africaine, vu le prix du charbon dans les rares dépôts qui existent, on devrait, pour ce long voyage, recourir à des voiliers ; en sorte que nous mettrions de trois à quatre mois dans une traversée qui s'accomplit aujourd'hui en trente jours. Je suis émerveillé !

Cependant l'œuvre est loin d'être parfaite. Elle offre de graves inconvénients, auxquels sans doute on remédiera un jour, puisque le monde entier y est intéressé. Il y a manque tout à la fois de profondeur et de largeur.

La profondeur n'est que de 8 à 9 mètres. Cela interdit le passage de nos grands cuirassés d'escadre, ceux d'ancien modèle surtout, qui calent des 9 mètres et 9 m. 50. Des navires ayant un moindre tirant d'eau éprouvent encore bien des difficultés. Ainsi, lorsque l'amiral Courbet s'est rendu dans les mers de Chine, avec le cuirassé de croisière le *Bayard*, il fallut décharger, dans des chalands placés à la remorque, les soutes arrière de ce bâtiment. Quelle lenteur pour ces opérations !

L'autre défaut vient de l'étroitesse du Canal.

La distance moyenne entre les bords est de 60 mètres, mais la largeur du fond n'est que de 40. Or, vu ce peu d'espace, si deux navires se rencontrent, l'un est obligé de s'arrêter et de s'amarrer, au moyen d'énormes câbles, le plus près possible du talus. Encore, n'est-ce qu'aux seules gares, placées à tous les 5 ou 6 kilomètres environ, que le croisement peut s'effectuer. Non qu'en ces points la largeur soit beaucoup plus grande, seulement les bords y sont plus à pic.

On perd un temps précieux à tous ces amarrages, si bien que, pour le trajet de 161 kilomètres (longueur du Canal) qu'on devrait, avec la vitesse permise de 6 milles (le mille est de 1,852 mètres), franchir en quatorze heures, on met parfois deux jours entiers.

Notons qu'il est défendu de marcher entre le coucher et le lever du soleil. Les commandants ne le peuvent faire, encore avec le consentement du pilote, que sous leur propre responsabilité, en engageant pécuniairement celle de leurs armateurs, pour les navires de commerce, celle de leurs gouvernements, pour les navires de guerre. Armateurs ou gouvernements, en cas d'échouage, devraient à l'administration du Canal, pour l'obstacle apporté dans le transit, des indemnités fabuleuses [1].

Un mat de signaux se trouve en face de chaque gare. Lorsqu'un navire en sort, l'on hisse tout ensemble une grosse boule noire, signal d'arrêt, et un pavillon, signal indiquant la direction suivie. Les navires venant en sens inverse doivent alors s'amarrer au flanc de la gare voisine.

Ces endroits sont les seuls points où l'œil se repose sur un peu de verdure.

Autour de la maison en planches, abri du gardien et de sa famille, s'étend un petit jardin qu'alimente une rigole dérivée du canal d'eau douce, parallèle, sur la rive égyptienne, au canal maritime. Pauvre jardin que brûle le vent du désert, que le sable cherche à recouvrir, et où poussent cependant quelques

---

[1] Depuis 1888 cependant, la compagnie de Suez loue, aux navires qui veulent passer de nuit, de puissants appareils électriques, qui, placés à l'avant, éclairent la marche, jetant sur les eaux sombres, sur le sable jaune des rives, leurs jets de lumière blanche.

Depuis ce temps là, on a commencé en outre l'élargissement du canal, ce qui doit être presque terminé. Mais, on aura beau faire, il sera toujours facile à une Puissance, qui, en temps de guerre, aurait intérêt à interdire ce passage, d'y faire sauter, par surprise, un de ses navires de commerce. L'enlèvement des débris nécessiterait des semaines entières.

fleurs, des haricots, des pois, surtout des figuiers de Barbarie, il ne rappelle guère l'Eden !

Qu'est-ce qui le rappelle, d'ailleurs, dans cette désolation de la nature ?

En quittant Port-Saïd, on trouve sur sa droite de grands étangs salins. De loin, par endroits, ils paraissent couverts d'une immense nappe blanche : ce sont des milliers de pélicans. A l'approche du navire, cette nappe se soulève et s'envole vers le ciel.

Du côté de l'Arabie, le paysage est encore plus attristé que sur le bord égyptien, où sont établis les garages dont j'ai parlé, les anciens campements d'ouvriers qui, de 1865 à 1869, creusèrent le Canal, et enfin deux ou trois villages d'Arabes, suant la misère.

La misère ! elle est comme l'âme de ces lieux.

Sur le bord égyptien, nous rencontrons deux caravanes dont les chameaux tendent leurs cous maigres vers notre navire ; puis des enfants de 4 ou 5 ans au plus, qui trottent en criant : *Batchich ! Batchich !* (cadeau, cadeau).

Du côté de l'Arabie nous n'apercevons que deux êtres humains, et quels êtres ! Courant sur le bord du Canal pour suivre notre navire qui marche avec lenteur, les pieds mouillés par les petites vagues qu'il soulève, c'est un grand garçon de 16 à 17 ans, bronzé, nu comme un ver, suivi d'un autre, plus jeune, et d'un chien loulou. On leur jette des sous, des morceaux de biscuit. Pour recueillir cette aumône, ils sont venus de bien loin sans doute ; car sur cette rive pas un village, pas une hutte, rien que l'immense désert de l'Arabie Pétrée.

Nous passons ce que l'on appelle les *seuils*, dos de terrains où les bords du Canal nous dominent de 12 à 16 mètres, puis on s'engage dans le Grand Lac.

Là, le Canal est marqué seulement par une double ligne de bouées et de balises blanches, noires, rouges, et l'on peut accroître la vitesse.

Un petit phare en fer sur pilotis de fer éclaire, la nuit, les eaux vertes du lac.

Voici Ismaïlia, ville toute neuve, sur une petite colline plantée de palmiers, vraie oasis à quelque distance du chenal. Un peu après, nous nous arrêtions, pour la nuit, au milieu du désert. Au point du jour, nous repartons, et, à 2 heures, on était en vue de Suez.

Nous ne fîmes que stopper, non loin des bâtiments de l'administration du Canal. Ils se dressent sur la berge, au milieu de riants jardins qu'orne un beau buste en bronze de M. de Lesseps. Nous défilons devant la ville.

Bâtie à quelques centaines de mètres de l'entrée du Canal, Suez n'est point, comme Port-Saïd et Ismaïlia, une ville neuve, mais une vieille cité arabe, aux constructions carrées et blanches, aux rues tortueuses, que dominent les minarets élancés. Des pavillons de toutes nations surmontent les terrasses des consulats. Suez, comme Port-Saïd, est entourée d'un côté par la mer, de l'autre par les sables. Son port est rempli de navires, et sur ses quais s'agite une foule où les paletots et les burnous, les turbans et les casques forment un contraste curieux, le tout éclairé par un soleil torride, sous un ciel qui n'est plus bleu, mais blanc.

Pendant la traversée de l'isthme, nous avions croisé peu de navires. Il en est un qu'il faut que je signale, l'*Européen*, revenant du Tonkin avec des blessés et des malades. Je me serais attendu à un peu d'enthousiasme, mais rien! Nous pensions : « Voilà des malheureux qui viennent de se faire esquinter. » Les autres se disaient : « En voici qui vont là-bas récolter des balles et des maladies; c'est leur tour! » si bien que la rencontre, par une température de 32 degrés à l'ombre, a été d'un froid polaire.

Tout autre a été le passage d'un paquebot des Messageries. Les hommes saluaient, les dames agitaient leurs mouchoirs, tous criaient : « Vive l'armée! Vive la France! » C'est que les passagers civils, bien nourris, bien logés, voient tout en rose et ne se figurent point ce que souffrent les pauvres soldats.

Dans la mer Rouge, où nous entrons, la chaleur est insupportable. Par bonheur, on tend au-dessus du pont des toiles que l'on arrose sans cesse, et chaque jour on prend des douches d'eau de mer, dans une salle installée à l'avant, sous le gaillard. J'avais eu la bonne idée de faire, à Port-Saïd, une provision d'oranges et de citrons. Pour trente sous, vingt-cinq fruits de chaque espèce, tous énormes et délicieux, précaution salutaire grâce à laquelle la mer Rouge me paraît moins terrible qu'on ne me l'avait fait craindre.

Le soir, je me couche sur le pont, je mange un de mes fruits et, tout en fumant une des cigarettes achetées aussi à Port-Saïd, je passe une soirée délicieuse, contemplant au-dessus de moi la haute mâture noire qui paraît immobile et dans laquelle semblent se balancer des millions d'étoiles.

Océan Indien, le 10 avril 1884.

Le 4 au soir, nous avons vu les côtes se rapprocher de nous. On entrait dans le détroit de Bab-el-Mandeb. Comme il mérite bien son nom de *Porte de l'affliction!* Figurez-vous des rives grises, arides, sans un seul arbre, le long desquelles, de loin en loin, surgit soit la carène à demi-enfoncée dans le sable, soit la mâture d'un navire échoué.

A droite, au second plan, les montagnes de l'Abyssinie dominent les falaises noires battues des flots.

Ayant franchi le détroit durant la nuit, je n'ai pu distinguer les fortifications anglaises de l'île Perim.

Vers 5 heures, on a rejoint, puis dépassé deux jolies petites canonnières, la *Hyène* et le *Chacal* qui se rendent au Tonkin. Au moyen du télégraphe maritime, ces pavillons de couleurs variées, que l'on hisse et que l'on descend par groupes de trois ou quatre le long d'une drise, en tête de mât, on leur a demandé si elles n'avaient besoin de rien. Non! ont-elles répondu, et nous avons poursuivi notre route.

Vers minuit, par un clair de lune superbe, on a croisé le *Tourville*. Ce croiseur, qui file 18 nœuds (33 kilomètres à l'heure), a stoppé et s'est approché de nous de très près. Nous avions stoppé également, et les deux navires ne courant plus que sur leur aire, nous admirions ce bâtiment de guerre, fin marcheur et puissant instrument de combat. Il est aussi long que le nôtre (105 mètres), mais quelles formes élégantes, quelle mâture élancée! Son éperon fendait légèrement la lame et ses grosses pièces, en demi-tourelles barbette, avançaient leurs volées menaçantes au-dessus de la mer.

Quoique les deux commandants aient correspondu au porte-voix, le *Tourville* n'a pu nous fournir aucune nouvelle du

Porte de la Mort.

Tonkin. A Colombo, nous espérons bien apprendre quelque chose.

Enfin, le 5 avril, après avoir longé les côtes d'Arabie, rocs s'élevant au milieu des sables, nous avons aperçu Aden.

La ville est bâtie au fond d'une baie semi-circulaire, au pied d'une montagne rocailleuse, grande masse noire, nue, dominant presque à pic, de près de 300 mètres, un pays plat et sablonneux, mais qu'anime quelque culture.

Aden est surnommée le Gibraltar de la mer des Indes.

Cette ville, en effet, à l'encontre de Port-Saïd et de Suez, a tout l'air d'une citadelle, non d'une ville de commerce. Sur les quais, deux casernes, l'une d'infanterie, l'autre d'artillerie, avec sa cour remplie de pièces de campagne. Derrière la ville, à mi-côte de la montagne, on distingue de nombreuses batteries. Enfin sur un plateau, un fort qui semble taillé dans le granit et une redoute armée de pièces monstrueuses, qui allongent leurs gueules vers l'horizon.

Sur la plage sont établis deux camps; avec une lorgnette, nous distinguons les moindres détails de l'uniforme des cipayes, allant et venant parmi les tentes; de même nous pûmes voir, sortant de la caserne d'infanterie, plusieurs compagnies anglaises qui, au son des fifres et des tambours, se rendaient à l'exercice, en longues files blanches sur les quais.

Mais jetons un regard sur la rade.

Là s'éparpillent de nombreux navires, des anglais tout naturellement; ils sont ici chez eux, eux qu'on rencontre partout; puis un autrichien, un espagnol, un norvégien, des français.

Pavillons anglais et pavillons français étaient en berne; ceux des autres nations, non pas.

Pourquoi ce deuil? On venait d'apprendre la mort du prince Léopold, le frère, je crois, du prince de Galles.

De quart d'heure en quart d'heure, le cuirassé et les avisos anglais faisaient retentir un coup de canon. Par convenance diplomatique, bien plus, je suppose, que par affliction sincère, nos deux croiseurs, le *Seignelay* et l'*Infernet*, tiraient aussi.

Par exemple, qui songeait peu au mort et nous offrait un curieux tableau de la vie, ce sont les enfants d'Aden.

Nous n'avions pas encore mouillé que nous vîmes se détacher

du rivage et s'avancer vers nous comme des points noirs; bientôt, nous distinguâmes des batelets montés par des négrillons.

Ces petites périssoires étaient gouvernées chacune par un ou deux enfants tout nus, de 6 à 12 ans, métis de nègres et d'Arabes, les uns à la tête complètement rasée, d'autres avec leur chevelure crépue et très gentils.

Ils pagayaient à droite, à gauche, avec un seul aviron fort court, qu'ils tenaient à deux mains.

Arrivés près de la *Nive*, ils se précipitèrent de leurs bateaux, plongèrent longtemps, sans crainte des requins qui infestent ces parages, et reparurent en criant, après avoir soufflé l'eau qu'ils avaient dans leur petit nez : « Un sou! un sou! à la mer!! à la mer!!! » On leur jeta des sous. Les pièces tombaient parfois à trois ou quatre mètres de leur frêle embarcation; mais le gosse la regardait s'enfoncer lentement en zigzags dans l'eau limpide; puis, piquant une tête, il reparaissait bien vite, tenant dans la bouche le sou qu'il n'avait rattrapé parfois qu'à sept ou huit mètres de profondeur; il le prenait alors à la main et le montrait d'un air de triomphe.

Pendant ce temps, leurs avirons et leurs pirogues allaient à la dérive; mais les négrillons, en deux brasses, avaient rejoint leurs barquettes, les redressaient, les vidaient du creux de la main et remontaient lestement.

J'en ai vu qui, pour une piécette de dix sous, plongeaient à bâbord pour reparaître à tribord. Songez que la *Nive* cale 7^m,50, que sa largeur, à la flottaison, est de 16 mètres, et vous direz de ceux qui font un tour pareil sous l'eau : Ce ne sont pas des enfants, mais des poissons.

Des marchands à leur tour sont venus à notre bord. J'ai acheté des huîtres, petites, mais excellentes, quatre sous la douzaine; des dattes, des bananes, du tabac; car la provision que m'avait fournie au départ la bonne *Mémé* tire à sa fin. J'en ai eu 400 grammes pour 2 francs; pas la moitié du prix de chez nous, mais la qualité est inférieure.

Je sais bien qu'en France quiconque vous offre du tabac turc ne manque point de vous dire : « Ce tabac est divin, il n'est rien qui l'égale. » Quand on est loin, bien loin, on trouve que tout ce qui vient de France est encore le meilleur.

D'Aden à Colombo, que vous dirai-je de la traversée?

Elle mérite un bon point, en ce sens que, bien qu'on soit plus près de l'Équateur, grâce à la mousson qui de janvier à juin souffle de l'Est, la chaleur y est moins étouffante que dans la mer Rouge.

Mais ce bon point noté, l'autre est bien noir. Quelle effrayante monotonie! Après que nous avons longé l'île de Socotora, plus rien devant nous que le cercle morne de l'Océan.

Nous serions morts d'ennui si nous n'avions eu du travail.

Toutes les après-midi, école élémentaire dans la batterie pour une bordée; pour l'autre bordée, exercice sur le pont.

L'exercice se fait avec les fusils du bord. Et, tandis que dans l'armée le fusil est toujours sous la main du soldat qui en a soin et peut le considérer, tant qu'il reste au régiment, comme sa propriété individuelle, dans la marine, toutes les armes portatives : fusils, revolvers, sabres, haches d'abordage, tout cela est disposé dans l'avant-carré, près des cabines des officiers; seul, avec ses aides, le second maître armurier du bord en a l'entretien.

D'où vient cette différence?

Pour s'en rendre compte, il faut remonter à des règlements contemporains de l'Arche de Noé.

Il y a plusieurs siècles, avant que Colbert n'eût établi en France l'inscription maritime, les équipages de l'État étaient formés de matelots racolés à tort et à travers, souvent par force, dans les villes maritimes. Avec de tels hommes, les révoltes étaient toujours à craindre. Aussi, les officiers du roi se gardaient bien de laisser des armes à leur disposition.

Aujourd'hui, bien que pareille crainte fût aussi absurde qu'injurieuse à l'égard des matelots, la précaution subsiste toujours. O vitalité et puissance de la sainte routine !

Les marins, eux, qui font l'exercice des deux pièces de 14 et des six Hotchkiss qui arment la *Nive* font parfois, comme nous, l'exercice du fusil. Pauvres marins! leurs manœuvres à cet égard nous font sourire !

Le dirai-je ? Ah ! il est imprudent de s'attaquer à une tradition vénérable. Eh bien ! la vérité avant tout !

Or, la vérité est qu'en 1870-71, les marins se sont bien conduits ; mais ce qui surtout les a fait briller d'un vif éclat, dans nos armées de province et au siège de Paris, ce fut de se trouver à côté de nouvelles levées qui, en plus d'une rencontre, firent vaillamment leur devoir, mais n'en étaient pas moins sans instruction aucune. La vérité ensuite c'est qu'on attribua aux *Mathurins* les exploits accomplis par les *Marsouins*, par l'infanterie de marine, par ces bataillons de marche, qui. après Bazeille, furent formés dans tous nos ports de guerre. *Infanterie de marine* ou *marins*, se disait-on, n'est-ce pas même chose? Et les peintres, brochant ou brossant là-dessus, trouvèrent plus pittoresque d'enlever à nos aînés leur képi et leur vareuse, pour les affubler du béret et de la chemise de laine. Voilà comment on peint et l'on écrit l'histoire !

Je songeais à ces choses, durant nos exercices qui, les premiers jours, jetèrent un peu de variété dans la vie du bord ; puis, tout retomba dans la monotonie.

Je me trompe : la nature nous offre toujours quelque élément nouveau d'observation ou de distraction.

Notre plaisir, dans l'Océan Indien, fut de regarder les poissons volants et les marsouins, qui se jouent dans les eaux du navire. Blancs, tout petits (longs de 12 centimètres au plus), les premiers volent, rasent l'eau pendant quelques secondes et parcourent une vingtaine de mètres, à l'aide de leurs ailes transparentes. Parfois, ils s'élèvent un peu au-dessus des vagues.

Un second-maître, qui a navigué au commerce, m'affirme que, dans la mer des Antilles, ces curieux poissons venaient, par-dessus les bastingages de son voilier, s'abîmer sur le pont. Je le crois, puisque Jean nous en a rapporté plusieurs, attrapés de la sorte.

Quant aux marsouins, alors qu'ils bondissent de l'eau, vraiment on les prendrait pour de petits chevaux noirs : de là, leur surnom de *chevaux marins*.

Quelquefois ils arrivent du large, à notre rencontre, en si grandes bandes, si pressés les uns contre les autres, se déployant ainsi qu'une longue et épaisse chaîne de tirailleurs, se livrant à des bonds si multiples, que les flots bleus sont rendus blancs d'écume. Puis, on les voit glisser entre les eaux transparentes, raser notre bord, nous croiser, revenir, nous dépasser, malgré notre vitesse de 12 nœuds.

Mais marsouins et poissons volants finissent à la longue par ne plus distraire, et ce séjour à bord d'un navire dont je connais les moindres recoins et qui marche toujours, toujours, entouré du même cercle bleu, du même horizon reculant sans cesse, ce séjour ne nous offre plus que lassitude, et il me tarde de poser enfin le pied sur la terre tonkinoise.

Colombo, 14 avril 1884.

Nous voici arrivés, ce matin, à une escale qui nous rapproche du but. Pour éviter la grande chaleur, j'avais couché sur le gaillard d'avant, ce qui m'a permis de voir le soleil se lever derrière les montagnes de Ceylan et éclairer la riche végétation de cette île, « la perle des mers ».

Mouillés à 400 mètres de la ville, non loin de la jetée qui protège le port, nous distinguons, dans tous leurs détails, les maisons ou plutôt les palais, soit des résidents anglais, soit des riches indous, hôtels somptueux, aux larges vérandas, aux colonnades de marbre; les rues, les quais où se croisent les victorias, après lesquelles courent les *saïs*, les valets de pied indous. Et, à droite et à gauche de la ville, les cases qui s'étendent tout le long de la plage, au sein de la plus belle végétation du monde, à la lisière des forêts de cocotiers.

Le courrier va partir. Je ne puis donc vous parler longuement de l'île superbe. J'attends pour cela d'être à Singapoor.

Singapoor, 21 avril.

A Colombo, nous n'avons pu jouir que de loin du plus magnifique panorama.

Quel malheur de ne pouvoir descendre à terre ! quel supplice de ne pouvoir visiter ce qui est si près de vous, ces villes si différentes des nôtres, ces populations si étranges ! Supplice de Tantale [1].

---

[1] Encore un des règlements surannés de la marine. Quelques mois plus tard, en septembre 1884, de nombreux vapeurs de commerce, affrétés par l'Etat, transportaient des troupes au Tonkin. Les capitaines au long cours, les commandants, d'accord avec les officiers de troupe, accordèrent la permission de descendre à terre, aux escales, à tous les sous-officiers non de service. Ils n'eurent jamais à se repentir de cette mesure bienveillante.

Aussi, est-ce avec grand plaisir que je vois se terminer cette pénible traversée. Dans quatre jours nous serons à Saïgon, et, de là au Tonkin, plus que trois jours de mer.

A Colombo, des marchands sont venus à bord. Ils vendaient des bananes (cinq ou six pour un sou) et de délicieux ananas à trois sous.

On offrait aussi des ouvrages en bois d'ébène, encriers, presse-papier, représentant des éléphants, aux petites défenses d'ivoire. Il faut marchander ferme. Un de mes camarades a obtenu pour une roupie (2 fr. 15) un objet dont on lui demandait 4 piastres (16 francs).

Ces achats, je les réserve pour le retour; je ne songe, pour le quart d'heure, qu'à notre navigation le long des côtes de Ceylan.

A l'œil nu on distinguait fort bien les forêts de cocotiers bordant la plage, puis les collines couvertes de verdure et, au dernier plan, les montagnes bleues de l'intérieur de l'île.

Sur un rocher de l'une d'elles, dit la légende, on voit encore l'empreinte du pied du Bouddha.

Près du sable blanc des rives, entre les arbres au feuillage sombre, on distingue les cases en bois, au toit blond de chaume des indigènes, ou quelques maisons en pierres blanches de colons anglais.

Des éléphants sortent des bois et viennent se baigner dans la mer; des barques de pêcheurs, étroites, passent sans fin à côté de nous, et rien de plus gracieux. Chacune d'elles s'appuie contre le vent sur un canot plus mince encore, sorte d'embarcation jumelle réunie à la plus grande par deux longues perches recourbées. Ce curieux appareil destiné à tenir le canot en équilibre, se nomme son *balancier*. Sous leur longue et étroite voile rouge, on les prendrait pour de grands oiseaux de mer posés sur la vague et qui semblent filer avec vitesse le long de notre immense navire.

Nous entrons dans le détroit de Malacca.

Ici, quelques vapeurs et beaucoup de voiliers; car nous sommes loin des routes conduisant au Canal de Suez, routes suivies uniquement par des paquebots, qui seuls traversent l'isthme.

Deux jonques chinoises, lourdes, massives, aux larges voiles en nattes de paille, au grand œil peint à la proue, pour effrayer les monstres marins, nous indiquent que nous avançons vers l'Extrême-Orient.

Bien avant Singapoor, le détroit est encombré de bancs et d'îlots, sur l'un desquels est bâti le port anglais.

Le détroit est si peu large qu'en certains points on distingue la terre à droite et à gauche. A mesure qu'on avance, il se resserre, si bien que parfois nous rasons, à 50 mètres au plus, des bords couverts de superbes arbres, dont les racines baignent dans la mer et dont le feuillage vert sombre ombrage des habitations européennes de plaisance.

Mais nous nous rapprochons plus encore ; les branches semblent se mêler à nos vergues ; et soudain apparaissent les grands bâtiments, froids et laids, les docks, les appontements de Singapoor, avec, au-devant, une forêt de mâts.

C'est là, parmi une foule de navires de diverses nations, que nous sommes amarrés.

La ville malaise, anglaise et surtout chinoise, est au loin, derrière les collines verdoyantes ; mais de nombreuses voitures, une foule, où se mêlent Indous au teint bronzé, à la fine moustache noire ; Malais à la figure osseuse, imberbe, couleur de cire jaune ; Chinois à la longue queue et aux amples vêtements, de soie chez les riches, de toile bleue chez les pauvres ; Européens tout de blanc habillés ; cet ensemble nous prouve déjà que nous sommes près d'un centre populeux.

Nous repartons demain, après avoir fait notre charbon. Mais un courrier part aujourd'hui ; on va ramasser les lettres, et je vous embrasse de tout mon cœur.

Saïgon, 25 avril.

Hier, vers 6 heures du matin, montant sur le pont, j'ai aperçu, droit devant nous, une terre qui, d'abord, semble tout entourée par la mer et qui néanmoins se relie au continent par des plaines basses et à demi inondées : c'était la montagne du cap Saint-Jacques, à l'entrée de la rivière de Saïgon.

Nous avions passé, vers minuit, par le travers de Poulo-Condor, n'en découvrant que le phare. Nous n'avions guère perdu, paraît-il, car ce n'est qu'un groupe d'îles ou plutôt de rochers noirs, à l'aspect sévère, maigres en végétation ; quelques rizières seulement animent un peu les parties basses, et le tout est dominé par les bâtiments froids et tristes du pénitencier indigène, installé là par l'administration française.

Un pénitencier, c'est tout ce que nous avons pu faire de ces îles peu fertiles, peu salubres. Nous ne les occupons que dans un but : pour que les Anglais ne les occupent point ; car, de là, ils pourraient menacer de bien près notre belle Cochinchine.

Vers 7 heures du matin, nous mouillons au pied du cap, dans la baie des Cocotiers, ainsi nommée des arbres qui garnissent la plage, prenant presque racine dans la mer et ombrageant les petites cases grises aux toits de paille d'un village annamite et deux ou trois constructions européennes toutes blanches.

Sur la montagne, un phare, un sémaphore ; plus bas, le poste télégraphique du câble maritime d'Europe au Japon.

Ce poste est desservi par des Français, employés de la Compagnie internationale ; il est relié au réseau de l'État de notre colonie par un fil aérien dont, tout à l'heure, le long de l'arroyo, au milieu des palétuviers, nous verrons se dresser les poteaux.

Nous ne tardons pas, en effet, à nous engager dans le Donaï, ce fleuve si court, mais à l'embouchure si profonde, qui, avec la rivière de Mytho et les différents bras de l'immense Meïkong, enserrent les terres basses et constamment mouillées de la basse Cochinchine, formées par leurs alluvions.

Le pilote venu du cap Saint-Jacques a accosté depuis un instant ; son canot est encore au bas de l'échelle, que déjà retentit le commandement : « Chacun à son poste pour l'appareillage ! »

Mais ici, pour déraper, ce ne sera plus comme à Colombo, où, au son des clairons sonnant la charge, 60 ou 80 soldats passagers viraient au cabestan pour rentrer à bord les câbles énormes qui nous amarraient aux coffres flottants.

Nous sommes mouillés sur une ancre, par 30 brasses de fond, et nulle force humaine ne serait capable d'arracher, du sable et de la vase où elle s'est enfoncée, la pesante masse de fer avec sa chaîne aux lourds maillons.

C'est la vapeur, avec ses 2,400 chevaux de force, qui va se charger d'une telle besogne.

Bientôt les chaînons grincent dans les écubiers, le navire en tremble dans toutes ses membrures, lorsque le second, debout sur le gaillard, s'est retourné vers la passerelle où se tient le commandant et lui a crié : « L'ancre est à pic, commandant ! » Ce dernier se penche vers le porte-voix de la machine : « Avez-vous balancé ? » La réponse qui lui arrive par le tuyau acoustique qu'il tient à l'oreille ne nous parvient pas ; mais elle est affirmative, car le commandement : « En avant doucement ! » retentit sourd dans le porte-voix.

L'hélice tourne, un remous énorme se produit à l'arrière ; l'écume reflue vers l'avant, s'élargit en un grand cercle autour de nous et notre étrave fend d'abord avec lenteur les eaux de la mer, jaunies, salies par les alluvions du fleuve. Puis l'on entend cet ordre : « Machine à trente-cinq tours ! » Alors, les trépidations de l'hélice se précipitent ; les algues, l'écume des petites vagues filent plus rapidement le long du bord ; nous sommes lancés et les maisons, le sémaphore du cap Saint-Jacques, les barques laissées au mouillage, semblent s'enfuir derrière nous, diminuer à vue d'œil.

Peu à peu la ligne verte des palétuviers, dont le feuillage sort de l'eau, se rapproche ; nous sommes surpris tout à coup de les voir à bâbord et à tribord, à 200 mètres de distance. On vient d'entrer dans le Donaï.

Bientôt commencent les méandres du fleuve, et la *Nive*, à chaque tournant, s'incline sur un bord. Sa masse énorme, mais qui semble légère, tant elle est rapide, domine cette bizarre forêt aquatique, et, du pont, nous apercevons parfois, à l'embranchement d'un petit arroyo, un village flottant, réunion de radeaux de bambous surmontés de petites cabanes, de sampans amarrés à de longues perches piquées dans la vase des rives.

Il y a déjà trois heures que nous suivons cette large et profonde voie d'eau se déroulant au milieu de ces plaines inondées. Notre attention était attirée par quelques singes se jouant dans les branches des palétuviers, lorsqu'au loin deux hautes tours se dessinent, puis de petites taches blanches brillent sous le soleil éclatant : ce sont les tours de la cathédrale, ce sont les maisons de Saïgon.

Tout cela, tantôt disparaît à une courbe du fleuve, tantôt reparaît plus distinct et plus proche. Enfin, les mâts des navires en rade s'aperçoivent ; et, cinq heures après notre départ du cap, nous passons devant l'appontement et les grands docks des Messageries maritimes, devant l'embouchure de l'arroyo chinois que traverse un pont en fer d'une seule arche. Dix minutes après, nous sommes mouillés non loin de la rive, non loin du boulevard planté de beaux arbres, qui longe le port et que borde, face au fleuve, une longue ligne de maisons à vérandas, gracieuses ou opulentes.

Juste devant nous, s'ouvre la large rue Catinat, aux trottoirs ombragés de platanes : piétons et voitures s'y croisent en tous sens.

Par son aspect, son étendue, le mouvement qui anime ses quais, cette ville française de l'Extrême-Orient — on le devine au premier coup d'œil — n'a rien à envier aux belles stations anglaises entrevues par nous dans l'Océan Indien.

Surtout, c'est la première terre française qui surgit à nos yeux depuis trente-cinq jours, et la vue seule des trois couleurs flottant sur les monuments, au lieu et place de l'horrible yack anglais enlaidissant tout le long de la route, cette vue seule pourrait suffire à nous faire trouver tout beau.

Saïgon, 27 avril.

Enfin, nous voici à Saïgon, ce n'est plus du bord que je vous écris. Ici, sur cette terre française, les sous-officiers ont pu débarquer. Je viens même de croiser quelques groupes de nos soldats ayant obtenu même faveur et qui, avec leurs vêtements de drap, leurs képis à couvre-nuque, leur air un peu dépenaillé, jurent avec les coquets troupiers tout de blanc habillés, de la garnison de Saïgon.

Je suis installé à la terrasse d'un café. Après une exquise consommation à la glace, j'ai demandé de quoi écrire à l'un des petits boys annamites qui servent ici de garçons.

Si vous pouviez les voir, pieds nus, portant des vêtements d'une blancheur éclatante, un peigne d'écaille dans leurs cheveux en chignon, une jolie ceinture de soie, rouge, bleue ou verte, dont les bouts passent sous la légère camisole et tombent en flots jusqu'aux genoux du large pantalon également blanc ; si vous pouviez les voir, vous les trouveriez bien curieux d'aspect.

Ils ne le sont pas moins dans leur façon de servir. Celui à qui j'avais adressé ma demande a tout à coup disparu, sans bruit, paraissant plutôt glisser que marcher sur les larges dalles de pierre, et presque aussitôt je l'ai vu revenir, posant sur ma table papier, encre et plume ; puis, me disant en bon français, d'une petite voix douce, au timbre un peu féminin : « Voilà, sergent. C'est tout ce que vous désirez ? — Oui, mon petit, c'est tout. »

Et me voilà bien à l'aise pour essayer de vous décrire Saïgon.

Ah ! les Français ne sont pas colonisateurs ?

Elle est bien bonne, celle-là ! Que ceux qui répètent le dicton, sans avoir jamais quitté l'asphalte du boulevard, viennent donc faire un tour par ici !

En 1859, autour d'une citadelle à la Vauban, construite au XVIIIe siècle par des ingénieurs français, en son enceinte bastionnée, contenant pagodes en briques, logements des mandarins envoyés par la cour de Hué, cases en torchis et paillotes, casernes misérables des non moins misérables troupes annamites ; autour de cette citadelle s'étendaient des rizières, de nombreux villages séparés par des bouquets de bambous et périodiquement noyés par les eaux : c'était là Saïgon.

Aujourd'hui, perpendiculairement à la belle avenue longeant les quais, de larges rues, ou plutôt des boulevards, car elles sont presque toutes plantées d'arbres, vont en s'éloignant du fleuve. Elles sont coupées à angle droit par d'autres rues fort belles, souvent ombragées aussi, et toutes bordées de maisons à l'européenne, de riches magasins aux devantures desquels s'arrêtent des groupes d'indigènes et de troupiers français.

Entre les arbres, sur les trottoirs aux larges dalles, les becs de gaz, qui, à 7 heures, éclaireront la nuit, si sombre parfois des pays tropicaux. Au milieu, une chaussée parfaitement entretenue où roulent légèrement les voitures des hauts fonctionnaires, voitures des officiers supérieurs ou généraux, voitures des riches colons et victorias de louage plus modestes, mais encore élégantes avec leurs deux petits chevaux annamites et sur le siège leur jeune cocher, la tête ceinte d'un turban de couleur éclatante. Enfin, on voit trotter cahin-caha les *malabars*, assez vilaines boîtes vertes, à quatre roues, que traîne un seul poney maigre, tandis que le conducteur, la tête couverte d'un énorme chapeau, accroupi sur une planche qui lui sert de siège, abat le manche de son fouet sur la croupe de sa bête.

Ces disgracieux véhicules, qui passent avec un bruit de ferrailles et de boiseries mal jointes, se louent 20 sous l'heure, 10 sous la course, ce qui est assez gentil pour ce qu'ils valent.

Quoique conduits aujourd'hui par des Annamites ou de maigres et pauvres Chinois, ils tirent leur nom de leurs cochers primitifs, des Indous de la côte de Malabar. Ce sont eux qui, venus aux premiers temps de l'occupation française, eurent tout d'abord, avec leur esprit mercantile (on les surnomme les juifs de l'Extrême-Orient), l'idée d'organiser à Saïgon un service de voitures publiques.

Nous avons, cet après-midi, visité la ville. Morne pendant la grande chaleur, elle ne s'anime que vers 5 heures du soir. Nous avons vu les superbes casernes aux grands balcons en vérandas et aux murs de briques percés à jour pour la circulation de l'air dans les chambres, où les petits lits sont couverts de moustiquaires bien blanches. Quittant le quartier d'infanterie de marine, élevé sur l'emplacement de l'ancienne citadelle, notre voiture, par une belle route bien entretenue, nous a conduits au Jardin botanique.

Que dire de cette merveille ? Je n'ose essayer de vous décrire ce parc, où toutes les plantes rares des pays tropicaux s'épanouissent en pleine terre. Notre voiture nous y promène au trot, sur les allées sablées, le long desquelles murmurent de petits ruisseaux, clairs filets d'eau courant parmi les vertes pelouses qu'ombragent d'immenses palmiers, des bananiers aux feuilles énormes, des boababs monstrueux, des banians gigantesques.

Si la flore y est de toute beauté, les animaux y sont rares. Deux ou trois tigres, dans des cabanes grillées, où l'on approche sans qu'aucune barrière comme à Paris vous en défende l'accès. Cela m'a permis de toucher, sans trop d'insistance, bien entendu, le poil d'un de ces fauves couché le long des barreaux.

Des singes, des cerfs (le *conaïe* des Annamites), un crocodile, de nombreux oiseaux au plumage éclatant, et c'est à peu près tout.

Le retour, par la route de l'Inspection, a été charmant.

Nous suivions une voie très fréquentée, à partir de 5 heures du soir, même les jours où il n'y a pas musique militaire au Jardin botanique, par le « Tout-Saïgon ». Les *high lifeurs* de Cochinchine se croiraient déshonorés, s'ils ne faisaient quotidiennement, en voiture, ce « tour de l'Inspection », humant, au coucher du soleil, la brise fraîche qui s'élève parfois sur les rizières

Des villages annamites se trouvent sur le bord de la belle chaussée que notre attelage suit au bon trot, et, à chaque instant, nous sommes croisés ou dépassés par des voitures de maître fort élégantes, sur les coussins desquelles se prélassent en respirant enfin un peu, après cette journée étouffante, fonctionnaires, riches colons, avec leurs femmes en toilette claire.

Des charrettes anglaises, attelées en *tandem*, s'il vous plaît, et conduites par des officiers, filent rapides à côté de nous. Nos chefs nous regardent en souriant ; qui sait ? peut-être avec envie, car nous allons, nous, au Tonkin ; nous allons nous battre, et eux mènent la vie de garnison dans cette colonie si belle, mais qui leur semble trop tranquille. Oh ! oh ! un képi rouge dans une voiture ! C'est le général, avec son officier d'ordonnance aux aiguillettes d'or à côté de lui. Et, pendant que nous avons fait arrêter sur le bord de la route notre cocher, il passe rapide et d'un petit signe nous rend notre salut à nous trois, humbles petits sous-off., qui nous sommes dressés, immobiles, la main à la visière.

Il est 6 heures lorsque nous rentrons en ville.

Nous passons devant le palais du gouverneur, assez joli bâtiment, au milieu d'un beau parc, qui rappelle en petit, avec ses deux ailes en arc de cercle, le Palais du Trocadéro.

J'admire un banian au tronc gigantesque, aux énormes branches étendant leur majestueux feuillage. Voilà une œuvre de Dieu ! En voici une autre de ceux qui se disent ses représentants sur la terre. Ah ! certes, il y aurait eu un concours pour le laid, que l'architecte de la cathédrale de Saïgon — laïque ou ecclésiastique, peu importe ! — eût obtenu sans conteste la grande médaille d'or !

Si, extérieurement, avec ses lignes raides, ses deux tours carrées, trop basses pour leur largeur, l'édifice est bien mé-

diocre d'aspect, intérieurement c'est pire encore. Trois nefs avec
un ciel étoilé d'or, sur un fond d'un bleu qui ne rappelle nullement la voûte azurée, mais le bleu des lessiveuses; des colonnes
au fût et au chapiteau peinturlurés de jaune, de rouge, de
vert..... et dire que j'avais ouï vanter par des troupiers « la
superbe métropole cochinchinoise » !

Ah ! pauvres grands hommes dont le nom s'est perdu, con-
structeurs de nos belles cathédrales du moyen-âge, avec quel
sourire de dédain ne regarderiez-vous pas vos successeurs pyg-
mées, sur cette terre de l'Extrême-Orient !

Nous sortons de l'église et, en descendant la rue Nationale,
nous passons devant le théâtre. Il est vraiment plus joli et ce
contraste suggère bien des réflexions.

Nous voici revenus sur le quai. Nous nous installons, pour
nous rafraîchir, à la terrasse d'un café. Sous nos yeux passe le
tramway à vapeur qui réunit Saïgon et Cholen, grosse cité
annamite, mais surtout chinoise, située à 8 kilomètres et qui
compte près de 40,000 habitants. Cela n'empêche pas Saïgon de
posséder une gare de chemin de fer qui la relie à Mytho.

Devant nous s'étend une place circulaire, au centre de laquelle
on a érigé une assez belle statue au brave amiral qui a conquis la Cochinchine à la France : le vice-amiral Rigault de Genouilly.

L'un de nous ignorait, tout d'abord, quel était ce monument,
et, s'adressant à un camarade de la garnison de Saïgon, assis à
nos côtés : « Quelle est, lui demanda-t-il, cette statue ? »

« — Comment ! répondit l'autre, vous ignorez cela ? *C'est la
statue de mon oncle.* »

Nous nous regardions stupéfaits. Le sous-officier voit notre
surprise et ajoute en riant : « Eh bien, je dis la vérité. Ques-
tionnez à Saïgon, civils ou militaires, et tout le monde vous répondra : *C'est la statue de mon oncle.* »

Pour le coup, nous comprenions moins encore; mais notre
camarade nous déchiffra l'énigme par l'anecdote suivante :

Il y a quelques années, se trouvait ici en résidence un officier
d'infanterie de marine, M. de X..., fort galant homme, mais
avide de faire savoir à tout venant sa parenté avec l'amiral Rigault de Genouilly. Rencontrait-il quelque part un officier nouvellement débarqué : c'était toujours le même monologue, terminé

par la même finale : « Ah! mon cher ami, que je suis heureux de vous voir! Vous venez de France, où je rentrerai bientôt ; mais j'y arriverai comme un sauvage, ne sachant rien de ce qui se dit dans notre monde. Vous me mettrez au courant. Quel plaisir pour moi! Mais, pardon! j'ai une petite course à faire. Donnons-nous rendez-vous... Tenez : sur le port, dans le grand café qui se trouve là, vous savez bien... près de la statue de mon oncle. » Et, avec un sourire gracieux, notre officier faisait une pirouette, laissant son interlocuteur ébahi.

CHAPITRE II

L'arrivée — La quarantaine en baie d'Halong à bord du « Drac » — Haïphong — La ville — Les habitants.

Haïphong, 11 mai 1884.

Aujourd'hui, enfin, nous entrons en campagne.

Je vous écris d'une des cases aux murs de torchis, au toit de paille qui nous servent d'abri temporaire. Assis sur le bord du lit de camp en lattes de bambou, appuyé sur mon sac et dans une position plus pittoresque que commode.

Le 29 avril, nous sommes arrivés dans la baie d'Halong. Nous venions de longer les côtes de l'Annam et, après avoir franchi les passes de la baie, entre un dédale de rochers noirs, se dressant perpendiculairement au-dessus des eaux calmes, notre plaisir fut vif en apercevant, dans ce cirque splendide, une belle escadre française à l'ancre.

Enfin, nous voici au terme de cette traversée si longue. Nous allons, dans quelques heures, nous retrouver sur « le plancher des vaches ». Hélas ! joie bien éphémère ! Nous avons vu, venant du *Bayard*, un canot à vapeur qui conduit le médecin principal de l'escadre. Celui-ci nous approche, mais en défendant à son quartier-maître même de toucher notre bordage avec la gaffe.

Il demande si nous avons communiqué avec Saïgon. Sur la réponse affirmative du commandant, il nous flanque six jours « d'observation ».

Et tandis que son canot va rejoindre l'amiral, le grand pavillon jaune de la quarantaine est hissé en tête de notre mât de misaine. Nulle communication possible avec personne; le choléra régnait à Saïgon. Nous ne l'avions pas soupçonné.

Pendant ce pénible stage, le service ne fut pas moins dur ; car on pouvait craindre une attaque de torpilleurs chinois.

La nuit, à tous les bords, factionnaires triplés, pièces chargées, trois fusiliers de quart en permanence auprès de chaque canon-revolver Hotchkiss. Et toutes les heures, toutes les demi-heures même, un canot armé filait, rapide, invisible dans l'ombre, le long du bord. « Ohé du canot ! », criaient nos factionnaires. « Ronde d'officier ! », répondait une voix sur la mer, et le petit bruit sec des avirons sur les tolets de cuivre, le léger clapotis de l'eau se perdaient peu à peu, jusqu'à ce que plus loin, près d'un autre navire, on entendit même question, même réponse.

Enfin le 6, vers midi, aucun cas de choléra ne s'étant déclaré, nous sommes entrés en « libre pratique ». On nous a embarqués sur un transport-aviso, le *Drac*, et bientôt, par une mer calme, nous nous séparons lentement de la *Nive*.

Le *Drac* se dirige vers la petite passe, et de nouveau nous voici, tout près, de ces énormes rocs, si curieux. A leur base la mer a creusé des grottes profondes, et leur faîte, aux formes les plus bizarres, est couvert de petits arbustes touffus dont le feuillage d'une nuance tendre tranche sur le noir de la pierre. Un de ces rochers surtout attire nos regards. C'est une longue aiguille de vingt mètres, semblable à un gigantesque menhir, pointue à son extrémité et pointue à sa base, tellement elle a été rongée par la mer.

C'est un vrai prodige que cet énorme bloc se tienne debout ; en passant à son ombre, on éprouve la crainte qu'une lame de la haute mer ou le seul vent ne l'abatte, écrasant avec notre navire, nos sept cents hommes entassés.

Mais nous sommes sortis de la passe ; bientôt les côtes basses du Delta tonkinois nous apparaissent, avec leurs nombreux villages aux toits cachés par les haies de bambous, ces bouquets de bois semés sur la plaine.

Le ciel depuis longtemps est couvert ; la pluie se met à tomber, non une de ces grosses pluies chaudes de Cochinchine, après lesquelles reparaît le soleil resplendissant dans le ciel bleu, mais plutôt un épais brouillard, assez froid, qui vous soufflète, vous crache à la figure : c'est le *crachin* qui, en ce pays, signale d'ordinaire tout changement de saison.

Depuis deux heures nous marchons et devons être près de la côte ; mais la pluie nous la voile. Et, comme nous ne pouvons franchir la barre de l'entrée du Cua-Cam qu'à la marée haute, à 10 heures du soir, nous ralentissons ; tout l'équipage est au poste de mouillage. Nous voilà donc immobiles sur la mer grise, sous le ciel gris qui semblent se confondre.

Elle n'est pas joyeuse, cette arrivée au Tonkin !

Et l'accueil que nous recevions sur le *Drac* était peu propre à l'égayer davantage. Un sergent fourrier passe à nos côtés, sur le pont, l'air tout penaud, accompagné du sergent de fusiliers qui fait ici fonction de capitaine d'armes.

« — Où vas-tu ? lui demandons-nous.

« — Aux fers ! répond le malheureux, et le plus fort, c'est que je ne sais pourquoi. »

Nous restons tout surpris. Mais un second-maître mécanicien, à l'œil éveillé, intelligent, qui se trouvait près de nous : « Que cela ne vous étonne, nous dit-il. Si vous aviez le bonheur de rester sur ce sale rafiot, vous en verriez bien d'autres. Ah ! ce n'est plus ici le commandant de la *Nive*, un brave homme, je l'ai connu ! Ici, on vous met aux fers pour une peccadille. »

Ne point bouger, telle est la consigne du bord. Nous allions mieux nous en convaincre dès notre premier repas.

Comme rien n'est installé sur le *Drac* pour la cuisine de tant de passagers, on nous distribue une demi-ration : les pains de trois livres sont donc répartis un pour quatre hommes : 375 grammes pour chacun ; les boîtes de viande d'un kilogramme, une pour huit ; c'est-à-dire 125 grammes par portion. C'est du bœuf de conserve, — le traditionnel endaubage, qui, en somme, n'est pas mauvais. Chacun s'assied où il peut et mange tant bien que mal.

. . . .

Dix heures du soir ; c'est la marée haute ; la barre pourra être franchie : un coup de sifflet prolongé ; tout le monde à son poste pour l'appareillage.

L'ancre est dérapée, nous marchons doucement ; bientôt les lames augmentent, le tangage devient plus fort, nous sommes sur la barre et, quelques minutes après, nous filons en eau calme, entre les rives du fleuve, que la nuit empêche d'apercevoir. Nouvel arrêt.

Mais le jour luit ; on repart. Trois grandes constructions

blanches apparaissent sur notre gauche; des arbres les entourent de leur frais feuillage ; le ciel s'éclaircit ; les nuages semblent se dissiper, comme pour égayer un peu notre débarquement.

« Bâbord ! Mouillez ! » Un gros clapotis dans l'eau et le ronflement de chaîne dans l'écubier. Enfin ! ça y est ! toutes les poitrines se dilatent ; les visages de ces six cents hommes sont radieux ; nous allons dire au revoir à messieurs les marins.

Et, quand nous retrouverons leur satané navire, il nous ramènera en France !

Combien d'entre nous cependant ne le feront jamais, ce voyage de retour ! Combien, alors, soit le long d'une digue, près de la rizière, soit au pied d'un arbre dans la forêt, dormiront, n'ayant leur place marquée que par un de ces petits tertres à la chétive croix de bois, humbles tombes de soldats, déjà si nombreuses au Tonkin et qui vont le devenir bien plus encore!

Mais cette idée passe fugitive dans mon esprit. Triste au départ de France, je ne sais pourquoi, maintenant j'ai l'assurance d'être de ceux qui reviendront. Avec tous, je suis à la joie de l'arrivée.

Haïphong, 13 mai 1884.

Nous sommes toujours à Haïphong, en attendant notre départ pour Hanoï.

C'est au cantonnement de l'îlot Marty, ainsi nommé, j'ignore pourquoi, car il n'y a ici rien d'un îlot, c'est là que nous sommes installés. Des cases en bambou, au toit de paille, abritant de grands lits de camp ; devant nous, le Sum-Tum-Bach ; derrière, un petit ruisseau, où nous allons laver le linge, tel est le casernement des troupes de passage à Haïphong.

En attendant le départ, nous ne faisons que peu de choses : une simple théorie.

Deux fois par jour, les troupiers, en cercle, dans chacune de leurs grandes baraques, écoutent, ou font semblant d'écouter, un caporal lisant à haute voix quelques pages des petits manuels à couverture bleue, rédigés, en un style clair et concis, par les officiers du ministère de la guerre :

Service en campagne, et principalement, *Devoirs des senti-*

VUE DE LA BAIE D'HALONG.

(Collection du comité Dupleix.)

UN COIN DE LA BAIE D'HALONG.

(Collection du comité Dupleix.)

nelles, Devoirs des petits postes, Rôle de la pointe d'avant-garde, Fonctions pendant la marche des éclaireurs, telles sont nos lectures.

On nous communique une brochure, œuvre d'un médecin de la marine, que tout le monde devrait savoir par cœur : *les Prescriptions hygiéniques à suivre dans les pays chauds.*

En dehors de ces occupations, et sauf pendant la grande chaleur, de 10 heures à 2 heures, moment de la sieste, on peut se promener en ville.

Je vais le faire avec un camarade.

Mais d'abord, un arrêt. Devant la porte qui ferme la barrière entourant notre casernement et tout l'îlot Marty, stationnent de nombreuses marchandes. Elles ont déposé à terre leurs grandes corbeilles rondes, et, d'un air timoré. — celui du peuple annamite, — elles offrent au sergent de planton des mandarines, des bananes, des citrons doux.

« — Ah! *undoï* (monsieur le sergent), me dit une petite boulotte assez gentille, y en a mandarines, y en a ananas, y en a bananes, toi acheter? »

Je prends un bel ananas.

« — Combien ? lui dis-je.

« — Dé sous.

« — Oh ! c'est trop cher ; un sou seulement.

« — Oui, in sou. »

Et je prends l'ananas superbe, que je prie un soldat de porter dans ma case.

Mais mon troupier s'est penché vers la congaïe accroupie et lui a déposé sur le cou un gros baiser.

Elle pousse un cri aigu et, rieuse, nous montrant sa rangée de dents toutes laquées de noir, ses lèvres rougies par le bétel, elle menace le soldat du doigt.

« — *Tantah !* dit-elle, *doï* mettre toi *cagna-pha.* » (Doucement, le sergent va te mettre en prison.)

Le soldat et moi nous éclatons de rire, la congaïe aussi. Et je m'éloigne pour explorer la ville.

Sur le bord du fleuve, au milieu des frais et beaux jardins, qui, dès l'abord, ont frappé notre vue, s'élèvent trois grandes constructions à véranda : c'est l'ancienne Concession française.

La Concession d'Haïphong est un petit coin charmant. Le chemin qui en sort se dirige vers la ville chinoise et longe, un instant, le Sum-Tum-Bach, arroyo étroit, mais profond, dérivé d'un bras du fleuve Rouge, et dont on trouble les eaux en y jetant tous les détritus de la ville.

Sur la gauche, on voit un fort en terre, carré, où dans des baraques en bambou, aussi peu confortables que celles de l'îlot Marty, sont logées quatre compagnies de l'infanterie de marine. On l'appelle *le Fort annamite*.

Laissons-le, et arrivons à la ville.

En face de nous s'élève toute une file de maisons, quelques-unes en briques, le plus grand nombre en bois, peinturlurées de jaune, de rose, de vert. Çà et là, quelques-unes européennes. Celles-là nous intéressent moins. Notre vue est attirée par les maisons chinoises, plus basses, plus étroites, mais s'étendant en profondeur. Là se sont installés de nombreux commerçants venus du Fo-Kien, de Schangaï et surtout de Canton.

Entrons dans ces longues boutiques. Elles sont bordées de deux comptoirs, derrière lesquels vont et viennent de jeunes petits commis. Avec leur figure ronde et gentille, leurs robes de soie tout unie, blanche, verte ou marron; leur natte de cheveux retombant sur le dos; leurs petits pieds, presque blancs, dans des pantouffles brodées, aux épaisses semelles de cuir ou de feutre; leur gracieux accueil, leur sourire, on les prendrait pour des demoiselles de magasin. Et, tandis que le gros patron, plus richement vêtu de soie brochée, trône derrière le comptoir, ces jeunes commis se pressent, et, d'un air engageant : Que désirez-vous? ou : Qui ça vouloir?

C'est que l'on peut acheter bien des choses dans ces boutiques chinoises! Quel génie commercial chez ce peuple! A peine les premiers soldats français étaient-ils venus ici, déjà les Célestes s'étaient procurés tout ce qui sert à nos besoins.

Voulez-vous des vêtements? Un marchand chinois vous vendra l'étoffe; un tailleur chinois vous l'aura, en une journée, taillée et cousue. Des souliers? Vous en trouverez depuis 6 piastres (24 francs) jusqu'à 1 piastre (4 francs). Les premiers, beaux brodequins rouges ou jaunes, sont de fabrication anglaise; les seconds, petits souliers découverts, en cuir annamite très mal tanné, sont faits sur place.

N'allez pas croire qu'en de tels objets consiste tout le débit. Le Chinois, lui qui fait en gros avec les Annamites le trafic de la soie, des peaux de bœuf et de buffle, du riz, fait en détail le trafic de tout ; il a depuis longtemps réalisé le vrai *Bazar universel*. Et viandes de conserve, poissons de conserve, légumes de conserve, lait de conserve, fromages, confitures, drogues médicinales, rien ne manque dans son magasin. Il est, de plus, débitant d'opium et de tabac. Ce tabac, qui vient d'Europe, il le cède à 4 sous le paquet de 50 grammes ; mais ce qu'il offre le plus et qui rencontre le plus de chalands, ce sont les liquides. Tout Chinois est cabaretier.

Sur ce point, ses affaires marchent bien, trop bien pour la santé de nos troupiers. Il faut les voir s'engouffrer par bandes dans l'arrière-boutique. Quelle tentation quand ils voient, alignés sur des planches, les litres verts d'absinthe ou de pippermint, les fioles sombres d'amer Picon et de bitter, les blondes bouteilles de rhum et de cognac, les rouges litres de grenadine ! On livre tout cela à la bouteille ou au verre ; on vous sert alors de l'eau fraîche dans des gargoulettes poreuses.

Chaque consommation coûte huit ou dix cents [1]. Les liquides sont donc ce qui se vend le plus cher.

Mais quittons cette boutique particulière ; allons visiter le marché. Il n'abrite point, ainsi que nos halles, les vendeurs sous un vaste toit commun ; chacun d'eux a sa petite paillotte, sous laquelle s'étalent poulets, canards, quartiers de cochon, saucisses de porc et saucisses de chien, dont les Annamites sont friands, riz bien blanc, fruits superbes et variés.

Là sont vendues des étoffes annamites, étroites bandes de coton, noir ou marron, bandes de soie, rouge, verte ou jaune ; de la poterie, des porcelaines grossières, en général ornées de dessins bleus ; puis, les noix d'arec, les petites feuilles vertes et la chaux, pour faire les chiques de bétel ; puis, des guirlandes de papiers coloriés, des chevaux en bambou, recouverts de papier

---

[1] Le cent est le centième de la piastre, dont la valeur varie de 3 fr. 20 à 5 francs.

rouge, pour être offert à Bouddha dans les pagodes ; de petites baguettes d'un produit dont j'ignore le nom et qui, brûlant avec lenteur dégage un agréable parfum. Ces baguettes, on les place près des statues saintes, soit à la pagode, soit devant l'autel des dieux domestiques.

Pas une maison qui n'ait son autel. Il est entouré de longs et grands panneaux de papier, tendus verticalement entre deux baguettes de bambou ; une prière ou une maxime est inscrite en caractères chinois, à l'encre noire, sur le fond rose ou bleu pâle de ces panneaux. C'est là, dit-on, un talisman qui protège l'âtre et la famille de bien des malheurs.

Le marché ne se borne donc pas aux choses profanes ; il comprend les objets de sainteté. Parmi les Juifs, les marchands envahirent le temple ; chez les Annamites, le temple fait irruption parmi les marchands.

Sortons de cet ensemble de paillottes où ils sont groupés : tout n'est pas fini ; le commerce s'étend plus loin. Voici, le long de notre route, des cases annamites d'où monte une odeur peu agréable. Là on vend le *nuoc mam*, saumure de poisson dont on assaisonne tous les plats.

Cependant ces cases deviennent plus rares ; nous arrivons à la digue solitaire courant à perte de vue à travers la rizière, toute parsemée à droite, à gauche, de gros villages entourés de haies de bambou.

Ah ! il est temps de rentrer. Faisant demi-tour, le long de la mare qui brille comme un vaste miroir derrière l'îlot Marty, nous voyons devant nous l'hôtel Gandaubert, avec son petit bâtiment si simple, devant, sa rotonde au toit de paille soutenu par de gros bambous qu'entoure un cercle de petits bananiers. Sous cette rotonde, à l'heure de l'apéritif, s'attablent tous les nouveaux débarqués, capitaines, lieutenants de l'infanterie ou de l'artillerie de marine.

Tout près, coule le fleuve, que dore à cette heure le soleil couchant. Allons jeter un coup d'œil sur les navires, où va se faire la « rentrée des couleurs ». Simultanément, des coups de fusil retentissent, les pavillons descendent et à bord du *Drac*, où résonne, maigre, aigrelette, au milieu de cet immense espace, la voix d'un clairon sonnant au drapeau, et à bord des lourdes et plates canonnières immobiles, blanches sur les eaux jaunes. Un vapeur anglais qui se trouve là, plutôt peut-être pour nous espionner que pour faire du commerce, amène également sa loque rouge.

Et, pendant que nous allons prendre notre repas dans un petit restaurant français, mon camarade me dit :

« — Tu vois ce beau port d'Haïphong ; c'est, pour le moment, le seul du Tonkin, et, à part les navires de l'État, il n'est guère fréquenté ; mais, ainsi que me le disait un camarade de collège, enseigne de vaisseau, on projette sérieusement de tout améliorer. On créera des moyens de débarquement plus faciles que ces horribles sampans ou ces incommodes chalands de fer, seuls à desservir passagers et marchandises ; toutefois, comme les grands navires de guerre, les grands transports ne peuvent remonter ici, à cause de la barre, c'est en baie d'Halong que l'on créera un port.

« — Oui, répondis-je, pour ce riche Tonkin, peuplé de 15 millions d'habitants, il faudra un port tout autre. Mais cela doit être placé au futur ; car, aujourd'hui, l'importation se borne à l'arrivée de troupiers robustes, comme nous deux, comme tous les passagers de la *Nive*, et l'exportation consiste en départs de malheureux, hâves, anémiés, éreintés par le climat et les fatigues, pauvres diables qui s'estiment encore bien heureux de n'avoir pas laissé leurs os sur cette terre qui leur semble maudite. »

Haïphong, 14 mai 1884

Décidément nous partons demain pour Hanoï.

Ce matin, j'étais de corvée pour aller à la Concession chercher des vivres. Un sergent fourrier et moi, devions nous partager la tâche : lui, toucher le pain et la viande ; moi, le vin, le tafia, le sucre, le café et le thé, qui entre, ici, dans la ration.

Pourquoi, dans une colonie, où l'on se procure si aisément des commissionnaires indigènes, impose-t-on aux soldats français des corvées de cette nature ?

Elles ont le double inconvénient de fatiguer les hommes et de leur enlever tout prestige aux yeux des Annamites et des Chinois.

Les Anglais l'ont bien compris. Dans les Indes, jamais corvée extérieure ne fut imposée à leurs soldats européens. Ces soldats, il faut voir comme ils sont logés, nourris, vêtus ! Ce sont des seigneurs auprès des nôtres.

Loin de moi le désir que nous nous modelions absolument sur les Anglais ! Eux ont trop l'habitude du *comfort*, et qu'est-ce, en effet, qu'une troupe qui ne peut se mouvoir sans être suivie d'une armée, plus nombreuse, de porteurs et de domestiques de toutes sortes ?

Mais il y a un moyen terme. Et ne serions-nous pas plus forts, si l'on prenait des mesures pour mieux garantir la santé et la considération qui devrait s'attacher à nos troupes[1].

---

[1] Cet état de chose dure toujours. Sur les belles voies, sur les boulevards d'Hanoï et d'Haïphong, villes européennes, on voit encore aujourd'hui passer des corvées de soldats français. Souvent les fardeaux sont en avant, sur une voiture attelée d'un de ces petits bœufs trotteurs d'Indo-Chine. N'importe ! cela manque de prestige, dans un pays où notre armée en a tant besoin. Aussi, la Presse tonkinoise a-t-elle adressé à l'autorité militaire, contre ces corvées extérieures, des réclamations réitérées, qui sont malheureusement demeurées stériles.

CHAPITRE III

**D'Haïphong à Hanoï — En canonnière sur le fleuve Rouge
La capitale du Tonkin — L'installation des troupes.**

Hanoï, 21 mai 1884.

Me voici à Hanoï, où nous ont transportés deux grandes canonnières, l'*Éclair* et la *Trombe*.

Elles ont joué, ces canonnières, et elles joueront encore un rôle si important que je dois en parler.

Figurez-vous d'énormes chalands plats, fort larges, actionnés par une double roue à l'arrière. Ces deux roues, accolées l'une à l'autre, permettent au navire, lorsqu'elles tournent en sens inverse, de pivoter entièrement sur sa poupe et de présenter dans toutes les directions les gueules de deux pièces de 90^{mm} placées à l'avant dans une tourelle blindée. Trois canons-revolvers complètent l'armement.

Recouvertes d'une superstructure qui supporte cette artillerie et que, par analogie aux toits annamites, on appelle la *paillotte*, bien qu'elle soit non en paille, mais en fer, ces canonnières offrent deux grands avantages.

Presque aussi vastes qu'un navire, elles peuvent recevoir à la rigueur un bataillon, ou tout le personnel, les animaux et le matériel d'une batterie. Elles peuvent, en outre, vu leur peu de cale, leur faible tirant, de 0^{m},80, flotter sur tous les arroyos.

Aussi, quels services inappréciables rendus par elles au faible effectif de nos troupes ! Sans leur concours, nous n'eussions pu chasser les Chinois du Delta.

Aujourd'hui, elles sont les estafettes intrépides reliant à travers le Tonkin toutes nos places fortes, les fidèles convoyeuses de nos détachements, nos approvisionneuses secourables, car facilement elles traînent à la remorque des escadrilles de jonques où l'on a déposé vivres et munitions, tout le nécessaire pour les troupes.

Puis, que le long d'une digue s'avance une bande de pirates, au détour du fleuve surgit la grande canonnière, toute blanche sur les eaux rougeâtres, son pavillon tricolore flottant au vent; les ennemis, pris de peur, ne songent plus qu'à se cacher ou à fuir.

S'ils ont encore l'audace de saluer le petit navire de quelques salves de Winchester ou de Remington, leurs balles s'aplatissent contre les plaques d'acier, et la réponse ne se fait pas attendre; d'un tour de manivelle aux hotchkiss, les petits obus éclatent sur les pirates; de ci, de là, quelque solide gaillard chinois, aux amples vêtements de toile bleue, au grand chapeau de paille brune, tombe dans l'eau de la rizière ou reste éventré sur le revers de la digue. Et, sans un blessé à bord, laissant derrière elle quelques cadavres d'ennemis, la canonnière s'éloigne, saluant d'un long coup de sifflet ironique les Chinois affolés.

Ces auxiliaires précieux, c'est l'usine Claparède qui les a expédiés, tout démontés, pour venir les remonter à Haïphong; aussi les appelons-nous nos *Claparèdes*. Rien ne saurait mieux que ce nom exprimer notre gratitude.

Et, maintenant, en avant l'*Éclair* et la *Trombe,* où ont été répartis les 600 hommes arrivés par la *Nive !*

Il nous sembla d'abord que nous n'y serions pas trop à l'étroit. D'ailleurs, point ne songeais à me plaindre, tant j'admirais le pays que nous traversions.

Partout, des champs cultivés. Les rizières dominent, coupées par des plantations nombreuses de mûrier, de coton ou de cannes à sucre.

Et des villages ! des villages encore ! des villages partout ! Ils se touchent presque ; on les voit se perdre à l'horizon ; les haies de bambou qui les entourent forment avec leur feuillage une longue ligne sombre qui tranche sur le vert tendre des rizières.

Quelle population anime ces plaines ! Même entre les hameaux, en plein champ, l'on voit tant de cultivateurs courbés sur le terroir fécond, tant d'allants et venants sur les digues, que ce pays offre un singulier contraste, lorsque, par la pensée, on se reporte à nos campagnes de France, parfois si solitaires, à ces vastes landes bretonnes, où l'on peut parcourir des lieues, sans voir surgir un homme dans le calme de la nature.

C'est qu'aussi, dans ce delta tonkinois, pas une parcelle, pas une motte de terrain n'est négligée.

Si, au coude du fleuve, les alluvions flottants viennent, au sein d'une crique, former un petit banc de vase, vite, vite, les riverains ont soin de le séparer du courant, de l'isoler, au moyen d'une petite levée de terre. Aussitôt l'on y sème le riz qui pousse avec rapidité ; deux fois dans l'année, là comme partout ailleurs, on obtiendra une moisson et autrement abondante qu'en nos pays.

C'est que la culture des céréales, en Chine et au Tonkin, ne se pratique point, comme en notre Europe, où l'*on sème à la volée ;* là, *on repique* chaque pousse ; des femmes, des enfants sont occupés à ce travail ; la plante a pris, par sélection, bien plus de force, et un seul grain produit dix fois, vingt fois plus que chez nous.

Grâce à une telle fécondité, une aussi énorme population peut vivre en un aussi petit espace. En France, la densité moyenne des habitants est de 70 par kilomètre carré : dans les provinces du Delta, ce chiffre monte à 800 ! Les deux récoltes annuelles de riz ne sont donc point superflues, et parfois, entre chaque récolte, dans la rizière alors mise à sec, on cultive la patate, ou le haricot annamite, ou une salade, que les indigènes font cuire et mangent volontiers. C'est donc quatre récoltes par an que donne aux admirables cultivateurs tonkinois leur terre, non moins admirable nourrice.

Nous filons au milieu de ces belles campagnes. Le Sum-Tum-Bach décrit une infinité de méandres, ce qui fait que nous voyons tantôt à notre gauche, tantôt à notre droite, ce massif, la Montagne des Éléphants, qui fut une île jadis et qui, dernièrement encore, repaire de pirates, est gardée aujourd'hui par un poste d'une compagnie d'infanterie de marine.

Voici le Thaï-Binh, un des principaux bras du fleuve, formé par les rivières qui descendent des plateaux de Lang-Son et de Cao-Bang, région frontière entre la Chine et le Tonkin.

Nous descendons un instant ce large cours d'eau, pour nous engager ensuite dans le canal des Bambous.

Mais la nuit vient, nuit sombre, sans lune d'abord. On risquerait de s'échouer en route. Or donc, dès 6 h. 1/2, les deux canonnières stationnent immobiles.

Nous avons pu nous tenir assez à notre aise pendant le jour ; mais, quand il fallut se coucher, personne ne voulant, à cause de la fraîcheur, rester sur la grande paillotte, combien nous fûmes à l'étroit !

Me dressant de temps à autre, je me consolais de mon sommeil interrompu, en contemplant la vaste plaine, éclairée alors par la lune. On y entendait le long hurlement de quelque chien ou le petit bruit sec des bambous frappés l'un contre l'autre par les veilleurs annamites, là-bas, dans un village lointain.

A bord, un timonnier piquait l'heure sur la cloche, et là-haut, sur la paillotte, les factionnaires répondaient, d'une voix lente et traînarde : « Bon quart devant !! Bon quart derrière !! », dont le son se perdait dans la nuit.

Mais une lueur rose s'élève à l'Orient ; le ciel s'éclaire de reflets rougeâtres.

— « Allons ! debout ! *deboutte ! les militéres !!* », disent les marins, qui se répandent sur le pont ; on a commandé au poste d'appareillage. La petite ancre est vite rentrée à bord ; les grosses roues battent l'eau jaunâtre de leurs palettes ; nous sommes en route.

Une demi-heure après, le soleil brille de nouveau ; nous continuons à suivre le canal des Bambous, et les rizières succèdent aux rizières, les villages aux villages. Près de la berge, les sampans de bois, avec leur maisonnette au centre, les petites embarcations de roseaux tressés, enduites d'une sorte de goudron et qu'on appelle des paniers, tout cela danse sur les vagues produites par notre sillage.

Enfin, là-bas, loin, apparaît un drapeau tricolore : c'est le poste des Bambous. Ayant passé au pied de son enceinte palissadée, nous entrions dans le grand bras du fleuve, masse d'eau qui roule entre des rives distantes d'un kilomètre.

Bientôt, sur notre droite, voici Hung-Yen, citadelle enlevée en 1873 par un simple aspirant de marine et six matelots. Cela dit quelle crainte nous inspirions en ce temps-là, et quel était notre prestige. Ce temps semble bien près. Hélas ! il est bien loin !

Nous sommes donc sur le fleuve Rouge, voie profonde, mais obstruée, par endroits, de bancs que chaque crue déplace. Il doit son nom à la couleur de ses eaux, la couleur des terres qu'il ronge sans fin, pour les déposer en aval. Terres fécondes ! Aussi, quoique nous quittions le Delta maritime, le pays n'a point changé. Toujours des rizières, mais interrompues, çà et là, par les mûriers, pâture des vers à soie, les bananiers aux larges feuilles, les arèquiers au vert panache. Et des villages, des villages toujours.

Sur les deux rives, des Annamites, demi-nus, labourent avec leur araire traîné par des bœufs ou des buffles : des bœufs petits, roux, portant, comme les zébus, à la naissance du cou, une bosse sur laquelle on place le joug ; des buffles énormes, gris de fer, avec de longues cornes inclinées très en arrière sur le dos.

Le fleuve est sillonné de sampans où grouillent des familles entières, de jonques très élevées sur l'eau et pontées. Nous croisons de longs trains de bois, des radeaux de bambous, portant à la cime d'une perche de grands filets plats, carrés, dont les indigènes se servent comme d'immenses épuisettes ; par intervalle, quelque petite chaloupe à vapeur du commerce, montée par des Chinois et qui nous salue d'un coup de sifflet.

Quelle vie sur le fleuve ! Quelle vie sur ses bords ! Partout un peuple pullule. Des Annamites répandus dans les champs, tournés vers nous, leur chapeau à terre, agitent de bas en haut leurs mains jointes, s'inclinant, devant cette Force qui passe, comme devant quelque très haut mandarin ou leur Dieu lui-même.

Vers quatre heures de l'après-midi, nous apercevons sur la rive droite la Concession d'Hanoï.

Comme celle d'Haïphong, elle se compose de grands et beaux bâtiments en briques, dont les murs, blanchis à la chaux, se dissimulent derrière les arbres des jardins.

Sur l'un d'eux flotte un grand pavillon tricolore, c'est l'hôtel du Général en chef.

Toute une suite de constructions annamites, cases, pagodes aux toits de tuiles rouges, puis la maison blanche de la douane, s'étendent en amont.

Hanoï n'est pas seulement le chef-lieu des provinces du Nord, la capitale du Tonkin ; avec ses 150,000 âmes, c'est la ville la plus populeuse et la plus commerçante de tout l'empire d'Annam.

Débarqués de nos canonnières, on nous a rangés sur la berge ; chacun a mis sac au dos ; on fait par le flanc droit, et, précédés de nos clairons, qui sonnent allègrement, nous nous dirigeons vers nos casernes.

Ce n'est pas à la Citadelle, résidence générale des troupes, que nous nous rendons, mais au Camp des Lettrés.

On suit une longue voie, la rue des Incrusteurs. Un quart d'heure après, nous franchissons une enceinte de bambous entourant de nombreuses cases au toit de paille, aux murs de torchis. Voilà le Camp des Lettrés, voilà notre séjour.

Là, chacun de nous trouvera pour se reposer la nuit, un lit de camp en bambou, sans même une paillasse.......

Hanoï, 24 mai 1884.

En vérité, je n'ai pas de chance : voici la paix conclue ! Je ne serai donc venu au Tonkin que pour y mener, durant deux ans, une vie monotone de garnison !

Les trois bataillons de ligne arrivés ici, après la prise si meurtrière de Sontay, rentrent en France.

Le bataillon des fusiliers marins quitte également ; il va s'embarquer pour Madagascar, où, paraît-il, les affaires se gâtent.

Quelques compagnies d'infanterie de marine, on l'assure, suivraient même direction. Si je pouvais en être !

Enfin le bataillon de tirailleurs annamites retourne en Cochinchine. Ces petits soldats, qui se sont bravement conduits contre les Chinois et qui, au début, par leur connaissance de la langue et des mœurs, nous ont rendu de réels services, ces braves petits troupiers en chignon, ne laissent ici qu'une partie de leurs cadres, pour l'instruction des deux nouveaux régiments similaires que l'on forme au Tonkin.

En attendant, pour me consoler un peu de ma déconvenue, je visite Hanoï dans tous ses recoins.

Je ne connaissais guère, jusqu'à ce jour, que la belle Concession européenne et la longue rue des Incrusteurs. Hier et avant-hier, nous avons parcouru la citadelle, la ville chinoise, les quartiers annamites.

La Citadelle, sise au Nord, est un grand carré bastionné, d'un kilomètre de côté ; c'est une assez jolie surface, et le chemin de ronde faisant le tour extérieur des fossés n'a pas moins de sept kilomètres.

Comme presque toutes les citadelles de la Cochinchine, de l'Annam et du Tonkin, celle d'Hanoï fut construite sur les plans et sous la direction d'ingénieurs français mis par Louis XV à la disposition de l'empereur de Hué.

C'est donc le tracé à la Vauban que nous retrouverons partout ; une seule modification a été apportée, ici, au profil du grand ingénieur.

Le mur d'escarpe n'est pas, comme en Europe, baigné par les eaux du fossé. Au pied de ce mur, une plate-forme d'environ quatre mètres de largeur court tout le long de la citadelle : c'est le *Chemin des Éléphants*. Là, au moment de l'attaque, circulaient les éléphants de guerre. Et, lorsque, malgré les balles et les biscaïens des défenseurs de la place, l'ennemi parvenait à franchir le fossé, les terribles pachydermes, rendus furieux par les détonations et par de légères blessures, couraient sur les assaillants, les soulevaient avec leur trompe, les broyaient contre les murs.

Seulement, que pouvaient-ils contre nos fusils rayés, notre artillerie ? On les laissa à l'intérieur des citadelles, et ce fameux *chemin* à eux destiné nous servit de plate-forme pour opérer l'escalade, à l'aide de longues échelles de bambou.

C'est ainsi qu'en 1873, Francis Garnier, avec ses 150 hommes, marsouins et mathurins, put s'emparer de presque toutes les places du Delta, appelé par les vœux de la population ; partout les milices tonkinoises lâchèrent pied ; seuls les soldats d'Annam se firent parfois tuer avec bravoure.

Je franchis un des jolis ponts de briques, au dos d'âne très accentué, comme tous les ponts chinois ou annamites, et m'engage sous la porte Est. Ces portes sont de véritables édifices surmontés de pagodes. Dans celle qui me domine on a pu établir le local du conseil de guerre. Il y en a cinq, dénommées selon les points cardinaux : Portes Nord, Sud, Est, Ouest ; la cinquième, plus petite, s'ouvre au Sud-Est.

A l'avancée du pont se promène la sentinelle ; sous la voûte sont étendus les hommes de garde, grands turcos tout noirs. J'entre dans la citadelle.

Je vois en face la grande tour hexagonale, d'environ vingt-cinq mètres de haut, construite en briques, sur une large plate-forme carrée, à revêtements de briques aussi et qui domine de dix mètres le sol, marécageux en cet endroit. C'est donc de trente-cinq mètres que les guetteurs annamites pouvaient observer au loin.

Ces tours, dont chaque citadelle du Tonkin est pourvue, nous les avons utilisées en y installant des appareils de télégraphie optique, et, grâce à ce réseau, que l'ennemi ne peut interrompre, il y a correspondance entre toutes nos places du Delta.

Hanoï se relie à Haïphong par deux postes intermédiaires : celui de la montagne des Pins Parasols, près Bac-Ninh, à 28 kilomètres ; celui de la tour d'Haïdzuong, à 44 kilomètres des Pins Parasols et à 42 kilomètres d'Haïphong.

Ainsi, un réseau optique de 114 kilomètres rattache la Capitale au port du Tonkin.

Plus tard, un câble sous-marin, venu de Cochinchine, touchera ce port, mais, pour l'instant, il faut envoyer les télégrammes à Saïgon ou à Hong-Kong, et ce voyage, avec l'aviso le plus rapide, demande, pour la première ville, soixante-douze heures, pour la seconde, quarante-huit. C'est déjà long pour annoncer une victoire ; ce le serait bien plus, hélas ! si l'on devait réclamer des renforts, à la suite d'une défaite.

Tout près de la porte Est, dans l'immense espace couvert d'herbes et de marécages, compris entre les terre-pleins de la citadelle, j'aperçois un grand bâtiment bas, entouré d'un mur : c'est la prison annamite, aujourd'hui prison militaire.

Non loin s'élèvent les baraquements des Turcos. On les voit, sous les vérandas des cases ou couchés sur l'herbe, ces grands enfants du désert. Les uns, joueurs enragés, manient les cartes, poussant parfois des cris sauvages ; d'autres, accroupis devant une porte et s'accompagnant d'une espèce de mandoline, psalmodient leurs airs arabes.......

Après les cases des tirailleurs algériens, je m'arrête devant celles d'un bataillon du 111e de ligne.

Mais le costume de ces lignards ne se distingue pas du nôtre ! D'où vient donc cette ressemblance insolite ? C'est que ces der-

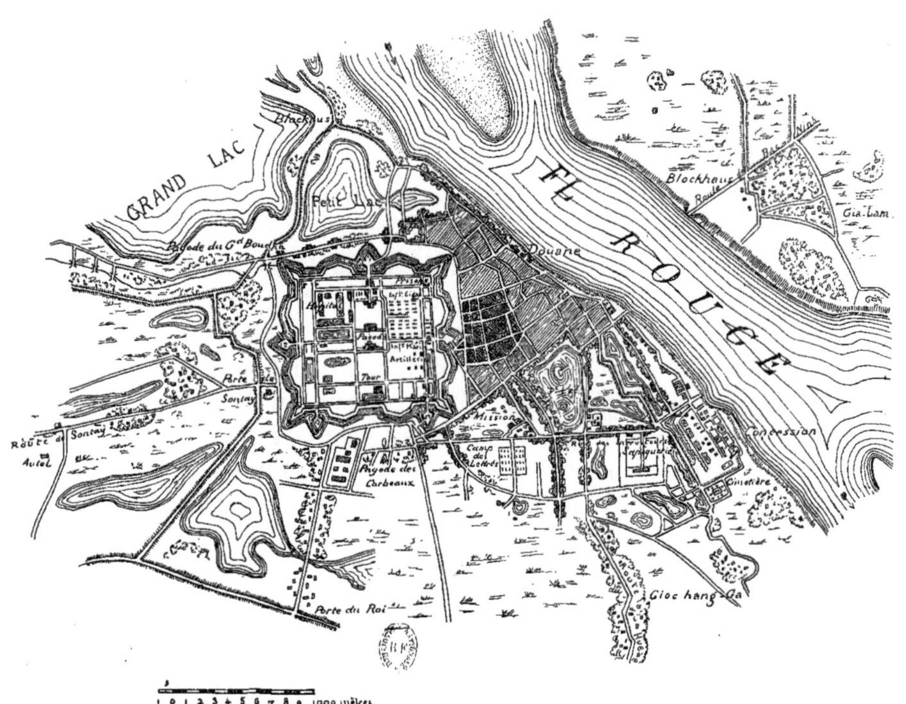

(D'après une Carte des Archives du Ministère de la Guerre.)

niers furent envoyés au Tonkin, en même tenue de campagne que s'ils avaient dû se rendre sur la Meuse, munis simplement d'une ceinture de laine et d'un casque.

Pour qu'ils ne mourussent pas tous, étouffés sous leurs capotes ou serrés dans leurs vestes de drap, on prit, dans les magasins de l'infanterie de marine, vareuses de molleton et pantalons de flanelle à nous destinés, comme effets de remplacement. A l'ancre de notre col, on substitua un numéro : voilà toute la différence. Pardon, il y en a deux autres : Léurs effets sont neufs, et nous portons, en général, des vêtements râpés, qu'on ne renouvelle point ; ensuite, nos habits, si usés soient-ils, sont toujours tenus proprement, et les leurs, en général, ne le sont guère.

Pourquoi donc ces différences de traitement, qui engendrent de funestes rivalités de corps ? A la ligne tous les avantages, et rien pour nous.

Pourtant, c'est l'infanterie de marine qui a supporté le plus grand poids de la campagne du Tonkin, et, quatre fois plus nombreuse, elle n'a eu que trois promotions, alors que douze sous-officiers de la ligne sont passés sous-lieutenants.

Et, dans les moindres choses même partialité : pour nous, un horrible lit de bambou, sans draps, ni matelas, ni paillasse ; c'est la couche de repos qu'on réserve au Tonkin pour nos sous-officiers, et *à fortiori* pour nos hommes qui arrivent exténués déjà par deux ou trois ans de séjour colonial. — Mais, aux sous-officiers de la ligne, un bon lit de fer, muni de tout ce qui nous fait défaut !

Je sais bien comment on explique ces divergences : L'infanterie de marine est faite pour les colonies ; c'est son métier ; elle est composée de soldats d'aventures. La ligne, au contraire, se dévoue, lorsque *volontairement* elle vient si loin ; sa mission sacrée est de défendre le terroir natal. — Mais alors pourquoi vouloir étendre ce terroir sur des pays lointains ? Et, lorsque la politique coloniale est tant prônée, glorifiée, pourquoi traiter si mal ceux qui ont mission de conquérir et de maintenir des colonies ?

Le plus drôle, le plus contradictoire, c'est la qualification dédaigneuse dont nous gratifia le commandant en chef, le général Millot, qui nous refusa la ration de quinquina que l'amiral Courbet avait allouée : « L'infanterie de marine ? cette troupe qui tient le milieu entre la gendarmerie et la garde nationale. » Que devient alors le type d'aventuriers dont nous sommes l'incarnation ?

Assez de mauvaise humeur ! Je reprends la visite de la citadelle d'Hanoï.

Au bas de la plate-forme de la grande tour, reluit au soleil une mare, la mare des Éléphants. Ces bons pachydermes venaient-là jadis se baigner, et eux, les soutiens de l'Autorité annamite, eux, qui dans l'esprit des mandarins, devaient disperser l'armée française, ils se promènent aujourd'hui au milieu de nous, très familièrement ; pour deux sous, placés dans leur trompe, ils font une petite génuflexion, aux grands éclats de rire de nos troupiers.

Laissons sur notre gauche le parc de l'artillerie de marine et de l'artillerie de terre, les 80ᵐᵐ de montagne, les 90ᵐᵐ et les 95ᵐᵐ de campagne. A côté, les caronades antédiluviennes, presque toutes sans affût, abandonnées sur le gazon, envahies par la rouille, les vieilles pièces de 30, ornées d'une fleur de lys et don de Louis XV à l'empereur d'Annam.

Je signalerai avec joie la batterie Krupp de 80 millimètres que, dans sa fuite, l'armée régulière des Célestes nous abandonna à Pbu-Lang-Thuong, et aussi les trophées de Sontay, vieilles pièces autrement glorieuses pour nous. Celles-ci, ont été fièrement défendues par les bandes de Pavillons-Noirs de Lhu-Vinh-Phuoc, « le vieux Phoque », comme l'appellent nos troupiers, et devant elles, plus d'un jeune Français a sauté le pas.

Nous arrivons à la pagode de l'Esprit du Roi.

C'est un des chefs-d'œuvre de l'architecture annamite. Aux arêtes de son toit se déroulent de longs serpents de pierre, à l'épine dorsale dentelée. Leurs têtes relevées marquent les quatre angles du monument dont la plate-forme est des plus originale. On y accède par de larges escaliers ; trois sont accolés sur la même face et encadrés de grands dragons de pierre. Sur leurs deux pattes de devant, armées d'énormes griffes, ils appuient leur tête colossale, la gueule ouverte, et de leurs gros yeux ronds ils semblent regarder la proie sur laquelle ils sont prêts à bondir. Les dentelures de leur dos servent de rampe à l'escalier, et leur queue s'élève à la hauteur de la plate-forme.

HANOÏ. — LA RUE DU RIZ.

(Collection du comité Dupleix.)

HANOÏ. — LA PORTE SUD-EST.

(Collection du comité Dupleix.)

Avec quel art ces animaux fantastiques sont sculptés ! Quel aspect saisissant ils donnent à la pagode ! Et nous traitons les Annamites de sauvages !..... Sommes-nous donc les fils d'une bien plus haute civilisation, nous qui, dans ce beau monument avons installé des magasins d'armes et de vulgaires bureaux pour l'artillerie ?

Les beaux Bouddhas dorés sont partis pour je ne sais où ; de longues lignes de fusils, carabines et mousquetons jettent l'éclat de leur acier, là où les rangées de statues faisaient ruisseler leurs ors. Les tables laquées de rouge, aux riches filets dorés, et où les fidèles déposaient leurs offrandes, sont encore là, mais couvertes de paperasserie, de bons de munitions.

Que diraient les moins dévots d'entre nous si, en France, un envahisseur profanait ainsi nos cathédrales ? Est-il donc bien politique d'agir avec un tel sans-gêne envers un peuple qui a sur nous l'avantage d'ignorer tout fanatisme religieux, mais qui n'en a pas moins des croyances sincères dignes de nos respects ? [1]

En sortant de la pagode, je ne signalerai plus qu'une longue suite de bâtiments : les magasins à riz. L'autorité annamite entassait-là autrefois les subsistances, chose d'autant plus aisée qu'une partie de l'impôt se paye en nature ; chose d'autant plus prévoyante qu'on échappait ainsi aux années de disette résultant des trop longues inondations.

Ces énormes hangars, qui eurent pour destination d'alimenter la vie, on les transforme en hôpital, en lieu de refuge pour écarter la mort. C'est que l'hôpital actuel, qui se trouve à la Concession, dans une ancienne caserne d'infanterie de marine, est devenu trop exigu pour les nombreux malades du corps expéditionnaire. Ici, on sera plus au large, mais ce sera sombre, humide.

Hanoï, 26 mai 1884.

Aujourd'hui, si vous le voulez bien, nous continuerons la promenade dans Hanoï par les quartiers annamites et la ville chinoise.

---

[1] La pagode royale a été rendue au culte en 1893, avec une cérémonie d'un certain apparat.

En sortant de la citadelle, on la trouve immédiatement à gauche, cette ville curieuse.

Entourée d'un mur de briques, percé de grandes portes qu'on ferme la nuit, elle constitue, sur cette terre d'Annam, une colonie séparée, une ville bien distincte.

Toutes ses rues, à la chaussée fortement bombée, pavées de carreaux de briques ou de larges dalles de pierre, avec trottoirs et caniveaux recouverts devant chaque porte, pour l'écoulement des eaux, sont fort propres et contrastent avec la saleté, la pouillerie annamite.

Ici, comme à Haïphong, les demeures, basses, étroites en façade, s'étendent en profondeur.

La population chinoise d'Hanoï comprend environ 10,000 individus, patrons ou employés, tous livrés au commerce. Peu d'ouvriers, de coolies, de manœuvres.

Tous ces Chinois sont groupés en *Congrégations*, d'après leurs provinces d'origine, congrégations ayant chacune un chef auquel les autorités du pays (française ou annamite) s'adressent, s'il y a lieu.

Caractère singulier et commun à toutes les colonies chinoises de l'Extrême-Orient : on n'y rencontre pour ainsi dire aucune femme de cette race. Ce n'est pas qu'on les tienne recluses, c'est que les hommes s'expatrient jeunes, partent seuls et prennent des concubines parmi les indigènes.

Après fortune faite, le Chinois rentre chez lui, et laisse, avec une somme d'argent, sa femme se tirer d'affaires en son pays natal. Les enfants nés de ces unions, sont élevés en vrais Chinois, comme des fils légitimes. Je dis des fils, non des enfants, car de filles métisses, on n'en voit pas. Qu'en fait-on ? je l'ignore. Des Chinois que j'ai interrogés sur ce point ne m'ont pas répondu, ou plutôt m'ont assuré qu'ils n'avaient jamais que des garçons, ce qui est risible.

Je n'oserais prétendre qu'on les fait disparaître, car les Chinois adorent leurs enfants, et tout vient démentir la légende des nouveau-nés qu'on livre en pâture aux porcs. N'importe ! L'absence de ces métisses dans le quartier chinois demeure pour moi un problème inquiétant [1].

---

[1] Durant mes trois séjours successifs au Tonkin, je n'ai jamais pu avoir

Il nous est difficile de distinguer les métis mâles de leurs pères, auxquels ils ressemblent fort ; mais chose très simple et qui nous importe, c'est de saisir la différence entre le type chinois et le type annamite ; car il se faufile parmi nous des espions venus de l'Empire du Milieu, qui espèrent nous tromper en prenant le costume de l'Annam [1].

La mise diffère : tandis que le Chinois est enveloppé d'une longue robe à manches larges, chez l'Annamite du peuple qui porte un vêtement généralement étriqué, même chez le mandarin dont la robe descend jusqu'aux pieds, les manches sont toujours étroites.

Mais c'est par la coiffure surtout qu'ils se distinguent. Le Chinois, au front rasé, porte cette longue natte bien connue, à laquelle il mêle des fils de soie qui, alors que les cheveux s'arrêtent au bas des reins, la prolongent jusqu'à la hauteur des jarrets. Cette natte, tantôt il l'enroule en arrière, plaquée au-dessus de la nuque, tantôt, et notamment quand il parle à un supérieur, il la tient déroulée le long du dos.

L'Annamite de toute classe relève toujours ses cheveux en chignon, un chignon noir et épais, maintenu par un peigne : chez le peuple, de bois ou de corne ; d'écaille ou d'ivoire, chez les notables et les mandarins.

Un turban en crépon de soie, plus souvent en simple cotonnade, enserre ce chignon s'enroulant du front à la nuque.

Mais ce sont là distinctions tout extérieures ; celles qui tiennent au type même offrent plus d'intérêt. Or, quoique appartenant à la race jaune, les deux familles offrent de sensibles divergences.

L'Annamite qui, selon certains ethnologues, se rattacherait à la race malaise, est généralement plus petit que le Chinois. Mettez côte à côte tel de nos troupiers ayant 166 centimètres, — ce qui n'est pas être un colosse, — avec un de nos tirailleurs indigènes, c'est de toute la tête que le premier dépassera le second. Au contraire, parmi les Chinois des provinces du Nord se trouvent

le mot de cette énigme. Peut-être ces filles sont elles envoyées dans le village de la mère, confiées aux soins de la famille annamite dont elles prennent les mœurs, le langage, les habits, ce qui empêche par la suite de les distinguer facilement.

[1] L'un de ces espions fut fusillé à Hanoï, à quelque temps de là.

de fort beaux hommes, des gaillards de six pieds, qui pourraient faire envie à nos artilleurs.

Autre dissemblance : le teint. Le Chinois a la peau couleur de cire vierge, presque blanche. Plus d'un, en sa jeunesse, mériterait, chez nous, le titre de joli garçon. L'Annamite est plus brun. Il a, en outre, les pommettes plus en saillie, ce qui lui crée une figure en losange.

Mais, allons le visiter, ce peuple annamite, dans le quartier où il séjourne. Nous y voici. Des cases légères, dans lesquelles presque tout, ou, pour mieux dire, tout est en bambou, les murs et cloisons, les portes et fenêtres, les lits de camp qui garnissent les trois ou quatre pièces, toute l'armature du toit, en paille de riz et les montants qui le soutiennent. Un clayonnage de lattes — lattes de bambou encore — recouvre le sol de terre battue. Les foyers sont au milieu des pièces ; la fumée s'échappe par les ouvertures ou bien filtre à travers le toit.

Quelle puanteur monte de ces petites cases !

Fuyant ces exhalaisons de toute chose, où domine l'odeur du poisson fermenté, je me dirige vers le fleuve. D'énormes tas de bambous sont là sur la berge. Coupés dans des forêts de la région montagneuse, formés en longs radeaux, ils sont descendus jusqu'à Hanoï, après avoir payé des droits de douane à tous les mandarins, à tous les chefs pirates de la rive. Et ils sont là, amoncelés, attendant preneur, pour servir à des constructions.

J'arrive sur le port, le long de la berge, escarpée en cet endroit, car sans cesse les eaux du fleuve la rongent, menaçant d'une destruction infaillible les habitations riveraines.

A bord des embarcations, vit tout un peuple de pêcheurs, de marchands ; ce peuple se démène ; de chaque bateau monte en spirale la fumée des foyers de terre glaise, sur lesquels on fait cuire le riz.

Mais un autre monde de travailleurs m'attire plus encore ; je tiens à visiter la rue suivie dès notre débarquement, la rue des Incrusteurs.

Elle tire naturellement son nom des nombreux artistes tonkinois qui l'habitent, découpant dans le bois noir et dur, le dessin des fleurs, des oiseaux, des animaux étranges, des personnages de toute sorte, qu'ils ont taillés en de petites plaquettes de nacre aux reflets multicolores et qu'avec une habileté surprenante, munis de petites pinces, ils incrustent.

Faisons quelques pas, et nous entrons dans une rue similaire, la rue des Brodeurs, où sont cantonnés ces artistes; vraiment, ils ne valent pas les incrusteurs. Leurs grosses broderies de soie ou de fils d'or sur soie ou flanelle, aux dessins lourds, aux couleurs criardes, sont bien loin des broderies chinoises dont des échantillons s'étalent ici chez des commerçants venus des bords du fleuve Jaune ou du fleuve Bleu. Ces broderies sur satin sont de toute beauté. Les oiseaux y prennent un tel relief, une telle vie, qu'on dirait des oiseaux véritables, au plumage superbe, coupés par le milieu et plaqués sur l'étoffe.

Rien de tout cela ne se donne : une belle boîte incrustée coûte 5 ou 6 piastres, et une paire de beaux panneaux sur satin de Chine, de 25 à 50 piastres, c'est-à-dire 100 à 120 francs. Encore n'obtient-on les objets à ce prix qu'après de longs débats, rien n'étant plus retors qu'un marchand annamite ou chinois.

CHAPITRE IV

**La vie de garnison à Hanoï — Le général de Négrier —
L'affaire de Bac-Lé — Le 14 juillet à Hanoï.**

Hanoï, 3 juin 1884.

J'ai reçu hier votre lettre, venue par le transport le *Tonquin*[1],
en baie d'Halong. Quel plaisir j'en ai ressenti, moi qui, depuis
bientôt trois mois, étais sans nouvelle de vous ! La lettre de papa
doit courir de poste en poste et ne me parviendra peut-être jamais ; car le service de la correspondance est organisé ici d'une
façon déplorable. Mais enfin, j'ai une lettre ; je suis content.

D'autant plus content que je n'ai pas été envoyé à Phu-Ly. De
nombreux malades étaient évacués de là à l'hôpital d'Hanoï. J'appris l'arrivée de mon sergent-major, ancien camarade au régiment
de Cherbourg ; me réjouissant de servir avec lui, je courus le
voir. Hélas ! le pauvre garçon était méconnaissable.

— « Mon ami, me dit-il, je venais d'être informé de ta venue à
la 25° et j'étais bien bien aise que nous fussions réunis de nouveau, quand tout à coup le mal m'a saisi. Si j'en réchappe, ce
sera pour rentrer en France. Mais, en France ou au Tonkin, j'espère bien que nous nous retrouverons. »

Le lendemain soir, je suivais son cercueil.

Bien d'autres l'avaient précédé, bien d'autres l'ont suivi. Il a
fallu évacuer enfin ce poste, où nos effectifs semblaient fondre.

Le bataillon qui l'occupait, le mien, étant venu à Hanoï, j'ai dû
prendre ma place dans ma compagnie. C'est dans la grande citadelle que me voilà caserné dorénavant.

Mais, citadelle ou camp des Lettrés n'offrent ni plus ni moins de

---

[1] On écrit indifféremment : *Tong-Kin*, *Tonkin*, ou *Tonquin ;* le nom du
transport est écrit avec cette dernière orthographe.

confort. Adieu le bon lit que m'avait procuré le secrétaire du colonel ! Il faut, dans la chambre des sergents, dormir sur les lattes de bambou qui vous brisent les côtes.

J'ai repris la vie fastidieuse de garnison.

Tous les matins, à 5 heures, sonnerie du réveil. Je vous l'avoue toutefois, cela a beau être répété chaque jour, à mes yeux c'est toujours saisissant, comme ce soleil qui chaque matin se montre et chaque matin vous réjouit. Les deux actes, lever du jour et lever des hommes, sont simultanés et s'harmonisent ensemble.

Au clairon de garde de l'infanterie de marine répondent les clairons de la ligne, de la légion, les notes joyeuses des trompettes de l'artillerie, puis, tous les clairons et tambours des tirailleurs. Une immense fanfare résonne ainsi dans la grande citadelle.

Couchant tout habillé, on est vite debout. Je sors pour me débarbouiller sous la véranda : entre les cases du cantonnement voisin, les Arabes déjà vont et viennent ; je rentre pour prendre mon quart de café bien chaud, et me voilà sorti, mon fusil à la main.

La compagnie se range sous les vérandas, les hommes, fort propres, en pantalons blancs, en chemises repassées ; sur les plastrons et les cols tranche la grosse cravate de soie noire. L'appel commence. Seuls, deux ou trois retardataires accourent, un peu penauds d'attirer les regards.

Deux minutes après on est en pleine manœuvre. Le soleil, encore à l'horizon, est loin de nous envoyer ses rayons torrides ; on sent de la fraîcheur ; dans l'herbe, la rosée mouille nos guêtres blanches.

Mais un tableau attire tous les yeux :

Sous la véranda de sa grande case, notre gros colonel « le papa D..... », comme nous l'appelons tous, vient d'apparaître.

Sa carrière explique sa tenue : Il débuta comme officier comptable, devint capitaine trésorier, puis major, enfin le voilà colonel. Il est en bras de chemise, sans gilet ; deux larges bretelles rouges descendent de ses vastes épaules sur son énorme ventre. Est-ce bien là un chef de corps d'infanterie de marine en campagne, jetant, sur sa troupe qui manœuvre, le coup d'œil du maître, le coup d'œil de l'aigle ?

Les officiers, dans chaque compagnie, se regardent en souriant et, lorsque le clairon a sonné la pause, que, les faisceaux formés, on a rompu les rangs, dans les groupes, quelque Parisien ne manque jamais de lancer sur le pauvre colonel tel ou tel mot, pas méchant, mais drôle, auquel l'auditoire répond par un grand éclat de rire.

Ah ! ce n'est pas du général de Négrier qu'on rirait de la sorte ! En voilà un soldat !

Quand, sur son grand cheval anglais, il passe devant nous, quand son regard pénétrant comme l'acier, vous examine, vous scrute des pieds à la tête, on éprouve je ne sais quel frisson ; mais on sent bien que, sur un signe de lui, on se jetterait n'importe où.

J'avais pris, avant-hier, la garde, au blockhaus de la concession.

« Aux armes ! » cria tout à coup la sentinelle. Nous sortons précipitamment, fusil en main, et vite j'aligne mon poste, je fais mettre baïonnette au canon.

— « C'est Négrier », me dit le factionnaire.

En effet, le voilà qui s'avance sur la digue, à cheval, en compagnie de son officier d'ordonnance, tous deux au casque blanc qu'entoure une écharpe bleue.

« Portez..... armes ! » criai-je de ma plus belle voix de commandement. Et avec plaisir j'entends les douze fusils résonner d'un seul coup contre l'épaule de mes hommes, les douze mains gauches s'abattre bien ensemble contre les cuisses.

Mais voilà que mon clairon, qui, pour un général de brigade, aurait dû simplement porter l'embouchure à ses lèvres, sans sonner ; pour un général de division, sonner le rappel et rien de plus ; le voilà qui se met à sonner aux champs, comme pour le commandant en chef.

— « Qu'est-ce que c'est que ce cosaque ? dit le général de Négrier, il ne me connaît donc pas ?..... Sergent, vous consignerez cet homme ! »

« Mais, mon Général, avais-je envie de répondre, il voit bien vos deux étoiles, il vous connaît, nous vous connaissons tous, et c'est pour cela que nous vous rendons les honneurs comme au général en chef, parce que c'est vous le chef que nous suivrions jusqu'au bout du monde ; vous qui, en nous commandant, obtiendriez plus d'une seule brigade qu'un autre de tout un corps d'armée. »

J'aurais craint de passer pour un flatteur, je ne dis mot. Quand on eut rompu les rangs : « Cela ne fait rien, je suis rudement content, me dit le clairon : il m'a parlé. »

— « Oui, répondis-je en souriant, mais pour vous fourrer dedans et vous appeler cosaque. »

— « Ah ! cela m'est égal, Il m'a parlé, Il m'a parlé ! » répétait le brave garçon tout joyeux.

Et les autres troupiers enviaient ses deux jours de consigne, à celui qui avait su attirer les yeux du général, tandis que, immobiles dans le rang, eux n'avaient pas été remarqués.

Hanoï, 15 juin 1884.

Toujours la même vie, toujours le même service hébétant. Hanoï est devenu Cherbourg. Aussi, mon vif désir est-il de faire réellement campagne ; mais désir bien vain, puisque la paix est conclue !

Une colonne vient de partir pour Lang-Son. Ce n'est pas une expédition guerrière, mais la simple prise de possession d'une nouvelle place, à nous cédée, par le traité. Le détachement est sous les ordres du lieutenant-colonel Dugenne, ancien commandant du 2e bataillon d'infanterie légère d'Afrique, nouveau promu. Peut-être va-t-on rencontrer quelques pirates ; quelques coups de fusil les disperseront. Ces petites escarmouches où l'on n'a affaire qu'à un ennemi méprisable, cela, j'en ai la conviction, se produira longtemps encore au Tonkin, et c'est à ces petits engagements que désormais tout doit se réduire.

Eh ! j'allais oublier une nouvelle. J'ai vu aujourd'hui même, toute une troupe de Pavillons-Noirs, beaux Chinois fortement bâtis. Près de six cents de ces hommes s'étaient rendus, lorsque nos troupes occupèrent Tuyen-Quan. Comme on les laissa sous les murs de la citadelle, presque sans vivres ni abris, beaucoup reprirent la brousse ; cent cinquante, ceux que je viens de voir, sont restés. On leur a retiré leurs Remington, leurs Winchester, et on les a armés de fusils à piston modèle 1842. Voilà qui leur donnera des idées bizarres sur la supériorité de notre armement !

Ils forment la 13e compagnie du 1er tonkinois; 1 lieutenant, 1 fourrier et 4 sergents vont leur servir d'instructeurs. On les a encadrés aussi de sergents annamites : acte de maladresse, car l'Annamite est méprisé du Chinois. Leur chef a obtenu le grade de sous-lieutenant indigène; je l'ai vu, tout à l'heure à cheval, dans la citadelle; il n'a pas mauvais air du tout.

Mais, en toute cette affaire, j'admire notre candeur. Pareille tactique n'aura, je le crains bien, qu'un seul résultat : apprendre à ces vigoureux Pavillons-Noirs à nous taper dessus à la première occasion, avec plus de science; c'est l'avis de tous les officiers d'infanterie de marine, vieux Tonkinois.

Je ne vous en dis pas plus aujourd'hui, afin de profiter du courrier qui va partir.

Hanoï, 20 juin 1884.

Je vous écris au pas gymnastique, étant écrasé de besogne; mais je n'ai que de bonnes nouvelles à vous donner.

J'ai rencontré ici, comme capitaine-major, mon ancien capitaine de Lorient, M. Guérin de Fontjoyeuse, que papa a connu, lorsque j'étais à l'hôpital, atteint de fièvre typhoïde.

Il s'est montré fort aimable, m'a chaudement recommandé à mon lieutenant, l'un de ses bons amis, et m'a chargé de faire tous ses compliments à papa.

Il voulait me prendre comme secrétaire; puis, il a trouvé plus avantageux pour moi de me faire entrer, en cette qualité, à l'état-major de la 2e brigade. C'est sur le papier à lettre du général que j'écris ma correspondance, et je suis plus heureux qu'un roi.

Naturellement j'ai dû quitter ma compagnie, et j'habite à la Concession. Dans une chambre voisine de celle de l'officier d'ordonnance, on m'a donné un lit. J'ai une jolie moustiquaire, des nattes de paille blanche; des meubles annamites, tables et fauteuils, armoire, laqués de rouge. Cela ne ressemble guère au taudis d'où je sors.

Dans la pièce voisine, un grand meuble laqué aux filets dorés me sert de bureau. C'est là que je travaille. Et ici, aux heures chaudes de la sieste, même en écrivant, combien ces heures sont agréables! Un petit boy, placé sous la véranda, tirant sur une ficelle, balance au-dessus de moi ce grand éventail formé de nattes de paille recouvertes de pavillons chinois et suspendues au plafond, qu'on nomme le *panka*.

Le soir, je vais prendre le frais sur le bord du fleuve, qui coule à cent mètres, au bout du jardin; parfois je reste simplement devant ma porte, sous la véranda pavée de briques.

Un bassin entouré de superbes plantes aux belles fleurs rouges, de bananiers aux larges feuilles, se trouve devant moi. Je m'étends dans un hamac en filet, accroché à deux piliers de la véranda; je me balance avec lenteur et passe ainsi une heure charmante.

Autre chose, plus prosaïque, mais non à dédaigner. J'ai 1 fr. 75 de supplément par jour, cela me fait en tout 2 fr. 85 et me permet de me nourrir dans un restaurant tenu, rue des Incrusteurs, par des Chinois, mais où l'on mange à la française.

Tous les matins, un planton va, à la citadelle, toucher ma ration de vivres de campagne et la porte au restaurateur, qui nourrit, avec d'autres sous-officiers secrétaires à l'état-major, divers employés civils et ne nous prend que 12 piastres (48 fr.) par mois.

Tout est fort propre. Sur les tables, non seulement des nappes bien blanches, mais des vases de fleurs, et au-dessus, le balancement continuel des pankas, qui donne un peu d'air.

En somme, puisqu'ici, vu la conclusion de la paix, sous-officier suis venu et sous-officier rentrerai en France, je ne saurais me plaindre du bonheur qui m'arrive.

Mais c'est encore au bon papa que je dois d'être ainsi tiré d'affaires; c'est grâce à l'estime qu'il a su inspirer à mon capitaine-major, que ce dernier m'a ouvert ce bon nid.

Hanoï, 1er juillet 1884.

Voilà que tout recommence !

La paix, la fameuse paix n'était qu'un mirage. A l'heure où j'écris, vous avez su par le télégraphe l'affaire de Bac-Lé [1] et, quand vous parviendront ces feuilles, peut-être aurez-vous appris de nouveaux combats?

---

[1] Au Tonkin, à cette époque, on ne disait pas *le guet-apens* de Bac-Lé. Ce n'est qu'en France que fut ainsi qualifié le combat du 23 juin.

Dans mon avant-dernière lettre, je vous disais un mot du départ de la colonne Dugenne; j'ajoutais : Ce n'est là qu'une simple prise de possession d'une ville, la paisible arrivée d'une troupe dans la garnison nouvelle à nous cédée par le traité de Tien-Tsin.

Eh bien! cette marche, si simple en apparence, s'est brusquement terminée par une sanglante rencontre et, chose pire, par une défaite.

La colonne Dugenne se composait ainsi : 1 bataillon, très réduit, du 3e régiment d'infanterie de marine : 310 hommes; 1 section du 2e bataillon d'infanterie légère d'Afrique : 25 chasseurs; 1 peloton de chasseurs d'Afrique : 43 cavaliers; 1 batterie d'artillerie de marine : 6 pièces de 4, servies par 90 artilleurs; 1 détachement de 54 pontonniers; enfin 2 compagnies de tirailleurs tonkinois : 350 indigènes, à peine instruits, encadrés par 26 officiers ou sous-officiers enropéens; quelques télégraphistes; cinq gendarmes. Un gros convoi de vivres, composé de près de mille coolies encadrés de quelques hommes du train, alourdissait la colonne.

La composition du détachement et surtout l'abandon qu'on fit de l'artillerie à Phu-Lang-Thuong, par suite des difficultés du chemin, tout indiquait bien qu'on ne songeait pas à une sérieuse rencontre.

Cependant, après avoir dépassé Cau-Son, au delà de Phu-Lang-Thuong, l'avant-garde dut pourchasser à coups de fusils quelques rôdeurs qui tirèrent sur nous; mais ce n'étaient là, semblait-il, que des piratons sans importance. Toutefois le lieutenant-colonel demanda des renforts, et on lui envoya le capitaine Maillard, avec 77 hommes du bataillon d'Afrique.

Le 23 juin, après avoir franchi Bac-Lé, la colonne s'arrêta aux bords du Song-Thuong, pour laisser passer la grande chaleur, puis reprendre sa marche.

Sur la gauche, au delà de la rivière, les hautes falaises à pic du Nui-Don-Naï fermaient l'horizon; à droite, la route serpentait, en suivant une clairière, aux pieds de mamelons couverts de bois ou d'une épaisse jungle.

Quelle ne fut pas la surprise de tous, lorsqu'on vit venir un parlementaire chinois, les yeux couverts du bandeau qu'on lui avait mis à notre grand'garde; on l'amenait au colonel.

Quelle était sa mission?

Les chefs de son armée, par une lettre dont il était porteur, faisaient les protestations les plus pacifiques ; ils disaient vouloir respecter le traité de Tien-Tsin, c'est-à-dire rentrer dans leur frontière ; mais, ayant besoin que le gouvernement chinois leur indiquât la route à suivre, ils demandaient que l'armée française suspendît sa marche pendant le peu de temps nécessaire pour obtenir la réponse[1].

Il paraîtra à bien des gens, même à ceux qui se défient le plus, non sans raison, de la duplicité chinoise, que la meilleure conduite, la plus prudente pour le colonel, c'était d'en référer à Hanoï, au général en chef et d'attendre.

D'un caractère très énergique, mais très emporté, Dugenne ne vit là qu'une hypocrisie, un traquenard ; loin d'accorder la moindre temporisation, il renvoya le parlementaire avec cette seule réponse laconique : « Dans une heure, les troupes françaises reprendront leur marche. »

On prétend même qu'il s'écria devant ses officiers : « J'ai l'ordre d'aller à Lang-Son, j'irai. Avec une troupe comme la mienne, je peux aller jusqu'à Pékin. » Ce n'est là, sans doute, qu'un faux racontar, mais qui ne jure point avec le tempérament de l'homme : grand, maigre, à la fois sanguin et bilieux, inapte à la moindre diplomatie, mais capable de tout briser, au risque de se faire briser lui-même.

Toujours est-il que, très oublieux des forces de l'ennemi et de notre faiblesse sous le rapport du nombre, il ordonna de se porter en avant.

Mais à peine a-t-on parcouru un kilomètre, qu'une fusillade intense éclate à l'avant-garde ; les mamelons se couvrent de petits nuages blancs ; une grêle de balles vient pleuvoir sur la colonne.

---

[1] C'était bien cela au fond. La lettre disait : « Nous voulons que le Tsong-« Li-Yamen (le Ministre des affaires étrangères de Chine), nous fixe les mou-« vements que nous avons à faire. Nous vous prions donc de vouloir bien, « vous-même, adresser un télégramme à Pékin, au Tsong-Li-Yamen. Il ne « faudra que peu de temps pour la demande et la réponse, et aussitot nous « évacuerons le territoire annamite ; car nos deux pays ayant conclu la paix, « on ne doit pas faire naître de nouvelles luttes.

« *Les chefs du camp chinois,*

« Li-Wang ; Wei. »

graphiste; il profita de l'obscurité pour se glisser sur la route avec un caporal [1] et six hommes d'escorte. Près de Cau-Son, il put enfin installer son appareil optique, entrer en communication avec le poste de Phu-Lang-Thuong. Quelques minutes plus tard, la nouvelle du désastre de Bac-Lé éclatait à Hanoï comme un coup de foudre.

Inutile de rendre l'impression générale; mais le comique se mêlant toujours au tragique, quelque chose nous a amusés, nous les *marsouins* : c'est la déconfiture des *biffins*.

Jugez donc : Après cinq mois de séjour à peine, ils allaient rentrer en France et cueillir des lauriers. Déjà on les avait désarmés. Vite, on leur a rendu leurs fusils, leurs 120 cartouches.

Le général de Négrier vient de partir avec le 23e, le 111e de ligne, deux compagnies de la légion étrangère, deux batteries d'artillerie de terre et des Tonkinois; demain, passant à Bac-Ninh, il ramassera le 143e; d'autres compagnies de légionnaires le rejoindront. Quant à l'infanterie de marine, on ne sait rien de précis. Mon Dieu ! si nous pouvions marcher, c'est moi qui aurais vite dit adieu à mon bureau. J'y suis très heureux, mais mille fois plus heureux serais-je d'aller voir enfin de près ces fameux Chinois. Si l'on ne voulait pas me lâcher, je ferais quelque sottise, afin qu'on me renvoie à ma compagnie.

Hanoï, 2 juillet 1884.

Combien je maudis mon inaction et ce métier de gratte-papier auquel on me condamne, alors que tant d'autres se sont déjà battus et que la danse va recommencer !

Il y a quatre jours, j'ai conduit deux convois de blessés à la citadelle.

La canonnière où ils gisaient, quelques-uns presque mourants, arriva ici vers 10 heures du soir; j'étais déjà couché, quand j'ai entendu le long sifflement de sa machine.

Sauf les coolies qu'on avait réquisitionnés le jour et qui atten-

---

[1] Le caporal Delaforge, un Parisien, qui, plus tard, étant sous-officier, fut promu sous-lieutenant pour faits de guerre. Aujourd'hui, chef de bataillon.

daient, sous la garde de factionnaires, aucune escorte commandée.

Un officier de l'état-major vint à moi : « Levez-vous tout de suite, sergent; des blessés arrivent. Vous les conduirez à l'hôpital. Les coolies sont prêts avec des civières; vous aurez en outre des plantons de l'état-major, que je vais vous envoyer. »

Cinq minutes plus tard, j'étais sur le bord du fleuve. J'y trouvai les porteurs et les premiers blessés qu'on venait de descendre. Un médecin militaire était là.

— « Mais, me dit-il d'un ton de reproche, vous n'avez pas assez de coolies pour tous mes blessés.

— « Monsieur le Major, lui répondis-je, je ne suis point responsable, n'ayant reçu aucun ordre antérieur; je suis seulement sergent secrétaire de la brigade; l'on vient de me faire lever et de m'envoyer avec ces huit plantons, pour accompagner les blessés jusqu'à la citadelle.

— « C'est désolant! s'exclama le docteur; enfin, vous ferez deux voyages. J'ai quarante-cinq blessés. Pour chacun d'eux il faut quatre hommes. Vous allez d'abord conduire avec vos cent coolies vingt-cinq de ces malheureux; mais revenez vite chercher les vingt autres qui ne peuvent longtemps attendre.

— « Oui, Monsieur le Major ; au retour on ira au pas gymnastique.

— « C'est bien, mon garçon, allez! »

De ce point au nouvel hôpital de la citadelle, il y a 4 kilomètres environ.

Quand je partis, avec les premiers blessés, dont quelques-uns étaient si blancs de visage qu'ils semblaient déjà morts, tout alla bien. Les plantons encadraient les porteurs, surveillaient leur marche ; quarante-cinq minutes après nous étions au but et, une fois les blessés dans les salles, au pas gymnastique nous revînmes au bord du fleuve. Mais nous étions tous éreintés, les Annamites surtout, ayant porté un lourd fardeau.

Au deuxième convoi, parvenu au coin de la rue des Incrusteurs et de la rue des Brodeurs, j'entends tout à coup des cris perçants. C'était un chasseur d'Afrique, un de ces braves chasseurs du capitaine de Laperrine, auxquels était dû, en partie, le salut de la colonne Dugenne, de ces cavaliers intrépides qui avaient ramassé les blessés dans la brousse, les plaçant sur l'arçon de leur selle pour les conduire à l'ambulance et revenir en chercher d'autres ; c'était un de ces héroïques soldats [1] que les Annamites venaient de poser brutalement par terre, se sauvant ensuite entre les cases, sur le bord de la route.

— « Halte ! Halte ! » criai-je. Tout le convoi s'arrêta.

Deux des coolies avaient cependant été rattrapés par un planton de la légion, vigoureux Alsacien, qui en secouait un de chaque main et me les ramena, tous deux pleins d'épouvante, leur chignon dénoué, leurs cheveux collés sur leur figure pleine de sueur. J'eus tort et grand tort, je l'avoue ; mais en entendant les plaintes du chasseur posé sur la voie et qui mordait la manche de sa veste pour étouffer ses cris, la colère me vint et je gifflai les deux lâches déserteurs.

— « Voilà ! c'est de la sorte que l'on colonise ! » dit une voix moqueuse derrière moi. Je me retourne ; deux messieurs étaient là ; l'un tout jeune, à peu près de mon âge, l'autre un homme mûr. Le jeune, celui qui venait d'élever la parole, s'était arrêté, croisant les bras, me regardant d'un air de défi, tandis que son compagnon, prévoyant quelque algarade, le tirait par la manche.

— « Qui êtes-vous ? lui dis-je. Quelque scribouillard d'administration ou quelque marchand de boîtes de conserves avariées ! Ah ! vous tombez bien, en nous attaquant, nous qui nous faisons casser la tête pour vous ! Quoi ! vous venez prendre contre vos compatriotes blessés le parti de ceux qui odieusement les abandonnent ? Je vous conseille de rentrer chez vous ; sinon, je vous fais fourrer au poste, en attendant que vous donniez demain vos explications au bureau de la place. »

Il allait répondre ; son compagnon l'entraîna. Quant à moi, j'avais d'autres chats à fouetter ; vivement je rejoignis le convoi et marchai près du pauvre chasseur à la veste bleu de ciel, que venaient de charger sur leurs épaules deux soldats français et deux coolies.

Mais au bout de quelques minutes, que vois-je ? D'autres coo-

---

[1] Un cavalier, après avoir sauvé plusieurs blessés, avait hissé à lui et mis en travers de sa selle un médecin de la marine. Deux balles frappent le cheval ; monture, cavalier et blessé roulent dans l'herbe ; des Chinois accourent. Contusionné par sa chute, le chasseur couvre de son corps le docteur inanimé et de trois coups de carabine abat les trois assaillants les plus proches. On vint enfin le dégager.

Ce cavalier de 2e classe fut fait chevalier de la Légion d'honneur.

lies qui, se baissant vers la terre, allaient y déposer leur fardeau. Si je n'avais usé de vigueur et de rigueur, ce n'eut été
bien vite qu'une affreuse débandade ; les pauvres blessés fussent
restés là, mourants sur la route. Je criai à mes hommes éche-
lonnés le long du convoi : « Dégaînez, et le premier coolie qui se
sauve, enfilez-le comme un margouillat! » Chacun sortit son
épée-baïonnette. Cette vue donna de la force, même de l'ardeur
aux Annamites. Nous arrivâmes dès lors sans encombre et rapidement à l'hôpital.

Lorsque je retournai à la Concession pour me recoucher un
peu, il était 3 heures du matin.

Et maintenant, est-ce avec l'ordre du jour où le général
Millot s'écrie : « Soldats! vous avez égalé les héros de la première République! », est-ce avec des phrases si ronflantes qu'il
compte effacer la mauvaise impression de notre défaite?

Dieu merci, pas n'est besoin qu'on relève notre courage.
L'armée française saura faire son devoir; mais l'essentiel est
qu'on lui inspire confiance dans sa propre force et confiance
dans ses chefs. A Bac-Lé, nous étions un contre douze ou quinze;
nous avons reçu une pile : c'était fatal.

Aujourd'hui le rôle du gouvernement et de nos généraux est
de ne plus nous mettre en une aussi évidente infériorité : le premier, en envoyant les renforts indispensables ; nos chefs militaires, en prenant de bonnes dispositions. Tout est là : des actes,
non des mots!

Hanoï. 15 juillet 1884.

C'était hier la Fête nationale. Or, ce jour où, sur une terre
ennemie, nous aurions dû, Français, plus qu'en nulle autre occasion nous serrer les coudes, ce 14 juillet vient d'être déshonoré,
à Hanoï, par des luttes sanglantes entre marsouins et biffins.

Certes, je vous l'ai dit, j'aime peu ces culottes rouges, qui,
n'ayant point partagé avec les nôtres les misères de la campagne, se donnent néanmoins des airs vainqueurs et reçoivent
en outre tous les bénéfices; mais de là à leur fourrer mon épée-
baïonnette dans les côtes, il y a bien loin.

Pris individuellement, ce sont de bons garçons, comme nous,
de pauvres bougres appelés à risquer tous les jours leur peau,

l'ayant d'ailleurs déjà risquée, et je trouve ignobles les scènes d'hier.

Il est vrai : dans notre corps, les troupiers pour la plupart étaient ivres ; voilà la seule excuse, et bien piteuse.

C'est le soir que le conflit éclata, en ville d'abord, ensuite à la citadelle. Des blessures ont été reçues par plusieurs hommes de la ligne ; ce qui aggrave le fait, c'est que ces hommes étaient déjà blessés aux pieds ou malingres ; ce sont ceux qui n'ont pu suivre leurs bataillons en observation en ce moment sur la route de Lang-Son, sous les ordres du général de Négrier. Une patrouille de la ligne, commandée par un adjudant-major, a même dû pénétrer dans notre cantonnement, pourchassant des soldats de chez nous. Le comble, c'est que presque tout le monde blâme le sergent de garde de l'infanterie de marine de ne pas avoir fait sortir son poste pour repousser cette patrouille.

Voyez-vous un combat entre marsouins et biffins, en armes, avec leurs fusils ? C'est de la folie pure !

Enfin il est passé et trépassé ce triste jour. Si l'on en garde souvenance, que ce soit pour empêcher qu'il renaisse !

CHAPITRE V

Au blockhaus de la rive gauche — Attaque d'un village par des pirates annamites — Les boys.

Gia-Lam, 25 août 1884.

Voici le mois de septembre qui approche. Dès sa seconde quinzaine, les chaleurs diminuant un peu, il nous sera possible de reprendre les opérations.

Comme je ne suis pas venu ici, je le répète, pour gratter du papier, j'ai, il y a quinze jours, demandé et obtenu de quitter le bureau de l'état-major pour rentrer à ma compagnie.

Dès mon retour aux mauvaises cases de la citadelle, j'ai eu la chance d'être détaché au blockhaus de la rive gauche, à Gia-Lam. M'y voici.

Ce blockhaus, qui garde la route de Bac-Ninh, est bâti fort solidement.

Il se compose de deux tours carrées, basses, massives, reliées par une plate-forme, et — chose qui a son prix au Tonkin — le tout en maçonnerie.

Au rez-de-chaussée de ces tours logent les hommes. Dans leurs chambres ils couchent sur de grands lits de camp, au-dessus desquels sont suspendues les moustiquaires. Mais ces petites pièces, ne recevant l'air que par les créneaux qui serviraient à la défense, sont de vraies étuves. L'officier et le sergent sont mieux. Chacun occupe un petit pavillon de bois élevé sur les tours et que de grands toits en paillotte protègent de l'ardeur du soleil.

Entre les deux tours, sur une plate-forme bétonnée, une vieille pièce de 12, toujours chargée à mitraille, enfile la route de Bac-Ninh.

1 lieutenant, 1 sergent, 2 caporaux et 24 fantassins, plus

1 brigadier et 4 artilleurs, forment la garnison de ce fortin, qu'entoure un fossé planté de piquets de bambous.

Pour moi, ici, le service est nul. Les hommes n'ont qu'à monter la garde, fournir une sentinelle le jour, trois la nuit, et les caporaux font les relèves de factionnaires.

Le soir, lorsque tombe la chaleur, je vais faire un tour dans les environs, presque toujours en compagnie de l'officier, garçon charmant, quoique sévère, qui s'ennuie tout seul et deux fois déjà, en huit jours, m'a invité à dîner.

Nous nous promenons sur la digue; parfois on pousse une pointe dans les villages voisins, où les maires viennent, empressés, nous recevoir et nous conduire chez eux.

Cela m'amuse beaucoup d'entrer dans ces cases de notables annamites. Tout y est si propre. Alentour, au dedans, pas un brin d'herbe, pas un !grain de poussière. Les sales *caï'nhas* d'Hanoï et d'Haïphong présentent un contraste peu flatteur pour elles avec ces habitations villageoises. Eh! en France, quel contraste aussi entre une ferme normande et le taudis de tels et tels ouvriers parisiens!

Quand nous arrivons, on nous présente pour sièges de petits tabourets de bois laqué, fort bas; sur un plateau à incrustations on sert le thé, dans des tasses minuscules. Je prends quelquefois sur mes genoux un petit bambin, tout nu, de ces petits Annamites si gentils, à la tête rasée, ne conservant qu'une longue mèche de cheveux au sommet, enfants que leur gros ventre (c'est, dit-on, le riz qui produit cela) gâte seul un peu, au point de vue plastique; je le fais sauter, je l'embrasse, et le marmot qui, d'abord, pousse des cris perçants, finit par rire et par tripoter de ses menottes les boutons de cuivre de ma vareuse. Toute la famille est dans la joie, et l'on nous accompagne avec de grandes révérences.

Lorsqu'ils vous voient caresser leurs enfants, les Annamites s'imaginent tous que l'on songe à ceux laissés en France, et, dans nos entretiens, — où nous avons souvent recours à l'interprète du poste, un Saïgonnais devenu mon ami —, ils me demandent combien j'en ai. Je ris de bon cœur; je leur réponds que je ne suis point marié, n'ayant d'ailleurs que vingt et un ans.

Il faut voir alors leur stupéfaction. — « *Oh! ti gno!* (Oh! tout jeune!) », disent-ils. C'est qu'en effet, malgré mes joues imberbes et mon ombre de moustache, les Annamites me donnent au moins trente ou trente-cinq ans. Eux paraissent tous plus jeunes que leur âge jusqu'à la quarantaine ; mais, dès lors, ils vieillissent fort vite. La moyenne de l'existence, est d'ailleurs moindre chez eux que chez nous. Un homme de soixante ans en pays annamite est entouré de beaucoup plus de respect qu'en Europe un vieillard de quatre-vingts ans. Quand on leur parle d'un octogénaire, surtout d'un centenaire, ils sont ahuris.

C'est après ces petites promenades que le lieutenant dit à son ordonnance de mettre à table deux couverts, et, ma foi, je ne me fais pas prier.

Mais tandis qu'au blockhaus tout est bien calme, il se prépare ailleurs de grands événements.

Les Chinois vont nous payer l'affaire de Bac-Lé, et c'est l'amiral Courbet qui a mission de prendre la revanche.

Oh ! avec celui-là, tout va marcher.

Six compagnies d'infanterie de marine, complétées chacune à 150 hommes, partent du Tonkin pour rejoindre l'escadre.

Six autres quittent la Cochinchine, et l'amiral, qui, on l'assure, disposera encore de bataillons venus de France[1], aura ainsi, avec les compagnies de débarquement de l'escadre, de quoi agir à terre[2].

En attendant mieux, un ordre du jour vient de nous apprendre la destruction, à Sheï-Poo, de navires de guerre chinois, grands croiseurs et canonnières construits en Europe ; nous les avons

---

[1] Pour ses opérations contre Formose, le vice-amiral disposa d'une brigade placée sous le commandement du colonel Duchêne, de la légion étrangère, celui qui effectua, avant de quitter le Tonkin, le premier déblocquement de Tuyen-Quan, dont nous parlons plus loin.

La brigade Duchêne formait, en troupes d'Afrique (1 bataillon de légion, 1 bataillon d'infanterie légère) et en troupes de marine (3 bataillons, 2 batteries), un total de 4,000 hommes.

[2] Une seule fois les marins descendirent à terre, à Tamsui (île de Formose). Ils furent si vivement ramenés vers leurs embarcations qu'ils faillirent laisser une pièce de 65 millimètres entre les mains de l'ennemi. Après cette triste réédition du combat du Phu-Hoaï (là même où avait été tué le commandant Rivière), le vice-amiral Courbet, qui aimait les troupes et était adoré d'elles, recommanda bien au contre-amiral Lespès, qui avait fait opérer ce débarquement, de garder dorénavant les marins à leur bord. Seuls, à Kélung, marsouins, artilleurs, légionnaires et joyeux se battirent à terre.

torpillés. Le même ordre du jour annonce la destruction des forts de la rivière Min et le bombardement de l'important arsenal de Fou-Tchéou.

Mais des renforts sont bien nécessaires contre les milliers et milliers de Chinois qui se massent en avant de Lang-Son et parmi lesquels, suivant les on-dit, se trouveraient de nombreux officiers européens.

Le bataillon du 111e de ligne, qui se rendit à Hué pour le couronnement du nouvel empereur d'Annam, — un enfant, qui succède à l'empereur défunt, — le 111e reste à Haïphong, prêt à être embarqué sur l'escadre de Chine.

Pour nous tenir en haleine, nous avons eu, hier soir, une attaque de pirates dans un village voisin du blockhaus.

Il était minuit, lorsque les tam-tam, les gongs, les hurlements des chiens, les cris perçants des femmes, quelques coups de feu, nous réveillèrent.

Bientôt une lueur rouge éclaira l'horizon; une case brûlait; les flammes s'élevèrent, se communiquant à d'autres toits de paille; leurs reflets dansaient sur les rizières.

Pouvions-nous rester là impassibles?

« — O mon lieutenant, dis-je à l'officier, laissez-moi sortir avec cinq ou six hommes; je prendrai cette escorte de passage, le sergent indigène et les douze Tonkinois qui sont dans la case au pied du blockhaus. Je tomberai sur le dos des pirates, ce sera une bonne œuvre, et puis, je serais si heureux! Il est probable que les assaillants ne sont armés que de mauvais sabres et de vieux fusils; nous les aurons vite mis en déroute.

« — Comment, me répondit-il, vous qui connaissez les villages annamites, ces dédales de sentiers bordés de haies de bambou impénétrables, vous voudriez entrer là, de nuit, avec quelques hommes? Mais, mon ami, avant que vous eussiez pu vous mettre en garde, vos têtes ne seraient plus sur vos épaules. Et, ajouta-t-il en riant, j'en aurais grande affliction, particulièrement pour vous, sans compter que soixante jours d'arrêts de forteresse me récompenseraient bientôt de vous avoir permis une telle imprudence. »

Le lieutenant avait raison. Mais comme on se ronge les poings de ne pouvoir agir! Devant nous montaient les flammes; nous entendions les détonations des bambous éclatant au feu, les cris de désespoir : *Oh ! ya oh ! oïlle ! Oh ! ya ! oïlle !!* et les coups sourds du tam-tam appelant à l'aide, — une aide qui ne venait pas.

Le lendemain matin, nous connûmes le fond de ce drame : de purs brigands annamites avaient fait irruption dans le malheureux hameau, pillant les cases des *Nha qué* (habitants de villages), en incendiant plusieurs, tuant deux hommes qui résistaient et enlevant quatre jeunes femmes et six buffles. Ces bandits étaient en nombre; deux cents, nous dit-on. Nous risquer contre eux, c'était vouloir nous faire assassiner par derrière.

Ah ! ils ont raison d'opérer la nuit, ces pirates ! Sans cette prudence et eussent-ils été cinq cents contre nous, quelle danse notre petite garnison de 32 hommes, avec son lieutenant, leur aurait fait danser !

Gia-Lam, 30 août 1884.

Je vous écris de la terrasse d'une des tours du blockhaus, sous le vaste toit qui m'abrite du soleil.

J'ai fait sortir une petite table par *mon boy*, et je regarde le grand fleuve aux eaux rougeâtres, sur lequel glisse lentement une canonnière venant d'Haïphong, qui évolue pour prendre son poste de mouillage. Les eaux sont très hautes; le navire semble surplomber la campagne de sa masse blanche, et l'on dirait que de sa hune le canon-revolver plonge dans les villages riverains.

Mais je viens d'écrire un mot qui vous étonne sans doute : « Mon boy ». En effet, le lendemain d'une visite au village annamite, l'interprète est venu m'avertir qu'un indigène désirait me parler.

J'allai voir; c'était un homme déjà vieillissant, portant un maigre, mais long bouc au menton, et ayant l'air d'un notable par sa tenue digne, ses habits très propres, son long keao blanc, recouvert d'une soie noire, transparente, aux dessins moirés, et sur la tête un turban de crépon gros bleu.

Il avait constaté, me dit l'interprète, combien j'aimais les enfants, combien je paraissais bon ; c'est pourquoi il me priait de prendre son fils à mon service. Je lui donnerais selon mon désir, peu, même rien ; mais on me serait très reconnaissant de lui apprendre le français. Le père, tenant beaucoup à ce résultat, ne voyait que ce moyen. Il avait bien songé aux missionnaires; mais les missionnaires exigent, ce qui est naturel, que leurs élèves se fassent chrétiens, et, en outre, ils ne leur enseignent pas un mot de notre langue, à peine quelques bribes de latin pour servir la messe.

J'acceptai. Le petit bonhomme, de onze à douze ans, parut bien un peu effaré, lorsqu'il resta seul avec moi. Mais il est déjà apprivoisé et gentil au possible. Au bout de trois ou quatre essais comiques, il répète fort convenablement les noms de tous les objets que je lui désigne et s'en souvient à merveille.

Quel malheur que ces enfants n'aient, pour ainsi dire, aucune fidélité[1]. Si on les traite avec trop de douceur, ils se moquent de vous et ne font plus rien.

Le jour où ils ont quelques sous, ils prennent un boy et se contentent de transmettre vos ordres à l'autre enfant, qui leur obéit comme un petit chien. Ce deuxième boy, à son tour, en prend bientôt un troisième, et, alors, pour avoir seulement un verre d'eau, il vous faut assister à une transmission de commandements faits d'un ton rogue, et attendre un quart d'heure.

Cela dure jusqu'au jour où, impatienté, vous flanquez tout le monde à la porte, à coups de pied au derrière.

Quelquefois ils n'attendent pas ce dénouement. Nous avons eu plusieurs boys à la compagnie, et j'ai vu ce qu'ils valent. Lorsque l'un d'eux a été habillé par vous de vos nippes, qu'il fait recouper et rafistoler à sa taille ; lorsqu'il baragouine un peu votre langue et sait un peu servir, une ambition démesurée le gonfle et il vous abandonne pour aller chez un officier ou un civil qui le paiera davantage.

Le jour où vous le voyez arriver avec une ombrelle, signe distinctif du boy de bonne maison, c'est le présage d'une prochaine fuite. Par exemple, en remerciement de vos bontés il vous emportera toujours quelque petit souvenir.

Mais, que dis-je ? Est-ce bien juste ? Pas pour tous, assurément ; car je suis très satisfait de mon petit bonhomme.

Chaque jour, je lui donne six sous pour acheter poulet, œufs, poissons, rognons de porc, foie, bananes, ananas, mandarines, goyaves, etc... Avec cela, joint à la viande de bœuf de ma ration,

---

[1] Cela dépend beaucoup, il est vrai, de la façon dont on les gouverne, et j'eus, plus tard, comme officier, un boy très fidèle, auquel je dois la vie.

il me fait une cuisine comme chez Brébant. Il a bien observé le cuisinier de l'officier et a su l'imiter aussitôt. En outre, il me sert à table, fait mon lit, cire mes souliers, blanchit mon casque, lave tout mon linge (un pantalon par jour, une chemise et un keao blanc tous les deux jours). Pendant la sieste, il vient m'éventer.

Ah! il n'a pas le temps de s'amuser, celui-là. De six heures du matin à sept heures et demie du soir, il travaille dur; mais, aussi, songez un peu à la paie qu'il reçoit : dix sous tous les cinq jours !

La première pièce que je lui donnai — justement une pièce toute neuve — l'a mis dans une immense joie. Le pauvre petit bonhomme a couru tout riant chez une marchande qui se tient à l'entrée du poste; puis, je l'ai vu revenir, apportant, sur une assiette, un ananas et quelques bananes. Il s'est avancé vers moi, s'est agenouillé, m'a offert ces fruits en présent et, par trois fois, a fait ses *lays*, c'est-à-dire que, les mains jointes en avant, il baissait son front contre terre. J'étais surpris et ému. Je l'ai relevé et, lui frappant amicalement la joue, je lui ai fait comprendre que je ne voulais pas que l'on s'agenouillât devant moi, et je lui donnai alors une seconde piécette.

J'ajoute qu'en dehors de la question d'argent, il y a une question d'honneur. Boy d'un sergent français, quelle influence ! Les oncles vont certainement entrer dans le Conseil des notables et le père devenir le rival du *Li-Truong* (le maire du village).

Comme tous les *Nha qué* (villageois) doivent admirer un enfant qui a su si bien faire son chemin !

Sérieusement parlant, je suis surpris de ses progrès; je peux me promener avec lui dans les villages ; il me sert d'interprète.

Je longe la digue, regardant les Annamites, qui, avec leurs gros buffles grisâtres, labourent paisiblement leurs rizières couvertes d'eau. Homme et bête pataugent dans la boue et s'éclaboussent réciproquement. Mais le pauvre laboureur craintif n'est pas si occupé de sa besogne qu'il ne me voie, et bien vite il retire le grand et grossier chapeau de paille qui le protége contre l'ardeur du soleil.

Nous tournons alors à droite; en une minute on est au village. Une solide porte de bambou clôt l'ouverture laissée dans la haie impénétrable et qui, le jour, reste ouverte. Nous entrons. Dès que j'arrive devant les cases, c'est une fuite précipitée de tous les marmots, nus comme des vers, et de toutes les femmes.

S'ils mangent, ils interrompent le repas ; on pose les baguettes qui servent à prendre le riz bouilli et à l'enfourner dans la bouche. Elles servent aussi, ces baguettes, à saisir le poisson, les petits morceaux de volaille, la salade, les sauterelles rôties, les crevettes, qui remplissent séparément des soucoupes. Tout cela est placé sur une petite table très basse, les convives étant assis sur de petits tabourets ou même par terre.

On nous regarde d'un air terrifié ; les enfants se sont blottis sous les lits de camp recouverts de nattes ; les femmes, qui se sont enfuies dans les pièces voisines, risquent un œil par l'entre-bâillement d'une porte. Seul, le maître de la maison, souvent un vieux à barbiche blanche, vient s'incliner profondément devant nous.

Mais, d'un air souriant, je fais signe à tout ce monde de ne pas avoir peur ; mon boy dit bien haut que je suis un ami ; soudain tout le monde revient.

Chez les notables, on se trouble moins. Entre-t-on dans leurs maisons, basses comme toutes les autres, mais mieux protégées sur leur façade par de larges nattes et des panneaux en lattes de bambou, jamais ils ne manquent de servir le thé.

Il est délicieux, ce thé vert, qu'on prend dans des tasses minuscules. On vous le présente sur un plateau de bois noir, incrusté de nacre. Si, d'abord, les femmes se sont sauvées, vite elles reviennent et, enhardies par mon air bon enfant, elles palpent avec curiosité la laine de ma vareuse.

Puis on me présente la pipe, cette grosse pipe de porcelaine, presque semblable à une théière ronde. Dans un trou latéral, on enfonce un bambou creux ; à l'ouverture supérieure on place une pincée de tabac, que l'on allume avec une brindille enflammée ; on aspire de toute sa force, le plus longtemps possible, et l'on rejette ensuite la fumée à gros flocons.

Puisque j'en suis à vous peindre les mœurs de ce peuple, laissez-moi ajouter ce trait :

Hier soir, nous rentrions au poste avec le lieutenant le long de la berge du fleuve, lorsque d'un sampan amarré à la rive partent des cris de douleur. On s'approche et l'on voit une *balao* (vieille femme, se prononce *bailla*) qui tirait les cheveux, donnait des coups à une *congaïe* (jeune femme) tenant un petit enfant dans ses bras.

Ma première impulsion fut de courir au secours. — « Pas si vite ! me dit l'officier ; j'ai plus que vous l'expérience de ces gens-là. Voyons s'ils ne jouent pas une comédie pour nous extorquer quelques sous. Remarquez bien : l'homme qui est sur l'avant reste impassible, ce qui est peu naturel ; la vieille m'a l'air de simuler des coups de poing, et la jeune crie, mais n'a pas une larme. »

C'était vrai. Je me mis à rire ; l'officier de rire à son tour, et la battue nous cria d'une voix lamentable : « *Oh ! Ong quan haï* (Monsieur le lieutenant), *Oh ! Ong doï* (Monsieur le sergent), donnez sapec, sapec à congaïe ! »

Sapec (petite monnaie), voilà donc tout ce qu'on attendait de nous. Un gros mot annamite, que je leur lançai, moitié rieur, moitié colère, leur prouva que nous n'étions point dupe.

Telles sont mes promenades, les petits incidents qui en coupent la monotonie.

Mais il faut rentrer. Nous franchissons, sur un petit pont-levis, le fossé qui protège le blockhaus. La nuit tombe. Là-bas, la montagne des Pins-Parasols disparaît dans la brume. Seulement, à son sommet, brille un petit point blanc : c'est là, à 26 kilomètres de nous, qu'un poste optique est installé. Tout à l'heure, quand il fera nuit noire, de ma terrasse je verrai des jets de lumière. Langue électrique, dont j'ignore le sens, qu'annonce-t-elle ? Une nouvelle victoire de l'amiral Courbet ? Un combat livré par de Négrier ? Est-ce l'avertissement qu'on nous envoie des renforts ? Et quand, sur l'autre rive du Fleuve-Rouge, la haute tour d'Hanoï s'illuminera, pour qui seront ses éclairs incompréhensibles à nos regards : pour Phu-Lang-Thuong ? pour Hué ? ou pour Paris ?

CHAPITRE VI

**Retour à la citadelle — Une exécution lugubre — Misère
de l'infanterie de marine — Rentrée en France du général
Millot — Arrivée des renforts.**

Hanoï, 12 septembre 1884.

Ma garde au blockhaus est finie, et je le regrette fort, car je
doute que jamais, au Tonkin, il me soit possible d'être aussi
heureux que dans ce petit poste.

En outre, ici, mieux qu'à Hanoï, j'ai pu voir de près la population annamite. Je la trouve intéressante ; aussi, mon séjour
à Gia-Lam restera comme le plus riant souvenir de ma campagne.

A côté de ce souvenir, il en est un bien sombre, si sombre
que, songeant à quel point la moindre peinture de certains
spectacles vous impressionne, je m'étais tout d'abord juré de
vous taire celui-là. Mais, d'autre part, j'ai promis de vous raconter tout, et vous allez voir à quelle triste besogne la vie militaire vous contraint.

Il y a juste un mois. Je venais de reprendre mon service à la
compagnie, quand on m'imposa l'affreuse corvée. Elle eut pour
théâtre la citadelle, le pied de la tour d'Hanoï. La seule vue de
ces lieux réveille, je ne dirai pas mes remords, mais mon dé-
goût. Je fus heureux de les quitter. Et voici que le destin m'y
ramène. Il me semble que tout recommence ; en esprit je revois
l'horrible tableau.

Le 11 août, on fusillait, au pied de la tour, un espion chinois.
Le 12, nouvelle exécution, et cette fois non d'un Asiatique, mais
de trois soldats européens.

Après la prise d'Hung-Hoa, un petit poste, détaché près de la
place, déserta entièrement. C'étaient douze hommes de la Légion

étrangère. Trouvaient-ils trop dure leur discipline de fer? Toujours est-il qu'à l'heure où l'on vint relever le poste, personne ! Sergent en tête, tout le monde avait filé.

Quelle fut, à partir de ce moment, l'odyssée de ces malheureux, on l'ignore ; ils durent errer à l'aventure, cherchant des réguliers chinois ; puis ils se heurtèrent, nous le savons, à des Pavillons-Noirs, qui, loin de les bien accueillir, les reçurent à coups de fusils.

Un mois s'écoula sans qu'on eût de leurs nouvelles ; déjà on les avait oubliés, lorsque, aux environs d'Haïphong, des Annamites vinrent se plaindre qu'un petit détachement de soldats français, sans chef, pillait les villages, avait même cherché à violer des femmes.

Dans la région, nul détachement de troupes; ce ne devait être que les Légionnaires déserteurs.

Ne pouvant s'emparer d'un sampan et descendre le fleuve, car ils craignaient la rencontre des canonnières ; ne pouvant suivre les grandes routes, parcourues de détachements et de convois, ils avaient essayé de gagner la mer. Brigandant d'une façon indigne, mais passant partout, obtenant tout, grâce à la terreur que le soldat français inspire à l'indigène, ils étaient arrivés ainsi près de la côte.

Là, peut-être espéraient-ils se saisir d'une barque, gagner le large, aborder un navire étranger, qui les eût recueillis.

Un détachement de gendarmerie de 10 hommes et toute une compagnie d'infanterie de marine furent aussitôt lancés à leur poursuite.

Guidés par les Annamites qui s'étaient plaints, on put surprendre ces bandits ; mais pas assez tôt. Celui d'entre eux placé en faction eut le temps de donner l'alarme à ses camarades. Un gendarme fut tué, trois soldats d'infanterie de marine blessés. Quelle fureur parmi les nôtres ! Sans les gendarmes et les officiers, les marsouins massacraient les Légionnaires. On en tenait huit, dont un blessé de trois balles.

Garrottés, ficelés, on les bloqua en lieu sûr.

Le Légionnaire blessé mourut à l'hôpital ; les sept autres furent, à l'unanimité, condamnés à mort par le conseil de guerre.

Seulement, on ne les a pas fusillés tous ensemble : deux

d'abord, puis deux autres, enfin, quelques jours plus tard, les trois derniers.

C'est cette exécution-là qui reste à jamais gravée dans ma mémoire; car j'ai dû y jouer un rôle.

Pourquoi ? Cela peut surprendre, quand on songe à cette règle absolue : Tout condamné ne reçoit la mort que des hommes de son régiment, si ce régiment est présent dans la place où a lieu l'exécution. Règle à laquelle échappe le seul corps des cuirassiers, par la raison que, seuls, les cuirassiers n'ont pas de fusils. Les trois malheureux qui allaient tomber sous les balles étaient des légionnaires; or, je ne suis pas de la légion.

Par malheur, les deux compagnies de cette arme, laissées à Hanoï, n'avaient pas le nombre de sous-officiers voulu pour les trois piquets qu'il fallait réunir.

Chaque piquet se compose de 4 soldats de 1re classe, 4 caporaux, 4 sergents, plus un cinquième sergent pour bander les yeux du condamné, le faire mettre à genoux, lui donner enfin le coup de grâce.

Il fallait donc 15 sergents. La légion n'en pouvant fournir que 12, on se rejeta sur l'infanterie de marine pour former le troisième piquet. Or, comme le triste honneur d'être choisi incombe toujours aux premiers par ordre d'ancienneté, et, comme ce pauvre privilège est l'un des miens, je fus désigné en troisième rang.

Ah ! quand nous fûmes au pied de la tour, en cet immense espace qu'encadraient, avec les 2 compagnies de la légion, 2 bataillons de ligne, 2 bataillons d'infanterie de marine, 1 bataillon de turcos, les canonniers de 5 batteries d'artillerie, les cavaliers des chasseurs d'Afrique, enfin des compagnies de tirailleurs tonkinois ; quand, devant ces 4,000 hommes silencieux, apparut soudain à un demi-kilomètre de nous, un détachement, baïonnette au canon ; quand tous les tambours à la fois se mirent à battre, tous les clairons et les trompettes à sonner aux champs ; que, sur un ordre, d'un mouvement unanime et solennel, les troupes portèrent les armes et que la petite escouade, avec lenteur, s'avança sur leur front, je la regardai, cette escouade lugubre, les yeux fixes, retenant presque ma respiration, cherchant à voir la figure des condamnés. La poitrine de l'un d'eux allait recevoir une des balles enfermées dans ma cartouchière et qui semblaient frémir des frémissements de ma propre poitrine.

Mais alors, afin que les condamnés ne pussent nous voir, l'adjudant qui commandait les trois piquets d'exécution placés à 15 pas l'un de l'autre, nous fit faire demi-tour, face au mur, et charger les armes.

Bientôt, derrière moi, malgré le bruit des tambours, le bruit des clairons, je perçois un autre bruit, un bruit assourdi de pas sur l'herbe ; j'entends le commandement, donné d'une voix plus sourde encore : « Piquet..... halte ! » Ce sont les prisonniers arrivés au but.

On les place vivement en notre présence ; on veut les faire mettre à genoux.

Celui qui nous fait face, un Allemand vigoureux, l'air martial, les sourcils froncés refuse. Son compagnon, à sa droite, a pris déjà la posture qu'on exige. — « Veux-tu te lever ! » lui crie-t-il ; mais le pauvre patient n'en a plus la force : il est pâle, agité d'un frisson nerveux.

Le capitaine adjudant de place arrive soudain. C'est un homme tout jeune, haut de taille, énergique, cordialement détesté de tous, mais craint comme le feu. — « Voulez-vous vous agenouiller ? » dit-il à l'Allemand. — « Toi, répond celui-ci d'un ton fier, je..... » Et il lâche le mot qui, dans la bouche du soldat près de mourir, perd son caractère ordurier, et qui, sur les lèvres de Cambronne, devient, Victor Hugo l'a dit à bon droit : « un mot sublime ».

Le capitaine n'ose réitérer son ordre et se tourne d'un ton brusque vers l'adjudant. Celui-ci lève son sabre ; les trois piquets mettent en joue.

Ah ! quel instant terrible ! de quelques secondes et, je le répète, d'une impression ineffaçable ! J'en fais l'aveu : je tremblais plus que le condamné.

Je le vois encore : on n'a pu lui bander les yeux ; il nous regarde en face, et, devant les douze canons de fusil braqués sur sa poitrine, il ne bronche pas. Il a jeté la cigarette qu'il tenait à la bouche ; il a mis son pied dessus ; puis, d'une voix ferme, il nous clame : « Et surtout, visez bien ! »

Cela ne rappelle-t-il pas encore le mot du maréchal Ney : « Soldats, droit au cœur ! » Quel malheur que l'égarement et la perte de tels hommes ! C'était une canaille, il pouvait devenir un héros !

A peine avait-il dit : « Visez bien ! que l'adjudant, abaissant son sabre, cria à son tour : « Feu ! » Le choc de douze balles frappant le condamné en pleine poitrine, il fit d'abord, comme un saut un arrière, puis, il tomba en avant, la face sur le sol, comme une masse de plomb.

Pour abréger le supplice, c'est-à-dire pour viser droit, j'avais bien ouvert l'œil ; je les fermai tous deux bien vite, quand le cinquième sergent, celui qui n'avait point tiré avec nous, vint donner le coup de grâce. Quelques secondes après cette dernière détonation, je les rouvre de nouveau, et je vois le même sergent qui revient vers le peloton, titubant comme un homme ivre, tout pâle, je crus qu'il allait s'évanouir. Elle s'explique, l'émotion à laquelle il était en proie : son coup de feu avait ouvert le crâne du mort et fait jaillir la cervelle !..... .

Assez ! assez sur ce chapitre, et arrière ce souvenir lugubre !

Certes, rien ne nous est plus familier à nous que l'idée et le spectacle de la mort. Mais le soldat ne saurait être assimilé au bourreau. Il reste noble, quand il donne la mort sur le champ de bataille, par la raison qu'à la même heure, il peut la recevoir.

Parlons de guerre ; cela me plaît mieux.

Nous commencons enfin à recevoir les renforts indispensables à la reprise des hostilités. Sous peu, le corps expéditionnaire comprendra 16,000 hommes de troupes européennes ou arabes, sans compter les bataillons qui sont à bord de l'escadre.

Ce n'est pas beaucoup, quand on songe aux masses des Chinois, et, si ces derniers sont assez malins pour concentrer 100,000 ou 150,000 hommes sur la frontière du Quang-Si, il est bien à craindre que nous ne soyons réduits à une attitude purement défensive, ce qui ne convient guère au caractère français.

D'un jour à l'autre je m'attends à partir. Nous prenons toutes les dispositions nécessaires ; mais, franchemeut, on se trouve dans de bien mauvaises conditions.

Par exemple, beaucoup d'hommes sont nu-pieds, et ne prenez pas cela pour une figure de rhétorique ; c'est dans le sens littéral et brutal que je dis : ils sont nu-pieds. Le matin, à la corvée, vous les voyez entre les cases, arrachant les herbes pour approprier le cantonnement ; c'est leur travail le plus utile ! A l'heure de l'exercice, tous ont disparu ; on les en dispense. Vous les trouveriez alors dans leur chambrées, assis sur leurs lits de camp et jouant aux cartes. Ah ! ils bénissent, dans ces moments, l'inénarrable incurie de l'administration de la marine qui leur crée de tels loisirs ; ils recevraient même assez mal quelqu'un leur apportant une paire *de* godillots.

Et dire que parmi ces malheureux il y a des troupiers qui ont soixante-cinq et soixante-six mois de présence au corps ! Dire que nous avons ici plusieurs centaines d'hommes appartenant à la classe 1878, libérée en France depuis un an ! On leur alloue la haute paye, mais des farceurs ayant voulu se coudre un chevron sur la manche, on le leur a défendu. Enfin, ils vont partir.

Et les hommes qui ont des chaussures sont-ils beaucoup mieux partagés ? Une moitié d'entre eux portent des souliers en cuir annamite, vrai carton qui se détrempe dans l'eau et, même en garnison, ne dure pas quinze jours. C'est si bien que les commandants de compagnie ont renoncé à contraindre les hommes d'en prendre sur leur masse.

Cette situation va-t-elle durer ? On nous affirme que le ministère est averti et qu'on va recevoir de France 45,000 bonnes paires de chaussures. Pour moi, j'ai encore mes souliers d'ordonnance presque intacts. Rien là d'étonnant pour un nouveau débarqué. Du reste, je conserve comme la prunelle de mes yeux les beaux et excellents brodequins que vous m'avez donnés à Paris. Je les chausserai en colonne.

J'ai en outre la chance de me porter à merveille. L'hiver, qui va venir, me sauvera de toute maladie. L'hiver, ah ! comme on le souhaite, dans ces pays où les chaleurs vous tuent ! Sans doute, à midi, à l'ombre, le thermomètre ne monte pas à plus de 39° ou 40° ; mais il descend de 4° ou 5° à peine, durant la nuit. Ce n'est qu'un peu avant le lever du soleil que la température devient supportable.

En ce mois de septembre, un peu de fraîcheur nous permettra de dormir. Avec quel délice on se verra contraint de mettre un couvre-pied sur ses jambes, alors qu'on vient, durant de longs mois, de cuire comme dans un four !

Ce sera la bonne saison pour les colonnes. Tout leur devient favorable; les arroyos qui ont monté permettent le passage des canonnières, et, bien que l'on doive s'éloigner du Delta, on aura au moins une sérieuse base d'opérations.

Mais renforts, équipements attendus et arrivant enfin, saison propice, concours des cannonnières, tout cela servirait de bien peu, si nous n'avions un chef, un homme vraiment apte à guider les troupes. Par bonheur, double bonheur, nous allons être délivrés du général de division Millot, et Brière de l'Isle, le plus ancien des deux brigadiers, prend le commandement en chef.

Oui, Millot, décidément, va partir. Nous sourions ici, en lisant nombre de journaux qui le portent aux nues; je crois même que si papa disait à ses amis combien l'on s'aveugle, on ne l'écouterait point. Ce militaire a su flatter l'opinion. Son dernier ordre du jour en est la preuve. Il faut que je vous en cite les passages principaux. Écoutez :

Officiers, sous-officiers, soldats et marins,

Autorisé par le gouvernement à rentrer en France, je vous remercie du concours que vous m'avez prêté, de l'énergie et de l'entrain que vous avez mis en me secondant dans l'accomplissement de ma mission. Je me plais à reconnaître que vous avez été aussi braves devant l'ennemi que disciplinés dans vos cantonnements.....

Après avoir commandé dans TROIS AFFAIRES CAPITALES *qui ont décidé de la conquête du Tonkin*, après avoir dirigé, dans QUARANTE-SEPT COMBATS plus ou moins importants, je vous quitte, malade de chagrin et d'autant plus désolé que nous sommes restés en face les uns des autres sans peur et sans reproche, bien qu'on ait eu le triste courage de dénaturer l'affaire de Lang-Son[1] où vous avez cependant fait preuve d'une ténacité si remarquable que vous rassuriez ceux qui aiment l'armée et leur pays.....

Au quartier-général, à Hanoï, le 1ᵉʳ septembre 1884.

Le général de division, commandant en chef,

MILLOT.

---

[1] Que le lecteur ne tombe pas dans une grosse méprise. Ne pas confondre ce qui est devenu si célèbre sous le nom d'*affaire de Lang-Son* et qui eut lieu huit mois plus tard, avec celle que mentionne ici le général Millot. Il veut parler de l'affaire où le lieutenant-colonel Dugenne joua le principal rôle, *l'affaire de Bac-Lé, sur la route de Lang-Son.* Nous avons raconté cette dernière ; nous parlerons de l'autre plus loin.

Ceux qui ne savent pas vont très sincèrement dire, sans doute : Voilà bien le sort des héros ! Ils volent de victoire en victoire, puis on les abreuve d'amertume. Mais nous qui savons, l'étalage de toutes ces actions guerrières nous fait sourire.

Où donc trouver les *trois affaires capitales ?*

Il y a bien celle de Bac-Ninh, la plus sérieuse, où il y eut de gros effectifs engagés ; mais on ne saurait donner le nom de bataille, grand combat, *affaire capitale,* en un mot, à celle où nous n'eûmes qu'une quarantaine d'hommes plus ou moins grièvement atteints. La seconde affaire serait-ce celle de Hung-Hoa, où il n'y eut pas un seul blessé et trois noyés seulement? Soit ! Je veux bien. Mais la troisième ?..... Tout le monde la cherche, personne ne la trouve, à moins que ce ne soit la douloureuse surprise de Bac-Lé ! Mais le général spécifie les affaires où il *commanda* et, là, il ne commandait point.

Et les *quarante-sept combats* donc?

Même en comptant toutes les petites attaques de convois et les moindres escarmouches, en comptant l'affaire du blockhaus de Gia-Lam, que j'ai racontée, et où nous n'avons bougé ni pied ni patte, pas brûlé une cartouche, il est impossible d'arriver au chiffre quarante-sept.

Certes, on s'est bien battu au Tonkin ; on a porté aux Chinois des coups terribles, mais sous l'amiral Courbet, et il ne faut pas confondre Courbet et Millot. C'est le jour et la nuit. L'amiral, je le sais bien, est très catholique et, dit-on, légitimiste ; oui, mais qui ne se souvient, avec un rayon au cœur, de ce chef qui a toujours traité les enfants du peuple comme ses propres enfants, et qui, en les menant à la victoire, cherchait à leur épargner toute fatigue superflue? Nous sommes assez nombreux, ici, les enfants dont les pères ont combattu pour la République de 1848 et les grands pères pour celle de 1792, eh bien ! tous nous aimons et vénérons Courbet, mais nous ne saurions avoir de sympathie pour le général soi-disant républicain et libre penseur, qui ne recula jamais devant les privations inutiles à infliger aux troupes. Courbet, Millot ! Nul parallèle possible. D'ailleurs, ils n'ont pas agi en commun ; le premier partait, quand le second arriva. Ce dernier part à son tour : « Bon voyage, mon général ! » Tel est le cri de toute l'armée.

Laissez que je vous donne d'autres bonnes nouvelles : le lieutenant-colonel Chaumont arrive ici au Tonkin. Vous savez que je l'ai eu pour chef à Cherbourg, que je l'aime bien et que je lui fus recommandé par le général Vallière. Sa venue me donne quelque espoir. D'autre part, le lieutenant avec qui j'étais au blockhaus a parlé de moi à mon capitaine et m'a averti que, malgré mes innombrables punitions, ce capitaine est si bien disposé en ma faveur, qu'il me considère comme susceptible d'être proposé pour sous-lieutenant.

Eh ! tenez ! je vais avoir pour sous-lieutenant dans ma compagnie, un de mes anciens camarades, plus âgé que moi. Comme mes fautes viennent en partie de ma mauvaise tête, mais en partie aussi de la brusquerie de certains chefs, et comme ce sous-lieutenant, tout en étant juste, sera affable, j'ai confiance que les choses iront bien pour moi.

Vienne donc une bonne occasion !

Désireux d'en profiter, à l'exemple de nombre de mes copains, je me suis fait faire un petit drapeau tricolore. C'est cela qui peut joliment servir, si l'on arrive un des premiers dans un assaut. En colonne, je le porterai dans ma ceinture. Et en avant !

Surtout, n'allez vous inquiéter de rien.

Hanoï, 24 septembre 1884.

Deux courriers, un anglais et un français, m'apportent, d'un seul coup, cinq lettres. Jamais je n'ai été si heureux.

Les premiers renforts sont arrivés avant-hier soir ; mais ils se composent presque exclusivement de troupes de l'armée de terre. Je signalerai, dans ce nombre, 400 légionnaires et 600 turcos. On les voit errants par toute la citadelle, dès qu'ils ont une heure de libre.

Nous n'avons reçu, avec plusieurs officiers, que 100 hommes d'infanterie de marine. Le lieutenant-colonel Chaumont — je vous ai parlé de lui — a pris le commandement de tous les marsoins ; il a sous sa coupe directe les cinq compagnies présentes à Hanoï.

Le *Rio-Negro*, grand steamer des Chargeurs-Réunis, est attendu ; il doit amener 800 hommes du même corps.

Sitôt les effectifs au complet, en route !

On a reçu de France tout le nécessaire et procédé à notre nouvel équipement : pantalon de toile teint en noir, camisole annamite noire, casques recouverts de coiffes noires. Inutile de dire que le but de cette tenue sombre est que nous échappions de loin à la vue de l'ennemi. En outre, c'est peu salissant.

On roulera sur le sac la vareuse, le pantalon de flanelle bleu et le couvre-pieds. Avec le fusil, les vivres, les cartouches, nous, les sous-officiers, nous portons 12 ou 13 kilogrammes. Les hommes, qui ont des ustensiles de campement, des outils portatifs et, en outre, vingt paquets de cartouches au lieu de six, sont chargés de 15 ou 16 kilogrammes. Ce serait peu s'il ne fallait marcher sous le soleil tonkinois.

Nous avons tous bon courage.

Le général Brière de Lisle qui nous commande est un homme de tête, un organisateur. Il l'a prouvé au Sénégal ; il le prouvera, nous l'espérons, mieux encore au Tonkin, où le théâtre est plus vaste, et, il faut l'avouer, l'action bien plus dramatique.

C'est peut-être pour cela, me direz-vous, les conditions étant toutes différentes, que ces antécédents du général ne prouvent pas grand'chose. Ici, c'est la grande guerre.

Pardon, s'il n'a commandé en chef que quelques centaines de soldats contre quelques milliers de noirs, ses qualités ne s'en sont pas moins développées.

Voyez son illustre devancier, qui fut également colonel-gouverneur au Sénégal, voyez Faidherbe ! Brière de Lisle marchera sur ses traces, personne n'en doute ici.

Je présume que, dans ma prochaine lettre, j'aurai à vous raconter plus d'un nouvel événement.

CHAPITRE VII

Reprise des opérations sur la route de Lang-Son — Combat du Kep et de Chu — Canonnières attaquées par les Chinois — En route pour renforcer la colonne Donnier. — Rencontre du général en chef. Demi-tour sur Haïphong. — Le service de la poste.

Hanoï, 11 octobre 1884.

Vous devez savoir ce qui, à cette heure, se passe dans la colonie.

Peu après l'affaire de Bac-Lé, le général de Négrier, envoyé sur la route de Lang-Son, apprit et annonça que le gouvernement chinois avait ordonné à ses troupes d'envahir le Tonkin ; aujourd'hui, la menace est un fait accompli. Voyez plutôt :

Le poste éloigné de Taï-Nguyen a été coupé de Bac-Ninh, et on redoute que la garnison crève de faim, dans la petite citadelle où elle est enfermée. Ce n'est pas tout. Les Chinois ont contourné la place de Phu-Lang-Thuong et attaqué celle d'Haï-Dzuong, en plein Delta, en pays qui devrait être sous notre domination absolue.

Un bataillon de la légion étrangère s'est rendu à Bac-Ninh. Quoique déjà défendue par un bataillon de ligne, un de turcos, un de tirailleurs tonkinois, cette place n'a pas empêché les Célestes de prononcer leur mouvement offensif. Partout l'agression.

Il y a six jours, la canonnière la *Massue*, armée de deux hotchkiss et d'une grosse pièce, a été attaquée par 2,000 ou 3,000 hommes. Le *Mousqueton* et la *Carabine*, canonnières du même type que la *Massue*, ont pu sauver cette dernière d'une perte inévitable. Et ces trois vapeurs, qui ensemble croyaient bien imposer à l'ennemi au moins le respect, ont dû s'enfuir à toute vitesse. Le lieutenant de vaisseau commandant la *Massue* a été tué ; nous avons perdu 21 marins et 10 soldats d'infanterie de marine.

Aussitôt des troupes (le 23ᵉ et le 111ᵉ), appuyées de deux batteries, sont parties d'Hanoï, et, sous les ordres du général de Négrier, ont passé le fleuve.

Le 5, au soir, la colonne a campé dans la plaine. Après une marche forcée, Négrier a rencontré, sur la route de Lang-Son, les Chinois retranchés autour du marché du Kep. Il les a, selon sa tactique, attaqués vivement, leur a enlevé toutes leurs positions ; mais non sans perte de notre part. Outre les hommes, 1 commandant et 1 capitaine de la ligne tués, 6 officiers blessés, parmi lesquels M. Fortoul, capitaine d'artillerie et brillant officier d'ordonnance du général, qui lui-même a été légèrement atteint.

Seize cents Chinois ont payé tout cela de leur vie. Dans une des redoutes enlevées d'assaut, les lignards, furieux de la blessure du général, n'ont fait aucun quartier : 634 réguliers chinois ont été passés à la baïonnette ou assommés à coups de crosse. Et j'ai entendu dire par plus d'un marsouin : « Braves culottes rouges ! nous ne leur en voulons plus. »

Mais ce n'est pas seulement sur la route de Lang-Son à Phu-Lang-Thuong que se sont avancés les Chinois. A l'Ouest, par un chemin qui débouche dans la vallée du Loc-Nam, ils avaient occupé Chû. Le lieutenant-colonel Donnier, avec la légion étrangère, vient de les rejeter de leurs positions, où nous nous sommes établis.

Ce combat de Chû et un autre, près de Lam, ont été assez sérieux ; nous y avons perdu 3 officiers et une cinquantaine d'hommes. Du moins, l'abord des routes de Lang-Son est à peu près déblayé.

A quand la grande marche en avant de tout le corps expéditionnaire ?

Nous entrons en plein branle-bas, et je songe qu'il y a quatre mois tout était bien tranquille au Tonkin. J'y songe, à cause de la dernière lettre que j'ai reçue de vous.

Elle est écrite de Ceyrat, ce joli petit village, au pied du plateau de Gergovie, non loin du Puy-de-Dôme, où vous êtes allés passer vos vacances. Là, une brave femme, qui vous portait du bon lait chaque matin, pleurait, se lamentait sur son pauvre fils perdu. Soldat parmi nous, au 143e de ligne, il lui écrivait, le 15 juin, une lettre lui portant *ses derniers adieux.*

Cela m'a ému de pitié, mais me semblait étrange. Si le pauvre garçon était mort, sa famille en aurait reçu l'avis officiel. Serait-il seulement très malade? J'ai pu me procurer sur B... des renseignements positifs. Il se porte à merveille, et, au 15 juin, n'ayant aucun motif de peur et, de plus, l'espoir de vite rentrer en France, il devait se porter mieux encore. Faites-le savoir à sa mère. Quant à lui, je le rencontrerai sans doute, ce descendant peu digne de Vercingétorix, et je lui laverai la tête...

Comment un soldat français peut-il avoir tant de niaiserie ou si peu de courage pour alarmer à ce point et sans raison ses braves parents?

Avouez que je lui ressemble peu, à ce troupier de malheur! Et, quand je vous parle de la sorte, n'allez pas croire que je veuille vous rassurer à tout prix. Non! mes lettres sont l'expression exacte de ma pensée, de mes sentiments, de la vérité des choses. Je brûle de marcher et je ne crains rien. Ma confiance vient d'une drôle de source, c'est que, à mon sens, — non, bien entendu, le sens sérieux, — je crois au dicton familier parmi nous : « Il n'y a de chance que pour la canaille ! »

Haï-Phong, 17 octobre 1884.

Voilà près de six mois, c'est d'ici que je vous écrivais, n'ayant pour bureau que mon sac ; aujourd'hui, je fais de même. Seulement, ce pauvre vieil *as de carreau* en poil de chèvre, compagnon d'infortune du soldat, n'est plus celui d'un nouveau débarqué.

C'est le havresac de l'homme en colonne, et biscuits, boîtes de conserve, linge, y forment un amalgame peu léger, je vous jure. C'est que nous allons battre du chemin et que les montagnes à parcourir ne sont pas fécondes en ressources.

Le 11 octobre, à 11 heures du soir, on est venu nous réveiller.

« — Faites les sacs, venez toucher les vivres de réserve. Comptez les cartouches de vos hommes ; voyez s'ils en ont leur

120. Prenez vos effets noirs. On laisse ici les capotes; la vareuse seule sera roulée sur le sac. Que tout se fasse vite et bien ! On part demain à 3 h. 1/2.

« — Où va-t-on ?

« — On n'en sait rien. »

Quatre heures après, une longue colonne noire, sortie de la citadelle, serpentait dans les rues d'Hanoï. Elle se dirigeait vers le fleuve, silencieusement, l'arme à la bretelle. Dans la rue des Incrusteurs, au bruit sourd de nos pas, quelques Chinois ou Annamites viennent sur leurs portes et, dans la nuit, nous regardent passer d'un air ébahi.

Le jour n'avait point paru encore que l'embarquement sur le *Rurimaru* était déjà terminé. Sitôt l'aube paraissant, on donne le signal du départ; nous voilà lancés sur le fleuve et, en filant devant la Concession, on entend, comme un salut, un double coup de sifflet, le sifflet sourd du *Rurimaru*, ce long huhuhu qui ne ressemble au signal d'aucun autre vapeur et que tout le monde ici connaît bien.

C'est que, depuis un an, il en a transporté des troupes sur les arroyos du Delta, ce pauvre bateau !

Réquisitionné d'abord pour le service du corps expéditionnaire et très utile, car il cale peu, passe facilement partout et embarque plus d'hommes qu'une grande canonnière, on a fini par l'acheter. Mais alors on avait dépensé déjà, en indemnités au propriétaire, le double de sa valeur. La marine, toujours si économe des deniers de l'État, lorsqu'il s'agit du bien-être des pauvres troupiers, l'a donc payé trois fois, ce sabot, à l'Américain qui l'avait amené du Japon (*Rurimaru* est un nom japonais). Ce Yankee a pu se retirer chez lui avec une fortune rondelette.

Aujourd'hui, ce bateau s'appelle officiellement le *Balny*, en souvenir d'un enseigne de vaisseau, M. Balny d'Avricourt, tué avec le commandant Rivière; mais, par habitude, on l'appelle toujours de son ancien nom japonais.

Les marsouins, nous sommes tous sur le pont; et, le *Rurimaru* n'étant guère plus grand qu'un bateau-mouche de Paris, on n'est guère à l'aise, à 450 ; d'autant plus que, sur l'avant, un large espace est réservé aux officiers.

Mais ne nous plaignons pas : nous avons de l'air, tandis que, dans la cale, avec les 6 chevaux des officiers, 125 malheureux Tirailleurs tonkinois étouffent. « C'est assez bon pour les *bouzous !* (les singes), » me dit un camarade. Ce qualificatif est motivé par la crainte que tous ces petits bonhommes se débandent, dès qu'ils apercevront la queue d'un Chinois.

Les pauvres gens, il est vrai, ne se battent ni pour l'honneur de leur drapeau, ni pour délivrer leur pays du joug de l'étranger. C'est pour changer de maître, et, ma foi ! leur défaillance est moins coupable.

La chaleur est venue et aussi l'heure du déjeuner. On ouvre les boîtes d'endaubage par groupes de 10 hommes. Les sous-officiers n'étant plus, comme dans les garnisons, en popote, je mange avec un caporal et les 8 premiers soldats de ma section.

Mais, grâce à l'argent par vous envoyé, j'ai autre chose que le bœuf de conserve.

Mon sac est assez riche en victuailles ; j'en tire une petite boîte de thon ; avec un de mes caporaux et deux sergents, nous y faisons une entaille sérieuse ; puis, je tire encore une bouteille de vieux cognac, d'excellent Martel, que j'ai payé 12 francs, pas chez un Chinois, mais au meilleur café d'Hanoï. Mon second caporal, que j'ai appelé, me tend son quart en répétant : « Merci, merci ! » Les deux sergents qui n'avaient pas encore vu mon petit trésor me tapent de grands coups sur l'épaule : « Mon vieux, tu es un chic type ; tu as eu une riche idée d'apporter cela ! » Et tous d'applaudir. Je crois bien qu'ils m'auraient volontiers bombardé grand homme.

On allume les cigarettes ; puis, après le moment de la joie, on devient sérieux ; on cause de notre destination probable.

C'est qu'en effet, je l'ai dit, nous ne savons où nous allons. On l'a bien demandé au second-maître, commandant le *Rurimaru* : muet comme une carpe ! J'avais posé la question à mon sous-lieutenant. Avait-il — bien à tort — craint une indiscrétion de ma part ? Le fait est qu'il m'avait répondu, en écartant ses deux bras dans le vague : « Je n'en sais rien ! » Cela m'étonne.

Où trouver quelque lumière ?

De mon séjour au bureau de la brigade, j'ai gardé un souvenir : une carte du Tonkin. Elle est faite d'après les cartes annamites, d'après celles du service hydrographique de la marine, enfin d'après les croquis pris en colonne. Une seule partie est exacte : celle comprenant les côtes et les grands arroyos praticables aux canonnières.

Ces cartes, que j'avais vues entassées par douzaines dans une armoire, je n'avais éprouvé aucun scrupule à m'en approprier un exemplaire, alors qu'on les laissait livrées à la moisissure et aux rats, sans songer même à en pourvoir un seul officier de compagnie [1].

J'étale ma carte, *mon bien*. « Il est évident, dis-je à mes camarades, que nous partons pour Lang-Son. Or, de deux choses l'une : ou nous allons faire partie d'une colonne qui se masse à Quang-Yen, près d'Haïphong, et doit tourner les positions chinoises par la gauche ; ou bien nous allons, soit à Phu-Lang-Thuong, soit dans le Loc-Nam, renforcer les troupes massées sur les deux routes vers Lang-Son. Lorsque nous seront sortis du Canal des Bambous, une fois dans le Taï-Binh, si nous tournons à droite dans le Sum-Tum-Bach, c'est la première hypothèse qui sera la vraie ; si nous continuons à remonter le fleuve, ce sera la seconde. »

« — Tu parles comme le général en chef ! s'écria, derrière moi, un quatrième sergent, qui venait de s'approcher. Mais, dis donc, je t'ai vu tout à l'heure sortir quelque chose de ton sac ; montre un peu si le contenu de ta bouteille est aussi bon que tes raisonnements. »

Et, comme je m'exécutais, « — Hé bien ! on ne s'ennuie pas, les sous-officiers ! dit avec un bon sourire, mon lieutenant, M. de L'Estoile, qui passait et s'arrêta devant notre petit cercle. Mais expliquez-moi, Garcin, comment vous avez pu avoir cette belle carte. »

Je le lui fis connaître. Et lui alors de jeter cette exclamation gouailleuse : « Ah ! les *fricoteurs* de l'état-major ! »

---

[1] Peu de temps après, on répara cette omission si grave.

Pour la colonne de Lang-Son, chaque officier possédait un croquis lithographié des routes à suivre pour arriver à la place.

Les mouvements de terrain y étaient même figurés sommairement par des courbes de niveau.

« — Mon lieutenant, répliquai-je, dès que j'aurai quelques minutes, je prendrai un croquis, bien suffisant pour moi, et je vous remettrai cette carte, plus utile en vos mains que dans les miennes. »

« — Ah ! cela c'est bien gentil ! » me dit mon excellent chef, en s'éloignant.

. Le *Rurimaru* file toujours ; nous voici maintenant dans le Taï-Binh, nous laissons à droite l'entrée du Sum-Tum-Bach. Ce n'est pas à Haïphong que nous allons, mais dans le Loc-Nam, rejoindre la colonne !

Bientôt, masqué par une île du fleuve, voici Haï-Dzuong. On n'aperçoit que la tour de la citadelle. Un de mes camarades me raconte le beau fait d'armes dont cette place fut témoin, un peu après la prise de Sontay.

Un sergent-major d'infanterie de marine, Geschwind, un brave Alsacien, avait été laissé à Haï-Dzuong avec 15 soldats français, 25 tirailleurs annamites et une quarantaine d'auxiliaires tonkinois.

Attaqué par environ 1500 Chinois bien armés, Geschwind tint tout un jour sur une des grandes portes de la citadelle, où il s'était réfugié avec sa petite troupe. Cette porte faisait face au Taï-Binh, et bien des fois le brave sous-officier dut consulter l'horizon, avide d'y apercevoir le panache de fumée d'un vapeur amenant des secours.

Il y avait bien sur le fleuve une petite canonnière, la *Mitrailleuse*, mais elle s'était échouée en évoluant et avait failli être prise à l'abordage ; des Chinois s'étaient cramponnés après le plat-bord et on dut leur couper les poignets à coups de hache. La *Mitrailleuse* ne pouvait secourir Haï-Dzuong.

Toute la nuit le petit poste de cette place repoussa des assauts ; les Annamites, qui défendaient leur tête, se battirent fort bien ; mais on était à bout.

Par bonheur, au matin, la mâture d'une autre canonnière, le *Pluvier*, apparut au loin. Avec ses 7 canons-revolvers, dont deux dans les hunes, il eut bientôt dispersé les assaillants.

Geschwind fut un des trois sous-officiers d'infanterie de marine promus sous-lieutenants pour faits de guerre, depuis le commencement de la campagne.

Mais le pays change bientôt d'aspect. Tandis que, sur notre gauche, c'est toujours la plaine d'alluvions, les rizières, les villages aux haies de bambous, sur la droite, les habitations deviennent rares et rares les cultures. Aux rizières plates succèdent de petits mamelons couverts d'une herbe longue et épaisse, roussie parfois des rayons du soleil.

Peu à peu, le relief de ces mamelons s'accentue ; quelques-uns surgissent à notre gauche. La plaine finit ; nous entrons dans un grand val, mais bien dénudé. A peine, à de grandes distances, un village apparaît-il ; encore n'est-ce plus qu'un village désert ! Les cases, gardant des traces d'incendie, les pagodes aux toits et aux murs éventrés, les grands arèquiers abattus nous disent : « La guerre a passé par là ! »

La nuit commence au moment où nous arrivons près du poste des Sept-Pagodes. C'est juste là que nous allons mouiller.

Nous sommes ancrés au milieu du fleuve, entre deux mamelons. Sur celui de la rive gauche est construit un fortin en terre, aux retranchements hérissés d'une solide palissade de bambous ; sur celui de droite s'élèvent les sept petites pagodes qui ont donné leur nom à ce lieu.

Le lieutenant du bataillon d'Afrique, qui commande là, arrive à notre bord et s'entretient avec le commandant Bouguié. On le voit, la main étendue vers le Nord ; il donne à notre chef des indications sur le pays que nous allons parcourir.

Les Sept-Pagodes forment le point stratégique le plus important peut-être de tout le Delta tonkinois.

Nœud hydrographique des plus curieux : Du Nord viennent le Loc-Nam et le Song-Thuong, qui, réunis à quelques kilomètres en amont des Sept-Pagodes, contournent le pied de la colline fortifiée ; ces deux rivières ouvrent les deux routes de Lang-Son. En face du fort, aboutit le Song-Cau, qui baigne Thaï-Nguyen dans sa vallée supérieure ; Bac-Ninh est à 4 kilomètres de ses rives, sur son cours inférieur. Le Canal des Rapides, qui, pendant les hautes eaux, permet aux canonnières de gagner directement Hanoï, aboutit encore aux Sept-Pagodes.

Enfin, à 10 kilomètres en aval, cette masse d'eau se sépare. A droite, le Taï-Binh arrose Haï-Dzuong, puis reçoit du grand bras d'Hanoï le Canal des Bambous ; à gauche, le Lach-Tray contourne le pied des mamelons du Dong-Trieu et aboutit à Haïphong, non sans avoir déversé par Quang-Yen un bras vers la baie d'Halong.

Que cette longue énumération de voies fluviales, dont plusieurs ont des 500 et 600 mètres de largeur, ne vous ennuie pas outre mesure ; elle vous montre combien le Delta est sillonné de cours d'eau, « ces chemins qui marchent », selon le mot de Pascal ; combien il est arrosé sur chacun de ses points et quelle est donc la fertilité de ce pays que nous allons conquérir à la France.

Enfin, le jour se lève. La nuit passée sur le pont, sous l'air vif des montagnes, et n'ayant que mon pauvre pantalon de toile, n'a pas été des plus joyeuses. Mais bast ! j'en verrai bien d'autres ! Allons toujours ! Nous voici engagés dans le Loc-Nam.

Tout à coup, nos officiers saisissent tous leurs jumelles. Ils fixent, là-bas, au milieu des champs déserts, un village riverain entre des haies de bambous. Il doit y avoir quelque chose là. Les officiers s'avancent à l'arrière : — « Tout le monde couché ! disent-ils, soyez prêts à tirer. » Aussitôt 450 hommes s'aplatissent sur le pont, les sous-officiers restant à genoux. Que va-t-il advenir ? J'avais, dans ma section, trois ou quatre soldats, des enfants de 18 ans, tout nouveau-venus. Je crois bien que deux d'entre eux eussent voulu rentrer dans les planches ; déjà, d'une main fiévreuse, ils fouillaient dans leur cartouchière. « Bande de bleus ! voulez-vous attendre le commandement de charger ? » leur dis-je à voix basse.

Pauvres garçons ! je les excuse. Certes, je n'avais pas peur ; mais, je l'avoue, cet ennemi invisible dont les balles vont peut-être pleuvoir sur ce pont tout couvert de chair humaine, cela n'a rien de rassurant.

Y avait-il des Chinois dans ce village ? Je l'ignore. Toujours est-il que soudain un long coup de sifflet retentit, et, au détour du fleuve, en amont, apparaît la grande masse blanche de l'*Éclair*, avec ses noirs canons de 90^{mm}, ses Hotchkiss brillant au soleil. — « Debout ! Debout ! » crie le commandant. Le pont du *Rurimaru*, reprend alors son aspect habituel, avec ses troupiers pressés en foule.

L'*Éclair* approche. Sur la paillote se tient son commandant, le brave lieutenant de vaisseau Leygues, dont tout le corps expéditionnaire admire le courage; à côté de l'officier de marine, un homme attire tous nos regards, un homme très grand, puissant, au large pantalon rouge à bande noire; un grand manteau noir jeté sur ses épaules, cache à demi les manches du dolman, étoilées d'argent. Le casque blanc, disgracieux sur la tête de presque tous, ajoute, au contraire à son air martial.

— « Quel bataillon ? » crie-t-il d'une voix de stentor.

— « Troisième, mon général », répond le commandant Bouguié.

— « Demi-tour, descendez à Haïphong ; vous y attendrez des ordres. »

Nous avions très bien entendu ; mais, près du général, le commandant Leygues, empoignant son porte-voix, crie de nouveau :
— « Demi-tour, descendez à Haïphong ; vous y attendrez des ordres. »

Et l'*Éclair* file, rapide, poussé par sa grosse double roue, qui fait écumer le fleuve.

Tout à l'heure, peut-être allions-nous subir l'attaque des Chinois ? L'arrivée de l'*Éclair*, la vue de sa puissante artillerie, nous avait-elle préservés d'une grêle des Mauser et des Remington ?

Personne n'y pense plus ; on ne songe plus qu'à Brière de Lisle, qui vient de nous apparaître pour la première fois.

— « Hein ! dit un troupier à ses camarades, il dégotte bien, notre général. Il a beau avoir un pantalon rouge[1], on voit que c'est un marsouin ! Quelle fière mine ! Les généraux biffins ne vont pas à sa taille. »

— « Oh ! oh ! répond l'interpellé, Négrier est plutôt petit et mince ; mais il représente rudement bien sur son cheval. »

— « Pardieu ! Négrier ! celui-là est l'exception ! Mais souviens-toi de Millot ! »

---

[1] Les généraux de toute l'armée française, ceux de l'infanterie de marine, comme des armes spéciales, portent la même tenue.

Là-dessus, immense éclat de rire.

Quand cette hilarité fut calmée, « Vous avez raison, dis-je à mon tour, un Négrier ne sera, en aucun temps, un homme ordinaire. Cependant, il existe aujourd'hui des généraux qui, jeunes témoins de l'épreuve de 1870, et en gardant souvenir, ont beaucoup travaillé, et, croyez-le bien, se révéleraient en cas d'une grande guerre continentale. »

Durant ce colloque, le *Rurimaru* a viré de bord et suivi l'*Eclair*, qui, plus rapide, s'efface devant nous; derrière, disparaissent les Sept-Pagodes, et nous entrons dans le Lach-Tray.

Cette fois, nous allons filer sur Haïphong.

Déjà la scène change. Voici un pays montagneux, que suivent les canonnières, jamais les troupes; nous ne le connaissons guère et y sommes peu connus. Les rares habitants fuient à notre passage.

Sur un point, des roches énormes, semblables à celles de la baie d'Halong, surplombent le fleuve; de nombreuses grottes y sont creusées, où vivent des êtres humains entièrement nus. A notre apparition, presque tous ces troglodytes se précipitent dans leurs antres; quelques-uns, plus courageux, tout en s'aplatissant sur le roc, montrent la tête et examinent le bateau chargé de soldats. Que pensent-ils, ces pauvres survivants des époques antédiluviennes?

Mais les grandes roches font place aux collines; d'étroites rizières, des champs d'ananas, quelques villages animent le bord. Nous filons toujours; peu à peu les éminences s'abaissent; la vaste plaine du Delta se déroule de nouveau. Enfin, au loin, nous voyons surgir des mâts de navires, des maisons européennes toute blanches : c'est Haïphong.

Notre bateau, au pont noir de soldats en tenue de campagne, et qui semble descendre de Loc-Nam, à peine arrive-t-il dans le port, qu'on nous prend pour un des bataillons vainqueurs au Kep ou à Chû, et la foule des Annamites, la foule des Européens se pressent sur les quais; les navires de commerce saluent de leurs pavillons. A bord d'un Américain, les matelots grimpent dans les haubans et poussent des « *Hip! hip! Hurrah!* » formidables. A terre, de nombreux colons font retentir des vivats à la France et à l'armée.

Cet enthousiasme nous amuse, mais nous rend un peu honteux.

— « Sapristi ! s'exclame un de mes hommes, nos faits d'armes sont faciles à compter ; mais, avec cette satanée idée de laisser capotes et couvre-pieds à Hanoï, sous prétexte de nous alléger, je viens de geler pendant trois nuits. Nous méritons bien un peu que ces braves gens nous acclament, cela réchauffe toujours ! »

Haïphong, 21 octobre 1884.

Je suis désolé ; au lieu d'aller en colonne, nous devons rentrer à Hanoï. Le général Brière de Lisle ne veut pas attaquer Lang-Son avant d'avoir reçu des renforts considérables.

Une reconnaissance par la route de Quang-Yen montre qu'une marche en avant est, à cette heure, impossible.

Brière de Lisle fait-il bien d'attendre ?

Plusieurs objectent qu'il laisse de la sorte les Chinois renforcer leurs positions, tirer leurs réserves de l'intérieur.

Je ne suis qu'un simple sergent ; mais j'écoute, je cherche à me rendre compte, et je crois que l'on a raison de différer.

L'armée chinoise est loin d'être méprisable. Sans doute, ses réguliers, à Bac-Ninh, n'offrirent pas grande résistance, et à Hung-Hoa, firent triste figure ; mais, à Sontay, les Pavillons-Noirs, tous des Chinois, se sont vaillamment battus.

Qui nous dit que les troupes qu'on va nous mettre en face ne seront pas meilleures que celles déjà rencontrées ?

Sans doute, un soldat français en vaut trois chinois, et cela, parce que nous appartenons à une race autrement guerrière que ces Jaunes à longues queues, agriculteurs par excellence (bien que, en Europe, on assimile bons laboureurs et bons soldats). Les Célestes, en outre, n'ont point, comme nous, le sentiment de l'honneur national.

Sans doute encore, — et là gît notre plus grande supériorité, — le commandement, chez eux, est bien inférieur au nôtre. Un de nos généraux capables est un César, un Napoléon, en présence de leurs grands mandarins militaires.

Autre avantage, qui tient à nos instincts : la discipline, non celle qui s'impose par la force, mais la vraie, la seule discipline, celle qui provient de la confiance mutuelle des chefs et de leurs hommes. Elle est bien plus forte, celle-là, dans notre armée que dans celle des Chinois.

Seulement, — et c'est sottise de le méconnaître, — ils nous valent dans l'armement. Entre leurs Mauser, leurs Martiny et nos Gras, la différence est légère.

Seule, leur artillerie est bien au-dessous, et encore non pour le matériel (ils possèdent des pièces Krupp de montagne), mais leur personnel est peu apte à s'en servir.

Dans ce parallèle, dans cet examen du pour et du contre, il est deux éléments non négligeables, certes, car ils pourraient bien faire pencher la balance du côté des Chinois.

Le premier, c'est leur supériorité effrayante du nombre. Et n'oublions pas qu'ils ont les renforts là, sous la main, eux qui sont près d'un demi-milliard d'habitants.

Le second, c'est qu'ils sont acclimatés. Et, si l'on objecte qu'au Tonkin, ils ne sont pas plus chez eux que nous ne sommes chez nous, on ne saurait disconvenir qu'ils connaissent bien mieux ce pays.

N'importe! j'espère que notre supériorité prévaudra sur tous leurs avantages. Mais, si même, à un contre cinq, une armée française ne doit pas reculer en face d'une armée chinoise, il ne faut point nous trouver un contre vingt. Et c'est pour cela que je crois très rationnel d'attendre.

P.-S. — Je rouvre ma lettre, pour répondre à la vôtre du 31 août.

Je l'ai extraite moi-même d'au moins 15,000 ou 18,000 lettres, au dépouillement desquelles j'ai travaillé, avec le sergent-vaguemestre du bataillon du 3e, stationné ici. Ce sous-officier, ne pouvant suffire à la besogne, avait obtenu mon aide de la part de mes chefs.

J'ai vite pris intérêt à cette opération minutieuse et délicate. Pas n'est besoin que je vous l'expose. Grands sacs d'où l'on tire des paquets, paquets que l'on place sur des étagères, missives que l'on range dans des casiers, cela se pratique au Tonkin comme en France. Mais une chose, ici, plus commune, ce sont les adresses, parfois presque illisibles, parfois très risibles de braves paysans écrivant à leur fils soldat. Certaines portent d'étranges suscriptions. J'en ai vu une ainsi formulée : « M. X..., soldat d'infanterie de marine, 2e régiment, parti par le *Rio-Négro,* le 10 août 1884. Prière à Monsieur le vaguemestre de bien vouloir faire parvenir à son fils. — Son père, X... »

Il y a là un sentiment qui vous touche ; mais une chose qui vous irrite, c'est de voir, au Tonkin, des lettres destinées à la Cochinchine ou même portant cette adresse : *Corps expéditionnaire de Madagascar.*

Évidemment, le sous-Cochery, chargé, en France, de la transmission, n'a lu que les deux premiers mots : *Corps expéditionnaire,* et vlan ! dans le sac du Tonkin !..... Voilà de pauvres parents qui se sont peut-être saignés aux quatre veines pour envoyer un petit mandat à leur fils....., qui, tout au moins, sont anxieux d'avoir de ses nouvelles. Ils recevront bientôt la réponse !.....

CHAPITRE VIII

Retour à Hanoï. — Paysages tonkinois et campagnes de France. — Quel instinct nous entraîne loin du sol natal que nous aimons.

Hanoï, 9 novembre 1884.

Nous sommes revenus à notre triste vie du cantonnement.

Le retour d'Haïphong à Hanoï a duré cinquante heures. Ma compagnie, sous le commandement du capitaine, était parquée dans un immense chaland en fer, que remorquait une petite chaloupe à vapeur chinoise. On nous avait relégués dans la cale. Quelle chaleur étouffante ! Et dire que je suis pour quelque chose dans cette mesure rigoureuse !

Nous étions d'abord sur le pont ; on respirait ; les hommes riaient entre eux, s'amusaient à regarder les riverains. Bientôt, mon attention fut attirée par une causerie entre trois engagés Parisiens, les deux premiers, farceurs, mais bon garçons, le troisième une franche canaille. Il se vantait de ses exploits de souteneur, de ses luttes avec les *flics* (les agents de police). Soudain :

« — Voulez-vous parier, dit-il, que je fasse arrêter la chaloupe ? »

« — Oh ! comment cela ? » firent les autres.

« — Vous allez voir ! »

Avant que j'eusse pu intervenir, il avait retiré ses brodequins et, pouf ! le voilà dans le fleuve.

« — Un homme à l'eau ! Stop ! stop ! » crie-t-on de toutes parts.

La chaloupe fait machine en arrière ; nous nous arrêtons ; on voit le troupier nageant vers nous et on le repêche. Remonté à bord, il crie à ses deux camarades d'un air triomphant :

« — Hein ! ai-je gagné mon pari ? »

La facétie étant trop forte, je crus devoir avertir le capitaine.

« — C'est bien ! me dit ce dernier, amarrez-le en bas, et, vous savez, un amarrage sérieux ! »

« — Oui, mon capitaine. »

Ce fut vite fait. Lui, alors, m'accabla d'invectives et de menaces.

« — C'est bon ! lui répondis-je ; voilà vingt fois plus de paroles qu'il n'en faut pour le conseil de guerre. Mais, soyez sans crainte, je ne vous ferai pas défiler à la parade d'exécution. Vous auriez la vanité de croire que vous me faites peur. Or, mettant de côté mes galons, vous traitant en égal, je vous prouverai qu'ici, au régiment, je sais vous tenir tête, comme je l'eusse fait à Paris, si vous m'aviez attaqué au coin d'une rue, le soir. »

Lorsque, sur l'ordre du capitaine, tout le monde descendit dans la cale sombre, par le fait de ce mauvais soldat, ses camarades l'eussent assommé. Je dus le défendre. N'importe ! étouffer et ne plus voir que les plaques de tôle du chaland, cela ne pouvait nous réjouir.

Nous voilà revenus à la citadelle. Morne existence ! Du moins, un agréable et curieux hasard m'a fait retrouver ici trois anciens camarades, un peu plus âgés que moi, du collège Chaptal ou du lycée de Bourges : l'un, maréchal des logis chef d'artillerie, proposé pour sous-lieutenant ; l'autre, sergent-major à l'infanterie de ligne ; le troisième, adjudant aux Tirailleurs algériens.

Ces tirailleurs sont à deux pas de nous. C'est là qu'il faut voir la discipline ! Et j'en suis témoin, car je vais souvent dîner chez mon ami. Les soldats et les caporaux, même Français, sont aussi respectueux pour les sous-officiers qu'on l'est, chez nous, pour les officiers. Les sergents arabes forment bande à part ; ils sont toujours commandés, quelle que soit leur ancienneté, par leurs collègues français. Quant aux officiers indigènes (deux par compagnie : un lieutenant, un sous-lieutenant), s'ils commandent les sous-officiers français, ils y mettent des formes et rarement se hasardent à les punir.

D'autres bataillons de ces Tirailleurs sont attendus. Il en doit venir aussi de la Légion et même des Zouaves. C'est qu'on a grand besoin de donner un bon coup de balai, tant le pays est infesté de pirates.

A quelques kilomètres d'Hanoï, la région n'est plus sûre : plus loin, de fortes bandes chinoises battent le pays. Là où, il y a deux mois, on pouvait aller seul, il faut aujourd'hui des compagnies entières. Et même les escortes placées sur les jonques transportant les provisions aux troupes, sont à chaque instant assaillies.

L'autre jour, sur la rivière Claire, 600 ou 800 Chinois ont attaqué l'*Éclair*. La canonnière qui, heureusement, ne traînait aucune remorque, a pu franchir à toute vitesse le passage dangereux, sous un feu d'enfer de l'ennemi. Si elle s'était échouée, quel massacre !

Elle n'a eu que trois blessés ; mais ses pièces, tirant à mitraille, ont dû infliger aux Chinois de tout autres pertes.

Faible consolation, alors que notre vie est de plus en plus à la merci des hasards. Je comprends même jusqu'à un certain point que, dans ce milieu, des natures sans ressort s'effarent aisément.

C'est à quoi j'ai songé, dans ma rencontre avec B..., le fameux Arverne, ce fier lapin de Ceyrat, qui, au mois de juin dernier, au milieu du calme le plus absolu, adressait à sa pauvre mère *ses derniers adieux*. Dans l'intérêt de la brave femme, je courus aux renseignements; je vous les transmis et la laitière de Ceyrat fut consolée, rassurée par vous. Enfin, j'ai vu le héros !

Parbleu ! on ne m'avait pas trompé : il se porte comme le Pont-Neuf. Néanmoins, son régiment, le 143e, aujourd'hui à Hanoï, a été, le mois dernier, appelé à donner et même a bien souffert. Cela m'a rendu un peu plus compatissant; j'ai adouci les reproches que je m'étais promis de faire au pauvre garçon. « Voyons ! lui ai-je dit, pour faire vibrer en lui une corde, ne serez-vous pas heureux, un jour, dans votre village, de pouvoir raconter aux jeunes votre campagne du Tonkin; de leur montrer par quels sacrifices nous avons conquis cette colonie à la France; avec quel courage, quelle abnégation de nous-mêmes nous soutenions ici le drapeau tricolore ? Dites, ne serez-vous pas plus fier d'avoir affronté les Chinois, d'avoir vu Hanoï, vu tant de pays lointains, que si toute votre vie, comme tant d'autres, vous aviez traîné derrière le cul de vos bœufs ? »

Mes paroles lui ont fait impression et, me serrant la main : « Oh ! merci, sergent, m'a-t-il répondu ; je vais écrire à ma mère et la rassurer. »

Le malheureux 143e, ai-je dit, a beaucoup souffert dans les marches et combats d'octobre ; oui, et ce n'est point qu'il ait eu beaucoup de tués et de blessés, mais que de malades !

Là, d'ailleurs, est le point faible des bataillons d'infanterie, au Tonkin. Arrivés, il n'y a pas dix mois, presque sur le pied de guerre, c'est-à-dire comprenant 800 hommes, ce ne sont plus aujourd'hui que des bataillons squelettes. Leurs compagnies, de 200 hommes, n'en ont plus que 110 ou 120 à l'effectif, dont, au maximum, 80 à 90 dans le rang, aptes à marcher. Tout le reste ou a été évacué en France, ou geint sur un lit d'hôpital, ou s'est couché au cimetière.

Qu'on le sache : c'est surtout à l'inexpérience de leurs officiers dans les pays tropicaux, à leur manque de soins hygiéniques, à leur nourriture mal entendue, mal réglée[1], à leur habillement (sauf depuis peu) contraire au climat, c'est à cet ensemble de causes que les troupes de la ligne doivent leurs pertes lamentables.

Il convient d'y porter vite remède, car nous avons besoin d'hommes forts.

Ainsi j'ai entendu narrer par des sous-officiers du 143e, sur le combat du Kep, des détails curieux relatifs aux Chinois. Leur attitude mérite, certes, autre chose que le dédain.

Ils se sont avancés très courageusement sur les tranchées que, la veille, 11 octobre, nous leur avions prises. Ils venaient tenter de les reprendre, et en se jetant sur nous, car nous avons eu des blessés à coups de sabre et de baïonnette. Un moment, notre artillerie même fut serrée de si près que les servants durent mettre

---

[1] Longtemps on leur servit une grosse gamelle de soupe ou de rata, comme en France. On se décida enfin, bien tard, à les nourrir, ainsi que nous, de viandes et de volailles rôties, de pommes de terre frites, de poisson, de salades, de fruits.

baïonnette au mousqueton, et que le général de Négrier, en personne, leur cria de se déployer en avant des pièces pour les défendre.

Que je voudrais me trouver en pareille occasion ! Mais peut-être qu'avec ma malechance habituelle je n'assisterai qu'à de simples escarmouches ou à des marches et contremarches aussi éreintantes que peu glorieuses.

Hanoï, 10 novembre 1884.

Aujourd'hui, deux lettres de vous, à la fois, l'une du 14, l'autre du 24 septembre. Pensez si je suis content !

Je vois quelles bonnes vacances vous avez passées. Vous êtes heureux d'avoir parcouru de si beaux pays, l'Auvergne, la Provence ; heureux d'avoir été si bien accueillis, si bien choyés à Grasse, dans la belle villa de ma bonne tante et marraine, et vous ne sauriez croire combien l'annonce d'une vie si tranquille, si douce, me console de mes ennuis, me fait prendre en patience mes misères.

J'ai bien peu vu la Provence, à laquelle m'attachent tant de liens, et les plus étroits ; mais les paysages offerts au voyageur, de Marseille à Toulon, ne sauraient s'effacer de mon souvenir.

J'espère que vous me ferez une jolie description de la Limagne et de ses dômes qui l'entourent.

Jean devrait bien aussi me parler longuement de ces belles Vosges dans lesquelles il était, d'abord, allé passer trois semaines. Qu'il n'oublie pas que c'est moi, au temps où j'étais en permission, qui, le guide Joanne et les cartes d'état-major à la main, lui ai tracé son itinéraire, le conduisant tour à tour du versant lorrain en Alsace, lui faisant ainsi remonter toute la chaîne en zigzag, depuis le ballon d'Alsace, jusqu'au Donon.

Ici, dans ce pays plat comme un tapis de billard, mon esprit le suivait à travers les montagnes et les forêts sombres, et, en contemplant les arèquiers des villages annamites, je songeais aux sapins de la Schlutt, aussi droits, aussi verticaux, mais combien différents !

.. Il ne faut pas que mon frère se figure, parce que je connais la France, que je puis m'en désintéresser.

Sans doute j'ai vu et je vois encore de beaux spectacles. Les montagnes et les forêts de Ceylan ont un aspect grandiose ; les petites îles du détroit de Malacca sont bien charmantes ; les immenses déserts de l'Arabie, sans un filet d'eau ; les rizières de la Cochinchine, toutes coupées au contraire d'arroyos innombrables que sillonnent les jonques aux voiles de paille, présentent, malgré leur monotonie, un coup d'œil original.

Mais rien de tout cela ne vaut pour moi une de ces petites échappées de nos campagnes normandes, et je préfère la Marne à tous les Song-Koï, Donnaï ou Meïkong de la création.

Le Fleuve-Rouge, avec son énorme masse d'eau coulant au milieu d'un pays à végétation luxuriante, et dominé dans le lointain par les montagnes bleues de la frontière de Chine, me charme moins que le Thérain ou l'Auron, ces filets d'eau de l'Isle de France et du Berry, sur les bords desquels on voit de si riantes prairies, de si jolis bois, de si gracieux clochers de village.

A la longue, voyez-vous ? les yeux se fatiguent de cette verdure immuable, de ces arbres gigantesques, de ces feuilles immenses, de ces lianes énormes, qui poussent partout, là où l'homme n'a pas encore transformé le sol en vaste rizière, en champ de cannes à sucre ou de mûriers. Et avec attendrissement on songe à nos forêts moins épaisses, à nos arbres moins vigoureux dont les feuilles meurent et renaissent, nous ramenant le renouveau, l'espérance ; on aime ces douces campagnes où l'on peut s'asseoir en toute sécurité.

Qu'on est loin de ce repos quand, placé en pointe d'avant-garde, on fouille du regard les humides cavernes de verdure des sombres halliers, sous lesquelles peut-être un Chinois accroupi vous met en joue ! Le brave bûcheron ou la vieille ramasseuse de bois mort, avec qui on échange un affable bonjour, qu'ont-ils de commun avec le Muong demi-nu, dont la brusque apparition, au détour d'une sente, vous fait mettre la main au levier de votre fusil, et armer d'un coup sec ?

On me répondra que cela est inhérent à l'état d'hostilité où nous vivons et qu'il en serait de même, en Europe, entre deux pays voisins et en guerre. Sans doute ; mais, en Europe, ce serait accidentel et passager : Ici, de temps immémorial, la piraterie est un mal endémique. Non ! les autres pays ne valent pas l'Europe, encore moins la France.

Et cependant nous la quittons !

DANS LA BROUSSE.

(Collection du comité Dupleix.

Jean est parti, parti comme moi ; mais dans quelles conditions différentes !

La vie qu'il va mener ne saurait être bien pénible. A bord de la *Neustria*, des Chargeurs-Réunis, il sera traité comme officier, en attendant de le devenir. Du reste, s'il traverse des heures rudes, que lui importe ? Avec son caractère stoïque, il endurerait mille privations sans se plaindre ; puis, il est si vigoureux et si peu fier ! Excellentes conditions pour son état !

Dans l'armée, en paix surtout, le plus méchant petit caporal, durant une corvée, croirait indigne de son rang de prêter main-forte à ses soldats. Dans la flotte, un premier maître (adjudant) presque toujours médaillé, souvent chevalier de la Légion d'honneur, prend le balai, comme chose toute naturelle, et montre aux jeunes marins à briquer le pont. Qu'on exécute une manœuvre difficile, les seconds maîtres halent sur la corde, et leurs hommes, à qui ils viennent en aide, n'ont pas pour eux moins de respect. C'est surtout au commerce que chacun met la main à la pâte, et un officier, — plus encore un apprenti officier ou pilotin, comme est Jean, — doit être capable d'exécuter ce qu'il commande à ses matelots.

Mais, je le répète, vu son caractère, Jean n'a pas besoin de mes leçons. Souvent je songe à lui.

Je songe aussi combien il est drôle que vous n'ayez que deux fils qui, vous aimant beaucoup et se trouvant à la maison aussi heureux qu'on puisse l'être, aient cependant tous deux abandonné cette maison, pour courir les mers.

A quoi cela tient-il ?

Tenez ! cette question réveille en moi un souvenir, le souvenir du docteur Henri Favre. Vous vous rappelez, n'est-ce pas ? combien il nous amusait, Jean et moi, lorsqu'après la lecture d'un livre de papa, qui fit grand bruit et auquel le docteur consacra un bel article, dans son journal, *La France médicale*, il lui disait ou plutôt lui criait avec enthousiasme : « Mon ami, je salue en vous *un Celte*. Oui, vous êtes un *vrai Celte !* » Nous l'avions donc surnommé *le Celte*, sans nous douter que nous en étions comme lui. Or, vers cette époque, un jour où j'étais en train, en sifflotant, de tracer une grande carte, le docteur, qui suivait avec affection mon travail des yeux, me demanda brusquement :

« A quoi penses-tu, en dessinant ainsi ? » — « A rien, » lui répondis-je, et c'était la vérité. Mais lui, alors : « C'est bien cela !
Pas la moindre réflexion ; seul l'instinct le guide. Voyez cet enfant, il jubile et il excelle, à tracer des contours de pays lointains, où son imagination s'envole. — Ah ! Madame, c'est encore
un vrai Celte, celui-là ! Il ne restera pas attaché aux jupons maternels ; vous aurez beau vouloir le retenir : il s'en ira au Nord,
au Midi, au Levant, au Ponant. Souvenez-vous de mes paroles[1].»

Comme le profond et savant pronostiqueur gesticulait beaucoup, cela me faisait rire. Je ne comprenais guère la portée de
son discours ; aujourd'hui je commence à comprendre.

Ce qui distingue et pousse le Celte, c'est le besoin de mouvement, d'action. Le repos dans la case, l'anéantissement dans le
Nirvana, si chers aux races de l'Extrême-Orient, ne répondent
nullement à nos aspirations.

C'est si vrai que le repos auquel on nous contraint à Hanoï,
me fatigue, me lasse, et je ne forme qu'un vœu : partir bien
vite en colonne.

Le moment, d'ailleurs, devient propice. L'hiver nous arrive
à grands pas. Cette nuit, quoique enveloppé dans un couvre-pieds, et tout en ayant conservé pantalon de flanelle, gilet de
flanelle, vareuse, ceinture, comme j'étais, sur mon pauvre matelas, près de la fenêtre mal close, j'avais froid ; il m'a fallu
prendre un deuxième couvre-pieds.

Le jour, dans l'après-midi, on peut encore supporter le pantalon de toile ; seulement, dès le coucher du soleil, il faut se
mettre en flanelle ; on est habitué à une si grande chaleur que

---

[1] Ce savant anthropologiste eut une pénétration des hommes et des choses
qui frappa les esprits les plus éminents, qu'ils fussent républicains comme lui
ou monarchistes. C'est ce que rappelait, il y huit ans, *le Figaro*, au sujet
du drame *La Femme de Claude*, dont Henri Favre avait fourni l'inspiration
à l'auteur, son ami Alexandre Dumas fils. — L'article du *Figaro* portait ce
titre : *Un oublié*.

Mais est-il si *oublié* que cela, cet octogénaire plein de verdeur ?

Le 28 mai 1903, dans la *Libre Parole*, M. Drumont, parlant des fameux
portraits du vieux roi Guillaume, du prince royal, de Bismarck, de De Moltke,
tels que les a peints, un peu après nos désastres, Alexandre Dumas fils, en
ses retentissantes *Lettres de Junius*, M. Drumont ajoute : « Derrière Alexandre
Dumas, il y avait le merveilleux physionomiste, l'intuitif, le voyant qu'est le
docteur Favre, ce magicien de la parole. »

la capote même n'est point superflue. Et cependant, aujour-
d'hui, à 6 heures du matin, il faisait 8° centigrades.

Aussi, je plains les malheureux qui, après deux ou trois ans
de Tonkin, rentrent en France, au milieu des neiges de décembre
et de janvier. Plus d'un, échappé aux balles, atteint aujourd'hui
de dysenterie ou de diarrhée chronique, mourra peut-être au
foyer paternel.

Si vous aviez vu, il y a deux jours, un convoi de quatre-vingts
malades, des Légionnaires descendus de Tuyen-Quan, où se trouvent seulement deux compagnies : ils faisaient pitié. Ce sont
pourtant des hommes vigoureux, des Allemands, des Suisses
des Flamands, acclimatés déjà par un séjour en Algérie. Ils se
changent ici en spectres.

Moi, je me porte toujours admirablement ; les chaleurs
m'avaient un peu fatigué; ce froid me remettra.

Si, au lieu d'y être si mal logés, si mal couchés, parfois même
si mal nourris, nous étions dans des conditions normales, le
Tonkin serait, je crois, la moins malsaine de nos colonies, grâce
à cet hiver bienfaisant.

Comme cette lettre vous arrivera vers le 20 décembre, je vous
y souhaite une bonne année. Puisse continuer longtemps, longtemps votre vie si heureuse ! Lorsque vous penserez à moi, que
ce soit sans crainte ni inquiétude. Je vous embrasse tous mille
fois et de tout cœur.

P.-S. — J'allais oublier une récente acquisition :
Deux jolies perruches, une verte, une rouge. En France, je
crois bien que la rouge vaudrait de 40 à 50 francs; ici, les deux
m'ont coûté 35 sous. Quand j'irai en colonne, je les laisserai aux
soins d'un camarade, sergent à l'infirmerie, et j'espère bien pouvoir vous les rapporter à la maison. Elles commencent à s'ap-
privoiser, mangent du pain que je leur présente entre mes lèvres
et sont adorables de gentillesse.

Garcin.   8

CHAPITRE IX

Premier débloquement de Tuyen-Quan — Combat de Yuoc — Sur la Rivière Claire à la garde d'une canonnière échouée — La famine.

Rivière Claire, 14 décembre 1884.

Quand vous recevrez — si vous la recevez jamais — cette pauvre lettre, écrite au crayon, il y aura six semaines que vous n'aurez eu la moindre nouvelle de moi.

Ne me l'imputez pas à crime. Depuis de longs jours je vis comme un sauvage, au milieu d'un pays hanté seulement par des tigres et les Pavillons-Noirs. Sans relation avec Hanoï, si, aujourd'hui, je ne vous écris pas plus longuement, c'est qu'il est à craindre que le messager qui portera ce pli ait la tête coupée par les Chinois.

Je retiens donc, attendant une occasion sûre pour les faire partir, deux lettres fort longues, un vrai journal, où vous pourrez lire notre malheureuse odyssée, qui dure depuis un mois et ne touche pas à son terme.

Nous avons subi toutes les privations, la faim surtout. Etre encore en vie, c'est une chance ; se porter bien, c'est-à-dire un peu moins mal que ses compagnons de misère, c'est un miracle. Mais, je ne dois pas me plaindre de ce qui est inhérent au métier. J'ai voulu être soldat, soyons-le jusqu'au bout !

Ne pouvant vous exposer ici, — ce que j'ai fait ailleurs, — le détail ne nos aventures, je me bornerai à la simple notation des actes principaux.

Le 14 novembre, nous quittions Hanoï pour Tuyen-Quan, afin de débloquer cette place.

Le 19, après un vif combat, le combat de Yuoc, contre les

Pavillons-Noirs, où ceux-ci avaient sur nous l'avantage des positions, nous entrions dans la citadelle.

Les 20, 21, 22, opérant des sorties, nous rejetions au loin l'ennemi resté menaçant.

Le 23, après une rude marche dans la forêt, lorsque enfin on put croire que, ayant «donné de l'air à la place», notre mission était finie, nous embarquions sur l'*Éclair*, pour rentrer à Hanoï.

Mais soudain, à 20 kilomètres plus bas, nous trouvons la canonnière la *Bourrasque*, échouée sur un banc, avec la *Mutine* auprès d'elle, comme garde. Et ma compagnie désignée pour prêter renfort, nous restons là, un peloton sur chaque canonnière.

Aujourd'hui, nous sommes descendus de nos habitations flottantes pour construire un fortin au sommet d'un mamelon dominant le mouillage des navires.

Jusqu'à cette heure, on ne nous a pas inquiétés; mais de nombreuses troupes chinoises errent aux alentours. Nous sommes donc sur le qui-vive.

Vous ne sauriez croire combien ce danger perpétuel, à l'approche du jour de l'an, donne la vision de la famille.

Lorsque, la nuit, ma ronde terminée, sous la pluie froide, je reviens au poste ; que, devant le feu de bambou qui éclaire mes hommes enroulés dans leurs couvertures, je sèche mes pauvres habits : « Ils passent une soirée bien calme, me dis-je. Les voilà réunis autour de la grande lampe, avec un bon feu dans la cheminée ; ils ont fait un bon petit dîner, et moi, si je veux tromper ma faim, je n'ai là, dans ma musette, que quelques morceaux de biscuit pourri. » Et, quand je m'étends à mon tour sur les tas d'herbes humides, tandis que les gouttes, au-dessus de ma tête tambourinent sur les feuilles de bananier qui nous protègent un peu, souvent j'essuie une larme, en pensant à vous.

Et qu'un de mes hommes se soulève, vienne lentement près du foyer et l'attise d'un coup de pied, parfois la flamme, éclairant son pâle et maigre visage, me fait voir ses yeux rougis : lui aussi, le pauvre garçon, se rappelle les siens, la maison paternelle.

Mais, si par instant, j'ai le cœur ému, je vous le demande en grâce, ne vous inquiétez pas sur moi. — Je viens de subir la misère : cela ne m'a point démoralisé ; j'ai au contraire la ferme conviction que vous verrez mon retour et que les épreuves n'auront servi qu'à me rendre plus fort.

P.-S. — Eh ! que je ne l'oublie point : Du combat de Yuoc j'emporte deux choses minimes, mais ayant pour moi plus de prix que bien des curiosités de valeur.

C'est la natte d'un Chinois. Je l'ai tout simplement, ou mieux très-difficilement, coupée avec mon couteau, sur son corps, étendu dans la brousse ; puis, un grand drapeau triangulaire de soie noire, tout bordé de petits losanges en soie blanche, rouge, brune. Il est curieux. J'eusse bien voulu l'avoir ravi aux mains vivantes de l'homme qui le portait. Il m'est interdit de m'attribuer tant de gloire. Je l'ai tout bonnement pris entre trois cadavres de Pavillons-Noirs qu'avait foudroyés un de nos feux de salve. Trophées modestes, ils me rappelleront un jour nos aventures à Tuyen-Quan.

Rivière Claire, 2 décembre 1884.

Voici une lettre interminable. J'attends pour l'envoi une occasion propice ; or, elles sont rares, au milieu des forêts de cette province, où les bureaux de poste sont absolument inconnus.

J'ai à vous raconter bien des faits qui, je l'espère, vous intéresseront.

Le 13 novembre, au soir, à Hanoï, un camarade me dit : — « Demain nous partons pour Tuyen-Quan, dont la garnison est harcelée par les Chinois. »

Le 14, au matin, ordre des préparatifs. Fourrer dans son sac un peu de linge, quelques petites conserves ; rouler son couvre-pieds ; revêtir les effets noirs, tout cela est vite fait, et, au bout de cinq minutes, en marche ! en marche au besoin, vers le fond de la Chine !

La 25e et la 28e compagnie du 1er régiment, sous les ordres du chef de bataillon Bouguié, sortent de la citadelle ; on nous embarque sur quatre grandes jonques remorquées par des canonnières, et nous nous dirigeons vers Sontay.

La canonnière la *Bourrasque* remorquait les deux jonques portant ma compagnie ; la *Mutine* suivait avec la 28e.

Jusqu'à Sontay, un seul petit incident :

Près d'un poste, abandonné aujourd'hui, le poste de Palan,

aux colonnades de pierre blanche placées devant sa pagode, la vigie signale une jonque traversant le fleuve et pleine d'hommes armés de lances. Notre chef de bataillon et le commandant du bord regardent : ils ne voient là que de paisibles cultivateurs ; ce que la vigie a pris pour des lances sont de simples perches de bambou. On laisse donc passer la jonque. Mais, sitôt débarqués, les paysans inoffensifs déploient un étendard rouge et agitent, des sabres, de la façon la plus provocante. Ah ! Ah ! c'est ainsi ! attendez ! Deux marins grimpent à la hune, et pif ! paf ! trois coup de hotchkiss ; les petits obus éclatent au milieu des bandits, qui se précipitent dans un champ de cannes à sucre. Bientôt cependant les plus audacieux reviennent : un peloton de Turcos à bord de la *Bourrasque* exécute quelques feux de salve, et, à cinq cents mètres de nous, on voit les pirates tomber ou s'enfuir.

Nous poursuivons notre route.

A Sontay, arrêt d'un instant. Les Algériens restent là. Nous continuons, nous, à remonter le fleuve jusqu'à Bac-Hat, au confluent de la Rivière Claire. Dans ce trajet de six heures, nous rencontrons seulement plusieurs cadavres décapités, que les eaux du fleuve roulent vers la mer et, comme toujours, de nombreuses jonques, des sampans montés par des indigènes ; la guerre ne les arrête donc ni dans leur pêche ni dans leur négoce.

A Bac-Hat, arrêt plus long, débarquement. Je suis commandé de garde. Je passai la nuit, à 500 mètres du village, sur une digue. Le *crachin* me fouettait sans interruption et transperçait mon couvre-pieds ; la boue filtrait à travers les feuilles de latanier dont je m'étais fait un lit. Feuilles curieuses ! Avec leurs canelures rayonnant du centre, elles ressemblent à ces éventails de papier que, au moyen de deux lamelles de bois, on déploie en rond ; seulement les feuilles de latanier sont larges de près d'un mètre.

Impossible de dormir. J'avais avec moi plusieurs jeunes soldats. L'un d'eux, un Breton, et cela m'étonne, placé en faction, tressaillait au moindre bruit, au moindre choc. A un moment, il me fit bondir de ma couche, en criant : « Aux armes ! »

— « Qu'est-ce donc ?

— « Sergent, voyez : au loin, le long de la digue, s'agitent des lumières. »

Je regarde ; ce que le pauvre garçon prenait pour des fanaux lointains, c'étaient des mouches à feu, voltigeant à quelques pas. Je ne le grondai guère, car la méprise est facile, quand on n'est pas habitué à ces lucioles, si étranges pour nous.

Le matin, la pluie continuant, je venais de faire construire, en bambous, paille de maïs et feuilles de latanier, un bon abri pour tout le petit poste, quand on vint nous relever, et je reçus l'ordre d'aller, sur la *Bourrasque*, rejoindre une demi-section dont le sergent était hospitalisé. Cette section n'était pas la mienne ; mais qu'importe ? Tous les *marsouins* se valent. Seulement quel rôle avait-elle à jouer ? — Un rôle tout passif.

Ses hommes devaient simplement renforcer la mousqueterie de la *Bourrasque*, ne pas débarquer devant les Chinois, laisser à d'autres l'honneur d'enlever leurs positions.

Désolé d'être séparé de mes deux escouades, qui devaient combattre d'une façon effective, j'allai poliment porter ma plainte à mon capitaine. Il me reçut avec brusquerie, même brutalité..... Que voulez-vous, ma chère maman ? Commandé, il faut obéir. Je m'installai donc sur la canonnière.

A ce moment l'*Eclair* venait de nous rejoindre. Elle amenait d'Hung-Hoa deux compagnies de légionnaires, une section d'artillerie de marine et un peloton de Tonkinois. Notre colonne dès lors au complet, la flottile appareille sans retard et nous emporte vers la haute Rivière Claire.

Marins et soldats, nous sommes tous sous le commandement du lieutenant-colonel Duchène, de la légion étrangère. — Ne pas confondre avec Dugenne, l'imprudent héros de Bac-Lé. — L'autre est un officier supérieur qui se possède. Détail curieux : vêtu d'une vareuse de soldat d'infanterie de marine, coiffé du casque de troupe, il ne porte aucun insigne de grade ; soyez tranquille, on ne lui en obéira pas moins.

C'est qu'on a confiance en lui, et, en campagne, la confiance est peut-être le plus fort soutien des troupes. Nous en avions d'autant plus besoin que les nouvelles reçues étaient mauvaises.

Deux jours avant, la *Trombe*, canonnière semblable à l'*Eclair*, un peu en aval de Tuyen-Quan, avait eu, sur ses 35 hommes d'équipage, 2 tués, 8 blessés.

Mais voici un sampan qui descend le fleuve, passe près de nous, s'arrête et nous captive au plus haut point. Il vient d'une petite canonnière, le *Revolver*, — laquelle, pour comble de malchance, s'est échouée en amont, mais pour le quart d'heure se trouve hors de péril. — Le *Revolver* a subi l'attaque des Chinois; l'enseigne de vaisseau qui le commandait, M. Testu de Balincourt, a été atteint, peu grièvement par bonheur, de trois balles, et, sur les 15 hommes de son bord, il y eut 1 marin tué, 6 blessés.

Ce sont les blessés que porte le sampan; c'est M. Testu de Balincourt lui-même qui nous fournit ces détails. Il ajoute que 1500 ou 2,000 Pavillons-Noirs nous barreront le chemin de Tuyen-Quan; qu'ils coulent déjà, vis-à-vis de leurs tranchées, des jonques, pour obstruer le fleuve; que d'autres Chinois, enfin, cernent de près la citadelle.

Dès lors, pressant devoir de courir au secours.

Que craindre, d'ailleurs? Nous sommes en forces. Trois puissantes canonnières, 600 hommes d'infanterie, soutenus par deux pièces de montagne. Donc, en avant sur la Rivière Claire!

Ce grand courant mérite bien son nom, par l'eau verte et claire qui roule entre ses rives herbeuses. Oui, son onde est très limpide; mais gardez-vous d'en boire: en passant sur des couches de cuivre, elle s'est empoisonnée. Près de son confluent avec le Fleuve Rouge, les bords sont plats; un peu plus loin, les collines surgissent; alors, plus de villages, plus de cultures, mais des berges couvertes d'arbres, murailles verdoyantes de bambous, de bananiers, d'arêquiers, entre lesquelles apparaissent des groupes de cases, depuis longtemps désertes, brûlées par les bandits chinois, envahies par la brousse.

Et nous filons à travers ce paysage.

L'*Éclair* en tête. Grâce à son faible tirant, elle peut passer partout; mais, de temps à autre, elle s'assure, avec la sonde, si les canonnières à hélice, la *Bourrasque* et la *Mutine*, qui calent 1ᵐ,20, peuvent s'engager dans son sillage.

Une chaloupe du commerce, montée par un équipage chinois, mise en réquisition, le *Sontay*, se mêle à l'escadrille; elle remorque une grande jonque, chargée de soldats; collée au flanc de la jonque, elle rappelle ces petites fourmis qui vont à leur fourmilière, traînant une grosse mouche.

D'autres jonques sont remorquées par l'*Eclair*. Nous, avec la *Bourrasque*, formons l'arrière-garde de la flottille.

A 15 kilomètres du passage où est signalé l'ennemi, on débarque sur la rive droite les troupes qui doivent combattre ; les canonnières suivent la colonne, réglant leur marche sur un grand pavillon à carreaux blancs et rouges, qui, dans le langage des signaux, signifie : *Aperçu*. On le porte au bout d'une hampe, tout grand déployé, et nous, de la *Bourrasque*, nous le voyons, seul, cheminant au-dessus des hautes herbes ou à travers les grands arbres.

On marchait lentement, vu le sentier si étroit que la colonne, en file indienne, occupait bien une longueur de 1 kil. 500.

Le soir, canonnières et troupes, tout le monde s'arrête. Nous apercevons, dans le lointain, à un coude de la Rivière Claire, la colline au pied de laquelle les Pavillons-Noirs étaient retranchés. C'est Yuoc, leur centre de résistance, en aval de Tuyen-Quan.

L'heure de l'action est venue.

Déjà, à notre bord, le lieutenant de vaisseau avait commandé : « Chacun à son poste pour le combat ! » Les canonnières ouvrirent le feu à 5,800 mètres sur les tranchées invisibles à l'œil nu ; mais, avec leurs lunettes d'approche, les officiers de marine pouvaient observer la chute de nos projectiles, et, au besoin, rectifier le tir.

Nous avions là, pour chef de pièce, un vieux matelot dont chaque coup portait. En ses vingt-sept ans de service, ce marin, un colosse barbu, avait assisté à maint bombardement, et son métier était pour lui un sacerdoce. Largement fendu sur ses jambes, le cordon tire-feu dans la main droite, il visait avec lenteur ; puis, d'un geste souverain de la main gauche, il indiquait aux servants de pointer plus à droite ou plus à gauche, plus haut ou plus bas, et lorsque ces derniers, leurs mains sur les roues de pointage, avaient dirigé la volée du canon selon ses ordres, lui, d'un mouvement rapide, se redressant sur ses jambes et rassemblant en arrière, il faisait feu.

Comme le vent dissipait vite la fumée de la poudre, nous pouvions voir, au loin, d'abord une vive gerbe de flamme, puis un petit nuage blanc : c'était l'obus qui éclatait, soulevant la poussière, faisant voler des fragments de la casemate, emportant, sans doute, jambes, bras et têtes de ses défenseurs.

A la nuit, le feu cessa. Les Chinois se doutaient-ils du débarquement du bataillon? Croyaient-ils avoir à faire aux seules canonnières? Toujours est-il que, peut-être dans le but de nous attaquer par la rive gauche, peut-être nous croyant échoués, des sampans nous approchèrent doucement pendant la nuit. Mais, à bord, les factionnaires veillaient. Quand ils aperçurent deux ombres sur le fleuve et, sur la rive gauche, une lumière vacillante, ils donnèrent l'alarme; un coup à mitraille fut tiré dans la direction des sampans.

Il était minuit alors. Je m'étais endormi sur le pont, non loin de la pièce de chasse, quand son coup partit. Quel réveil-matin formidable! Je bondis, le fusil à la main. Subissions-nous une attaque nocturne? Les troupes, à terre, réveillées aussi en sursaut, purent le croire. A nous, tout fut vite expliqué. Quant au coup de canon, il dut tout au moins convaincre les Chinois de notre vigilance.

Les troupes attendaient le jour pour l'attaque des positions. On était, à 2 kilomètres en avant, dans une petite plaine couverte de hautes herbes.

Afin d'y rester inaperçu, défense d'allumer la moindre cigarette, le moindre feu; donc, pas de cuisine. Fort bien! Mais défense également d'ouvrir une seule boîte d'endaubage; on ne le pourrait que le lendemain, vers midi, après le combat. Les hommes, depuis 9 heures du matin, avaient à peine grignoté un biscuit. Pourquoi les empêcher de réparer un peu leurs forces et les lancer en avant le ventre creux?

Dès 5 heures, on se lève; on est prêt.

Une section de la 28ᵉ compagnie, formant la pointe, s'engagea dans un étroit sentier broussailleux; les autres sections, le gros de l'avant-garde, s'avançaient par derrière. On venait de franchir un ruisseau, quand soudain, de la rive gauche, d'où les Chinois observaient nos mouvements, partent à intervalle trois coups de fusil.

C'était un signal.

Au même instant, deux éclaireurs de notre extrême pointe tirent sur une sentinelle double; une fusillade, derrière un buisson, les couche eux-mêmes en travers du sentier; un feu roulant s'ouvre à 50 mètres de nous, et le sous-lieutenant

Schuster, frappé d'une balle au cœur, couvre de son corps le corps du clairon, qui vient d'avoir la gorge traversée. Nos hommes tombent de toutes parts sur ce maudit chemin, qui se rougit de sang.

Aussitôt, les autres sections de la 28e et la 25e se déploient sur la droite, exécutant des feux de salve ; tandis que la Légion étrangère, sur la gauche, envoie des feux de compagnie sur les Pavillons-Noirs, dont les fumées de la poudre, filtrant à travers les arbres et broussailles, révèlent l'emplacement. Dans les gorges se répercutent d'énormes détonations. Ce bruit va grandir.

A 200 mètres environ, s'installent les deux pièces de 4 d'artillerie de marine, que, toutes démontées, portées à dos de coolies, on a remontées promptement. Leurs petits obus éclatent sur les tranchées des Chinois et sur une pagode qu'ils occupent.

L'artillerie des canonnières allait, d'autre part, apporter son concours. Elles s'étaient rapprochées à 3,300 mètres. C'était trop loin encore pour que leur canons-revolvers, dont les hausses sont graduées à 2,400 mètres, pussent entrer en action. Aussi, le commandant de la *Bourrasque*, brave lieutenant de vaisseau, décoré dans la campagne de 1870-71, et le valeureux commandant Leygues, de l'*Éclair*, demandaient-ils qu'on se portât plus haut ; leur collègue, leur ancien, le commandant de la *Mutine*, ne le permit point ; vu les basses eaux, il craignait qu'on s'échouât.

Mais nos autres canons pouvaient parler.

Un fourrier, escorté de deux soldats, vint sur la berge nous crier, de la part du colonel, de diriger le feu sur le grand banian qu'on apercevait aux flancs du mamelon. Les Chinois y avaient établi des tireurs.

Je l'ai vu ensuite de près, ce géant de la forêt tropicale. Entre ses branches, sur une plate-forme de lattes de bambous, où l'on montait par une échelle, s'étaient installés une vingtaine de Pavillons-Noirs. Eh bien ! l'un de nos obus à balles fit explosion juste au milieu de cette plate-forme. Quelle dégringolade des tirailleurs célestes !

J'ai pu voir les blessures des énormes branchages fendus, les larges plaques d'écorce enlevées, ces blessures blanches, éclaboussées du sang rouge des blessures humaines. La grande échelle aussi, aux montants d'arèquiers, aux barreaux de bambous, était toute teinte du sang des blessés et des morts qu'on avait descendus de l'arbre.

Très sensible dut être aux Pavillons-Noirs la dislocation de ce poste aérien. N'importe ! ils tenaient bon, quand un mouvement ordonné par le colonel vint leur porter un coup décisif.

Tandis que les canons faisaient leur œuvre, il était impossible à nos troupes, vu les sentiers étroits, de s'avancer de front, et, couchées, abritées tant bien que mal, elles continuaient leur feu.

C'est alors qu'une compagnie de la Légion reçut l'ordre d'opérer un mouvement tournant. A travers la forêt, les fougères arborescentes, les lianes énormes encombrant le chemin, la compagnie Moulinet l'accomplit avec autant de succès que de hardiesse et, prenant l'ennemi en écharpe, elle lui envoya quelques feux de salve. C'était surtout pour avertir les troupes restées devant qu'elles pouvaient tenter l'assaut final.

Soudain, tout change ; aux détonations régulières succède le vacarme d'un feu rapide, puis la mousqueterie fait silence. Ce sont les clairons qui sonnent la charge, c'est l'instant où nos soldats se précipitent à la baïonnette sur les Pavillons-Noirs.

Ils ne nous avaient pas attendus. Nos troupes victorieuses trouvèrent leurs tranchées toute vides : des étuis de cartouches, quelques grands chapeaux, des lambeaux d'étoffe, c'était tout. Par les sentiers ténébreux, sous l'immense voûte de verdure, tout le monde avait fui. On entendait seulement, au loin, dans les profondeurs du bois, les cris des blessés que des coolies muongs emportaient, en courant, sur leurs civières de bambous.

Tel fut le combat de Yuoc, le 19 novembre. Mais Yuoc était une simple étape, Tuyen-Quan le but. Par bonheur, nous venions de détruire l'obstacle qui séparait les défenseurs de la place de tout le corps expéditionnaire. Sans peine, on allait les rejoindre.

Pour moi, qui, durant l'action, avais dû rester tristement sur ma canonnière, serais-je du voyage ? A cause de son tirant, la *Bourrasque* ne pouvait remonter le fleuve. Allait-on nous y laisser en panne ?

Heureusement, je reçus l'ordre d'embarquer avec mes dix-huit hommes et mes deux caporaux sur une jonque que remorquait le *Sontay*. Une demi-section de Légionnaires venus de la *Mutine* y prit place. Le *Sontay* suivit l'*Éclair*. En route! disions-nous d'un cœur allègre. Et cependant, chose triste, nous n'avions pas combattu : nous arrivions comme les carabiniers de l'opérette.

Nous passâmes devant les fortifications chinoises du bord du fleuve. Elles n'occupaient pas moins de 500 mètres en longueur, et c'était une ligne formidable.

De son côté, la colonne était partie, suivant la berge. Elle n'arriva à Tuyen-Quan que vers minuit et fut reçue à la lueur des torches par ceux qu'elle venait de délivrer.

Derrière elle, tout flambait : le camp des Chinois et le village d'Yuoc. Les grands arbres tordaient leurs branches noircies, les bambous des cases éclataient avec bruit ; à ce fracas se mêlaient parfois les explosions des cartouches abandonnées par les Célestes et atteintes par l'incendie.

Nos blessés étaient en ce moment sur le pont de l'*Éclair*. Je les vis lorsque, sur le soir, nous abordâmes la canonnière. Un lieutenant de la légion, M. Gœury, le bras en écharpe, vint à moi :

« — Ah ! sergent, me dit-il, nombre de vos camarades se sont conduits en braves. Un petit sergent est tombé raide, non loin de moi, en commandant un feu de section. Il venait de prononcer : « Joue!... attention!... » ses soldats, étonnés de ne pas entendre le dernier mot : « Feu ! », se retournent et le voient étendu ; il venait de recevoir une balle dans sa bouche, toute ouverte.

« — Et quel est son nom ?

« — Le Gall.

« — Ah ! m'écriai-je, pauvre petit Breton, que j'aimais bien ! Dire qu'il n'avait que 19 ans ! Et moi je suis tout honteux d'être resté sur la *Bourrasque*, loin des coups. Pourtant, mon lieutenant, je ne crois pas avoir mérité qu'on me séparât ainsi de mes camarades.

« — Votre tour viendra, soyez-en sûr, d'être en première ligne. Du reste, votre rôle sur les canonnières aurait été important, si elles avaient été attaquées. »

M. Gœury me quitta, en me serrant la main pour me consoler ; je m'approchai alors de chacun de mes camarades blessés, couchés sur le pont, et à qui les marins avaient donné leurs propres matelas.

Le fourrier de la 28e avait le bras rompu et la figure labourée par des éclats de bois ; l'adjudant Paillé, de ma compagnie, avait la cuisse brisée ; je le plaignis bien, cet excellent garçon. Un soldat, un caporal de ma section étaient tués.

Mon caporal, un pauvre engagé nommé Amiette, avait été lui aussi atteint d'une façon étrange. On exécutait des feux de section à genoux. Après chaque salve tirée, attendant un nouveau commandement, les hommes, ayant rechargé, se tenaient fusil droit devant eux, crosse à terre, appuyés des deux mains sur l'arme. Le caporal se trouvait dans cette position, la gauche de son corps touchant un tronc d'arbre.

A un nouvel ordre de mettre en joue, les hommes abattent leurs armes ; lui ne bouge pas.

« Eh bien, Amiette, épaulez-donc ! » lui dit un sous-officier. Amiette reste immobile. « Voulez-vous épauler ? » répète le sergent, et il pousse le sac du caporal. L'équilibre est rompu, l'homme roule : il était mort !....

Nous avions en tout 25 blessés et 8 tués. A la 28e compagnie seule incomba les quatre cinquièmes des pertes.

Le lendemain matin, nous arrivions à Tuyen-Quan vers 11 heures. Après combien de lenteurs et de difficultés ! On s'était échoué quatre fois sur les bancs de sable. Sans la canonnière la *Mitrailleuse,* descendue de Tuyen-Quan pour nous déséchouer, je crois que nous y serions encore.

Enfin nous voilà au but ; mais presque aussitôt, sans nous laisser le temps de voir les lieux, d'entendre les hommes, on nous fait partir en reconnaissance.

Même chose le lendemain et surlendemain.

Chaque fois on brûlait des villages ; on cherchait à ouvrir par le feu de larges trouées dans les forêts des alentours.

Les Chinois nous laissaient agir. Le célèbre Lhu-Vinh-Phuoc s'était retiré au Nord, dans de hautes montagnes aux bois sombres, qui dominent Tuyen-Quan et où il n'eût pas été prudent de chercher à l'atteindre. Il était en forces et conservait un grand prestige.

Cependant, deux Pavillons-Noirs, superbes gaillards, très proprement vêtus, vinrent se rendre à nous. On aurait dû, me semble-t-il, les garder avec soin et tirer d'eux d'utiles renseignements. Eh bien ! on les fusilla au bord de la rivière. C'était une violation des lois de la guerre. Que les Chinois en donnent l'exemple, ce n'est pas à nous de les imiter [1].

Ce fait inepte et inique m'attrista.

Quelque chose nous réjouissait le cœur. C'était, le soir, à notre retour, l'accueil admirable que nous faisait la garnison. Quelle gratitude chez ces deux braves compagnies de Légionnaires que nous venions de débloquer ! Malgré leur peu de ressources, elles s'ingéniaient de mille façons pour nous être agréables.

Nous, les sous-officiers de l'infanterie de marine, nous avons été accaparés par les sous-officiers de la Légion, garçons charmants et, je vous le jure, pas communs du tout. Jugez-en par ce fait : Dans une compagnie, sur huit sergents, six étaient d'anciens officiers des armées étrangères. Le fourrier était un ancien officier d'administration ; un simple caporal avait, deux ans avant, porté l'épaulette de lieutenant et les aiguillettes d'officier d'ordonnance d'un général français.

Comment tous ces hommes étaient-ils venus là ? Quelque coup de tête, quelque histoire n'entachant en rien leur honneur les avait poussés, un jour, à démissionner ; puis, la nostalgie de l'uniforme les avait fait s'engager comme simples troupiers dans la Légion.

Avec de tels sous-officiers, des officiers excellents et des soldats vigoureux, parmi lesquels une foule de braves Alsaciens-Lorrains, une compagnie peut aller de l'avant. Aussi devons-nous l'avouer, la Légion étrangère est de beaucoup le premier

---

[1] De retour en France, en 1885, quand fut conclue la paix définitive, je lus dans les journaux qu'un échange de prisonniers capturés au cours des opérations avait eu lieu entre Français et Chinois.

Le fait me surprit vivement. Je n'oserais le mettre en doute ; tout ce que je puis dire c'est que, pendant cette guerre, je n'ai jamais vu, ni même entendu parler de prisonniers. Tomber entre les mains de l'ennemi, chacun connaissait la signification de ce mot. Pour nous, c'étaient des tortures atroces qui nous attendaient ; pour les Célestes, simplement, une balle dans la tête.

régiment de l'armée française. Bande de *condottieri !* dira-t-on ; soit ! mais de vrais soldats et, à l'occasion, des héros.

Or, je le répète, nous en avons besoin contre les Pavillons-Noirs.

Encore de la Rivière Claire, 6 Décembre 1884.

Ceci n'est que la continuation du même journal monotone, de la même odyssée ennuyeuse. Le seul moyen d'y introduire un peu de variété, me semble-t-il, c'est de répondre à une question que vous me poseriez, j'en suis bien sûr, si j'étais en face de vous.

— Que sont-ils donc, enfin, ces Pavillons-Noirs, dont aujourd'hui, en France, le nom est dans toutes les bouches ?

Ce qui aurait le plus d'attrait pour votre esprit, ce serait quelques notions sur leurs mœurs. Hélas ! je ne puis vous offrir que les notes arides d'un troupier, qui a pu seulement les voir dans leur costume, leur armement et leur manière de combattre.

La plupart sont grands et forts. Tous portent de larges chapeaux d'une paille assez fine, doublés de grosse soie bleue ; des kékouan (pantalons larges et courts) et des kéaos (blouses croisées à larges manches, échancrées du col) confectionnés avec une toile bleue, de fabrication européenne, semblable à celle des vêtements d'une foule d'ouvriers français. Pour le rendre imperméable, ils huilent leur costume.

Les habits en soie de leurs officiers n'ont ni ornement ni insigne. Cela les distingue des mandarins militaires chinois, qui portent des broderies, tandis que leurs soldats, les réguliers, ont sur le dos et la poitrine de larges soleils blancs et rouges, avec des inscriptions que seuls les sinologues savent lire et qui, je crois, indiquent leur province, leur régiment, etc....

L'armement des Pavillons-Noirs consiste surtout en Remingtons. Ce fusil offre un avantage à des tireurs sachant à peine se servir de la hausse et un avantage aussi à des gens qui négligent l'entretien de leurs armes, attendu que le mécanisme en est aussi solide que peu compliqué. Les Pavillons-Noirs ont, en outre, des Sniders, des Martini-Henry, des Winchesters... Pardon de vous donner ces noms-là, qui sont pour vous des mots et rien de plus. Ajouter des explications techniques ? Ce serait aggraver le mal.

ROUTE DE PHU-DOAN A TUYEN-QUAN (1884-85).

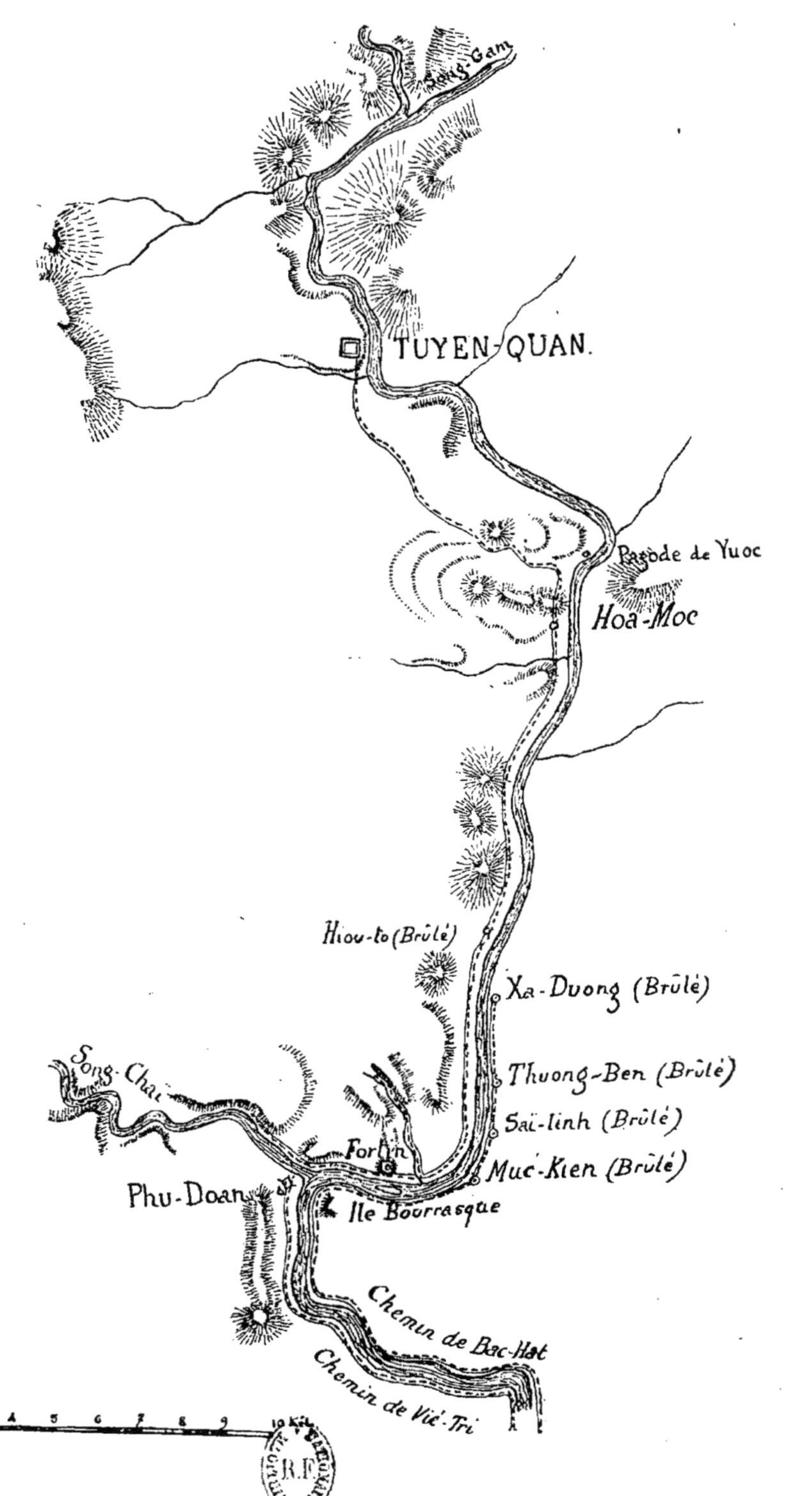

Les réguliers, eux, se servent du Mauser [1].

En somme, nos ennemis sont très bien armés. Heureusement pour nous, ils connaissent fort peu le maniement de la hausse, l'appréciation des distances, et, sauf dans le tir de plein fouet (à 100, 200, 300 mètres), leurs feux sont presque inoffensifs. Sommes-nous à 600 mètres, leurs balles passent à 10 ou 12 mètres au-dessus de nos fronts.

L'artillerie des Pavillons-Noirs est-elle plus redoutable ? Ils en sont pour ainsi dire dépourvus, n'ayant que quelques vieux et gros fusils de rempart, quelques espingoles, moins dangereuses que leurs armes modernes. Grande infériorité pour eux, car l'artillerie, qui sert tant pour son effet matériel, sert plus encore peut-être pour son effet moral : elle donne confiance aux troupes qu'elle appuie ; les autres sont plus vite démoralisées.

Mais, dans l'art militaire, ce n'est pas tout que fusils et canons : tranchées et casemates jouent un rôle non moins importants ; aux armes offensives, on oppose des ouvrages défensifs.

Tous ceux des Chinois que nous avons vus sont remarquablement construits et bien défilés.

Seulement, les Célestes ont le grand tort de ne pas découvrir en avant des fortifications une zone qu'ils pourraient balayer de leurs feux rapides et rendre presque infranchissable.

Ils savent, derrière des épaulements, se terrer, s'abriter à merveille, et, comme ils n'opèrent aux abords aucun débroussaillement [2], on vient, selon le style troupier, « se heurter le nez dessus ». C'est là un désavantage pour l'assaillant. Surpris, effaré, en face d'un ennemi inattendu, il se trouve enclin à tourner les talons. Cela est presque fatal avec des troupes peu aguerries et peu disciplinées. Mais, chez les nôtres, le mouve-

---

[1] C'est le fusil allemand, modèle 1871, analogue à notre Gras, modèle 1874. Mais, chose curieuse, dans nos fusils Gras, nous pouvons tirer la cartouche du Mauser, et la réciproque est impossible.

[2] Ils n'opèrent pas toujours ainsi. A ce coude de la Rivière-Claire, où ils tentèrent de nous arrêter, le 19 novembre 1884, où ils faillirent arrêter toute la 1re brigade et le général en chef, les 2 et 3 mars 1885, ils avaient, à cette dernière date, découvert une large zone devant leurs fortifications, un vrai glacis que balayait une pluie horizontale de balles.

ment inévitable de surprise n'est que passager ; vite on se ressaisit et le désavantage alors se tourne contre l'adversaire qui, incapable de supporter un corps à corps, évacue en toute hâte ses positions.

D'ailleurs, ces ouvrages ne battent en général qu'une zone assez étroite.

Les défenseurs appuient leurs fusils sur le parapet ou dans les créneaux qu'ils construisent avec des bambous recouverts de terre. Ces gros bambous creux forment les conduites d'où ils tirent sans relâche. Gare alors à la troupe placée devant ! Elle est décimée par une grêle horizontale de projectiles. Mais les Chinois étant inhabiles au maniement des armes à longue portée, la masse de plomb qu'ils font pleuvoir n'est rasante, c'est-à-dire dangereuse, que sur un espace restreint. L'essentiel est de se tenir hors de cette zone et de couvrir l'ouvrage de feux bien dirigés, comme les commandent tous nos officiers.

A propos des fortifications des Pavillons-Noirs, ma pensée se reporte sur la citadelle de Tuyen-Quan, vieille construction annamite d'un tout autre genre.

Carrée, bastionnée, elle se dresse sur la rive droite, dominant à pic les eaux claires, ceinte à demi par une bourgade que les combats du siège ont fait démolir. Cases des gens du peuple, maisons des mandarins, tout s'est effondré. Quelques pans de murs noircis, du charbon, voilà les seuls vestiges de ce que fut Tuyen-Quan.

Je me trompe, il reste encore deux pagodes. L'une ombragée de grands arbres, surplombe la rivière ; à ses alentours, s'étaient retranchés 250 Tirailleurs tonkinois qui, pour des Annamites, se sont brillamment conduits.

L'autre est au centre même de la citadelle, sur un petit mamelon où l'on avait installé toute l'artillerie [1].

Afin que ce point soit plus armé encore, nous y laisserons les deux pièces de 4, montées avec nous.

La citadelle s'élève dans un cadre magnifique. Au Nord, de

---

[1] Cette place, dont le nom devait être illustré par une héroïque résistance, n'avait pour toute artillerie que deux pièces de 90 millimètres, deux de 80 millimètres, deux Hotckhis et deux petites pièces de 4.

hautes montagnes, à peu de distance, ferment l'horizon, et, tandis que leurs sommets se perdent dans les nues, leurs pentes, couvertes de forêts sombres, descendent presque à pic sur la Rivière-Claire, qui contourne leur pied.

Eh bien! il nous faut dire adieu à ce paysage saisissant, dire adieu aussi aux braves Légionnaires que nous avons amenés du Delta. Ils sont venus remplacer leurs compagnons, si éprouvés par les fatigues du siège.

C'est le 22 novembre, au matin, que les vaillants défenseurs de la place et les deux compagnies d'infanterie de marine, nous partîmes ensemble.

Nous cheminons d'abord à travers d'anciennes rizières, où les beaux épis de cette céréale sont remplacés maintenant par des herbes de 3 mètres de hauteur qui, à droite, à gauche, ralentissent et fatiguent nos pas.

Le froid était vif. Il n'en fallut pas moins passer à gué un arroyo, large de 15 à 20 mètres. On y entre, on en sort; mais nos pieds font flic, flac! dans nos chaussures, et nos pantalons se collent, froids, sur nos jambes. Une demi-heure après, nouveau gué, nouveau passage, cette fois sur un fond vaseux, plus difficile encore.

Mais nous voici sur la lisière d'une forêt. On y pénètre. Le soleil s'est élevé à l'horizon; seulement, sous l'épaisse voûte de ramure, à peine quelques-uns de ses rayons tombent-ils sur nous..

Quel spectacle présente alors notre colonne! On se suit un à un. Défense de parler, même à voix basse; on tend l'oreille, on fouille du regard chaque buisson. Des étroits intervalles de ces troncs pressés, dont les branches, retombant à terre, prennent racine et forment de nouvelles pousses; de ce dédale ténébreux que nous présente la flore des tropiques, la mort peut surgir à chaque instant. Chacun peut redouter que, dans ce labyrinthe, un Chinois à l'affût le mette en joue, le foudroie et se sauve, aussi insaisissable après son attentat qu'invisible avant.

O ironie! le long du sentier, entre les immenses rameaux, des perroquets criards, des perruches aux vives couleurs, des paons superbes sont perchés à quelques pieds au-dessus de nos têtes. Ils sont bien peu de chose dans nos préoccupations; mais nous sommes sans doute bien peu de chose pour eux, car ils ne se dérangent même point à notre passage.

Après quatre heures et demie de marche, nous sommes de retour à Yuoc. Les Chinois ont-ils repris leurs positions? Allons-nous avoir un nouveau combat?

J'étais à l'avant-garde; on se déploie dans un espace découvert et, le doigt sur la gâchette, on s'avance avec précaution sur ce terrain où s'était livré le combat du 19. Partout des lambeaux d'étoffe, de larges chapeaux chinois, des étuis en métal et de plus navrants vestiges dont je vais parler.

On m'avait établi en grand'garde, avec ma demi-section, près de l'observatoire ennemi, le grand banian. Une petite pagode déserte nous abritait de l'ardeur du soleil. Non loin, dans un étroit sentier, je vis les cadavres des deux sentinelles qui avaient tué le sous-lieutenant Schuster. Ils étaient horribles, avec leurs habits en lambeaux, leurs Remingtons brisés à côté d'eux et un essaim de grosses mouches tourbillonnant à l'entour.

A 20 mètres, cachés dans la brousse, gisaient trois autres cadavres de Chinois. L'un d'eux serrait encore dans sa main un grand et curieux étendard en soie; j'eus l'idée de le prendre; je l'emporterai à Paris, non comme un victorieux trophée, mais comme souvenir d'un théâtre émouvant. La natte de l'un de ces morts devint aussi ma capture.

Pendant ce temps, le bataillon s'occupait d'une autre œuvre : il détruisait tout. Ce qu'avait épargné un premier incendie fut dévoré par le second.

Tristes entraînements de la guerre ! Imitant ce qui se faisait partout, dans la pagode, d'où l'on avait emporté les objets les plus précieux, je fis mettre en tas les chaises dorées, les bouddhas de bois, et j'en allumai un brasier. Ce furent mes adieux sinistres à ce théâtre de mort, où étaient tombés tant de mes compagnons.

A ce moment, les clairons sonnaient l'assemblée, et bientôt on se mit en marche.

Le soir, par une nuit froide, on bivouaqua sur le même terrain que la nuit du 18 au 19. Or, les précautions nécessaires prises à cette veille du combat, voici qu'on nous les imposait de nouveau. Défense de parler, d'allumer du feu, de griller une cigarette, de dérouler les couvre-pieds. Elles étaient bien irrationnelles, ces injonctions ; mais, impossible de les enfreindre, et, nous faisant un lit des hautes herbes couvertes de rosée, nous

nous couchâmes là, nos pantalons de toile encore trempés du passage des arroyos. Tout grelottant dans l'herbe humide, j'étais si fatigué que bientôt je m'endormis.

A minuit, voilà qu'on me réveille brusquement. Un de mes camarades, placé en petit poste, venait d'être saisi d'un violent accès de fièvre. Il me fallait prendre sa place sur la lisière du bois. Quatre heures durant, je restai là, sans fermer l'œil, et, quand on vint me relever, ce fut pour repartir.

Vers 5 heures, nous reprenons notre marche ; nous atteignons la berge, et voilà que l'*Eclair* se dresse à notre vue, suivie de plusieurs jonques devant ramener la légion à Hung-Hoa, l'infanterie de marine à Hanoï. Enfin, nous allons être au bout de nos peines !

Mais quelle malechance ! Montés sur nos embarcations, à quelques kilomètres en aval, près de Phu-Doan, nous recontrons la *Bourrasque*, échouée sur un banc de sable et, près d'elle, mouillée dans le chenal, sa sœur, la *Mutine*, en faction, faisant bonne garde contre l'ennemi.

Il fallait bien qu'il fût à craindre cet ennemi, puisqu'on jugea les deux canonnières trop faibles pour se défendre. Ma compagnie fut désignée pour les renforcer. Un peloton, avec notre capitaine, s'établit sur la *Mutine ;* l'autre peloton, le mien, sur la *Bourrasque*.

Voilà où nous en sommes depuis huit jours, qui déjà nous semblent un siècle.

C'est que cette vie n'a rien du charme que toujours présente l'action, même l'action périlleuse ; pas de rencontres, pas d'escarmouches, pas de mouvement. C'est la vie débilitante, énervante de l'assiégé. Ne croyez point à une exagération de ma part ; nous subissons un vrai siège, non celui des Chinois, mais pis encore, le siège de la famine.

Depuis le 13 novembre, sauf durant trois jours, nous n'avons eu que du biscuit et du bœuf d'endaubage. J'avais bien emporté quelques boîtes de sardines. un peu de beurre ; mais comme cela fut vite épuisé ! D'abord, une boîte qu'on entame ne peut se conserver longtemps, et puis il serait bien égoïste, bien sournois de *faire Suisse,* selon le mot des troupiers, de manger seul ; on partage avec les camarades.

A Tuyen-Quan, les sous-officiers de la légion nous ont donné du pain, de la viande fraîche. Ici, plus rien. Si l'on veut se procurer un mauvais buffle, à viande coriace comme du caoutchouc, quelques bananes vertes, c'est une véritable expédition ; il faut descendre à terre, avec huit ou dix hommes en armes. Et encore !... que trouver en un désert ?

Depuis deux jours, le biscuit manque ; on le remplace par du riz. Demain, le riz manquera à son tour. Il ne nous reste qu'un peu d'endaubage, — une boîte de 5 kilogrammes pour les 59 hommes du peloton.

Par bonheur, une chose qui soutient un peu ne fait pas trop défaut : le vin. Grâce aux 46 centilitres distribués chaque jour, il n'y a dans le peloton qu'une douzaine de malades.

L'équipage de la canonnière, fort de 28 hommes, est plus favorisé. Ils ont viande, lard, fromage ; mais pour quinze jours seulement. Ils n'en auraient que pour cinq jours, s'ils partageaient avec le peloton.

Après-demain, il faudra bien en venir là.

Alors, on sera contraint de réduire encore nos faibles rations, pour les faire durer trois semaines. C'est que nous ne pouvons compter qu'on nous ravitaille. L'eau baisse toujours et, si cela continue, aucun vapeur ne pourra nous apporter de vivres.

La *Bourrasque* et la *Mutine* vont-elles devenir le radeau de la *Méduse* ? Non, mille fois non, sans doute ; mais, franchement, ce n'est pas gai.

Et, tandis que nous avons si peu d'espérance, on a bien des craintes. Nous vivons dans l'incertitude sur les positions des Chinois. Ceux que nous avons battus à Yuoc se sont jetés dans des montagnes voisines de la Rivière-Claire ; ceux qui assiégeaient Tuyen-Quan sont restés aux alentours. Une bande de 600 ou 700 Pavillons-Noirs maraude, dit-on, à 3 ou 4 kilomètres de nos canonnières.

Jusqu'à présent, nous n'avons rien vu ; mais nous nous gardons bien.

Une nuit sur deux, chacun de nous est de service pour la garde de la canonnière. La nuit d'après, l'on dort, et l'on dort un peu partout : sur le pont, dans le poste de l'équipage, au seuil de la cabine du capitaine, chambre minuscule où couchent nos deux officiers. Moi, je suis bien partagé ; le second, qui m'a pris en affection, m'a procuré le hamac et le petit matelas d'un marin resté à l'hôpital. Vu ce bon lit et notre disette, je reste couché un peu plus, en songeant au proverbe : « Qui dort, dîne. »

Eh ! dans cette peinture, qui n'est point celle de l'opulence, j'oubliais deux privations bien douloureuses : le tabac (les fumeurs enragés fument leur ration de thé) et, chose pire, le savon.

Quand, après la nuit de garde, sali, noir de la poussière du pont, on veut se débarbouiller un peu, c'est bien difficile. Plus difficile de décrasser nos flanelles, notre linge, à l'eau froide, car on ne peut trouver à bord cette mixture de sable et d'argile dont les troupiers se servent souvent en guise de savon. Mon ordonnance, un brave garçon du Finistère, s'escrime à laver mes effets et n'aboutit qu'a en accélérer l'usure ; ils n'ont plus que l'âme. Plusieurs parmi nous sont en loques.

Ah ! misère ! quand tout cela finira-t-il ?

CHAPITRE IX

La canonnière qui nous ravitaille. — Le lieutenant de vaisseau Leygue et le lieutenant d'infanterie de marine L'Estoile. — Les Français qui nous ont ouvert le Tonkin : vie et œuvre de Jean Dupuis; vie et mort de Francis Garnier; vie et mort d'Henri Rivière. — Nos travaux de fortification. — *Monsieur Philibert,* **l'ami et l'aide des marsouins.**

Toujours de la Rivière-Claire, 15 décembre 1884.

La baisse du fleuve n'a pas continué, et, à la faveur de son faible tirant d'eau, l'*Éclair* a pu venir en nos parages. Elle monte à Tuyen-Quan munitions et vivres.

Double bonheur ! D'une part, la canonnière, à son retour, emportera mes lettres. C'est là un messager autrement sûr que le faible *tram*, le messager annamite, toujours guetté par les Chinois. Vous recevrez donc enfin de mes nouvelles. D'autre part, l'*Éclair* nous laisse des provisions.

N'en voulant point distraire de celles destinées uniquement à la place qu'il va ravitailler, le commandant de la canonnière, M. Leygue, passant à Bac-Hat, a eu l'heureuse inspiration de donner la remorque à une jonque de mercantis chinois.

Ils auraient couru de gros risques, ces braves Célestes, en remontant seuls la rivière; leurs frères, les Pavillons-Noirs, les eussent bien vite allégés du poids de leur cargaison, si même ils n'avaient allégé leurs corps du poids de leurs têtes. Ils ne méritaient pas un tel sort, puisque, malgré les difficultés de leur entreprise, ils n'ont guère majoré le prix de tout ce qu'ils nous ont vendu, point exploité notre détresse.

Mais, si le point capital était résolu, celui de se trouver en présence de provisions, encore fallait-il pouvoir les acquérir. Or, depuis le 11 novembre, n'ayant plus touché de prêt, nous étions la plupart sans le sou. Béni soit donc le lieutenant de la compagnie, M. de L'Estoile, qui, le cœur aussi plein de générosité que la bourse pleine d'or, — il est, dit-on, fort riche, — voulut bien faire, à quiconque le lui demanda, l'avance d'un ou plusieurs prêts !

Dès lors, savon, tabac, liqueurs, conserves, poulets, canards, tout cela fut à nous. La *Bourrasque* et la *Mutine* — qui menaçaient de se changer en radeau de la *Méduse* — virent leur mât transformé en mât de cocagne.

Aussi, quelle gratitude de nous tous envers le lieutenant de L'Estoile, d'ailleurs aussi crâne que bon, et envers M. Leygue, un des plus brillants officiers de tout le corps expéditionnaire ! De tels hommes, voyez-vous? métamorphosent les autres.

Avant la venue de l'*Éclair*, tout le monde, ici, était plus ou moins malade. Chaque jour, des malheureux tremblaient la fièvre ; une vague tristesse assombrissait tous les fronts. L'*Éclair* nous apporta et le secours physique et le relèvement moral ; nous eûmes la joie de sentir que nous n'étions pas abandonnés ; la martiale et sympathique figure de M. Leygue, ses paroles, son sourire mirent un rayon sur tous les visages [1], et tout le monde de dire, plein de confiance : « Maintenant, viennent les Chinois, nous les recevrons ! »

22 décembre 1884.

Décidément, nous ne partons pas d'ici.

Cette maudite *Bourrasque* ne peut être renflouée avant la crue du fleuve : ce qui n'aura pas lieu demain. Pour la garder et au besoin la défendre, nous devons faire sentinelle. A Hanoï, notre position a même paru critique à tel point que l'on vient de nous envoyer des renforts.

Ce qui, avant tout, fixe mon attention, c'est la canonnière par laquelle ces renforts nous sont parvenus.

Elle est magnifique, toute neuve, admirablement armée. Avec

[1] Tant que je suis resté au Tonkin et que ce brave officier a vécu, je me suis toujours tenu à une distance respectueuse, n'osant lui exprimer nos sentiments à tous. Je le regrette, aujourd'hui qu'il est mort à la peine, et le regrette d'autant plus que son excellent père, un des chefs du vieux parti républicain de Toulouse, ancien proscrit du 2 décembre, fut un ami de mon père. Je l'avais oublié.

ses deux pièces de 90 ^m/^m, ses sept canons-revolvers, ses tourelles, ses plaques de blindage, percées de meurtrières, elle défierait une armée chinoise. Et, comme elle ne cale que $0^m,65$, elle peut naviguer partout.

Quelque chose de plus me captive dans cette petite forteresse flottante : l'inscription aux deux côtés de l'arrière. Tout bâtiment de l'État porte son nom tracé en caractères romains et en lettres d'or. Ici, sur le fond blanc des plaques métalliques se détache, en lettres noires, énormes, d'environ 2 mètres de hauteur, un fac-similé de signature : *HENRI RIVIÈRE.*

Il évoque bien des souvenirs, ce nom-là.

Hier, à la tombée du jour, je contemplais la masse blanche du navire, teinte des rougeurs du soleil couchant, qui se mirait dans les eaux du fleuve, et le passé me revint en mémoire. Je songeai encore aux six canonnières construites sur le même type que le *Henri-Rivière* et baptisées de noms frères de celui-là : c'est le *Berthe-de-Villers*, le *Jacquin*, le *Moulun*, puis le *Francis-Garnier* et le *Jean-Dupuis*.

A des titres divers, tous ces hommes se sont plus ou moins illustrés, dans nos parages, par les services rendus ou par leur mort ; d'intimes liens les unissent ; les quatre premiers, par exemple, sont tombés dans la même action, à la même heure. Leur histoire, à tous, c'est l'histoire de la conquête du Tonkin ; leur nom nous rappelle pourquoi nous sommes ici, éminents généraux ou humbles soldats de la France.

Cela vaut bien un regard sur eux.

Jean Dupuis ouvre la marche.

Il est encore vivant, et, vivant, — chose rare, — il aura pu voir son nom consacré, glorifié dans le nom d'une canonnière. Mais, avant que justice fût rendue à cet homme, de quels déboires, affronts et iniquités la marine l'abreuva ! Celui à qui nous devrons le Tonkin a souffert une ruine complète.

Il est vrai : de quel droit un monsieur non revêtu d'un caractère administratif vient-il se mêler d'exploration et de colonisation ? Comme négociant, marin, explorateur, Jean Dupuis n'avait prouvé qu'une conception aussi vive qu'élevée, ce qui est loin de valoir des titres officiels.

C'est vers 1872 qu'il arriva au Tonkin. D'abord, il fait du

commerce ; il parcourt le pays ; soupçonne, constate la navigabilité du Fleuve Rouge, et, par cette voie, remonte en Chine jusqu'au Yunnam. Là, il s'abouche avec les mandarins chinois ; en leur procurant des armes à tir rapide, il leur permet de vaincre une révolte. Le vice-roi du Yunnam le soutient, se fait son ami. Et, comme ce Français avait pu, de ses deniers, acheter plusieurs vapeurs, le vice-roi lui fournit, pour les armer, de solides matelots et soldats chinois.

Jean Dupuis redescend alors au Tonkin. Il y fait un négoce d'autant plus étendu et plus prospère qu'il n'a plus rien à craindre de la piraterie.

Mais sa puissance porte vite ombrage aux mandarins annamites. Entre eux et lui des différends, des conflits éclatent.

Il demande protection de ses droits à notre administration de Cochinchine ; le contre-amiral gouverneur envoie aussitôt, pour connaître et régler cette affaire, un brillant officier de marine : c'était *Francis Garnier*.

Celui-ci put vite se convaincre de l'hostilité jalouse, de la cupidité évidente, de la duplicité cauteleuse des mandarins de la cour de Hué. Pour eux, la raison et le droit n'existant pas, il se voit contraint de recourir à la force.

Il n'a avec lui que quelques canonniers, 100 hommes de compagnies de débarquement et 25 soldats d'infanterie de marine [1], n'importe ! Il n'hésite point. Aidé par les matelots et soldats chinois de Jean Dupuis, en un tour de main, il s'empare de la citadelle d'Hanoï, défendue par 6,000 Annamites et par les fameux éléphants de guerre.

Puis, — sauf Bac-Ninh et Sontay, — il occupe successivement toutes les places du Delta, où il met des garnisons.

Comment si peu de forces avaient-elles suffi pour une conquête qui nous a demandé, depuis, des milliers d'hommes ?

Ce fut grâce à la politique à la fois habile et juste de Francis Garnier, lequel soutint toujours les populations contre les exigences des mandarins rapaces. Il avait tant captivé la confiance du peuple tonkinois que ce peuple, répondant à son appel, lui

---

[1] Commandés par le sous-lieutenant de Trentinian, aujourd'hui colonel, et fils du général d'infanterie de marine.

fournit tous les miliciens voulus pour renforcer nos garnisons.

Dès lors, le Tonkin était à nous.

Mais des trames s'ourdirent de toutes parts. Et tandis que Francis Garnier, mal soutenu par la France, qui, à cette époque (1873), voyait avec appréhension, avec terreur, s'accroître notre domaine colonial, les mandarins annamites, dont les propres soldats s'enfuyaient à la vue des nôtres, appelèrent à la rescousse les Pavillons-Noirs, installés sur le haut Fleuve Rouge.

Ces Chinois descendirent vers Hanoï; Francis Garnier se porta à leur rencontre. Malheureusement, il méprisait trop ces nouveaux adversaires et ignorait leur tactique. Non loin d'Hanoï, au pont de Papier[1], il tomba dans une de leurs embuscades. Sa tête, coupée, placée au bout d'une perche, fut promenée en triomphe dans tous les environs.

La France allait-elle le venger?

Un administrateur des affaires indigènes de Cochinchine, un certain M. Philastre, fut envoyé à Hanoï. Annamitophile à outrance, courbé aux pieds des mandarins, féroce devant les Français, il commença par retirer nos garnisons de toutes les places du Delta, laissant les chefs ennemis massacrer des milliers de nos partisans; il confisqua tous les navires de Jean Dupuis, le menaça même d'une arrestation et conclut enfin ce traité boiteux, honteux, qu'on nomme le *Traité Philastre*, où l'on désavoue toute l'œuvre de Francis Garnier, où, en livrant à la cour de Hué navires, armes, munitions de guerre, on semble se reconnaître vaincus.

Dix ans se sont écoulés, le *Traité Philastre* n'a produit que mécomptes; les Annamites ont relevé la tête; ils veulent nous chasser des petites *concessions* obtenues à Hanoï, Haïphong et Tourane[2]; de nouveau ils appellent les Pavillons-Noirs à la rescousse.

---

[1] Ainsi nommé à cause des fabriques de papier annamite (papier fin et transparent), qui se trouvent dans les environs, près du village de Phu-Hoaï.

[2] Tourane n'est pas au Tonkin, mais sur la côte d'Annam, non loin de Hué.

C'est alors que le gouvernement envoya au Tonkin le capitaine de vaisseau *Henri Rivière*.

Tout le monde connaît sa triste fin.

Au commencement de l'année 1883, il occupait Hanoï avec 250 matelots et un petit bataillon de 300 hommes d'infanterie de marine. Lui aussi, comme Francis Garnier, fit une sortie, lui aussi fut tué, presque à la même place, et, lui aussi, victime des mêmes fausses dispositions qu'il avait conçues, de la même ignorance à l'égard des forces de l'ennemi.

On savait que Lhu-Vinh-Phuoc, avec ses Pavillons-Noirs, était descendu de Son-Tay sur Hanoï, avait franchi le Day et occupait quelques villages, où il se fortifiait, à 6 kilomètres environ de la citadelle. Mais on ne les connaissait guère encore, ces Chinois ; on les assimilait aux miliciens annamites, qui tremblent à la vue d'un casque blanc.

On sortit donc le 19 mai et l'on croyait si bien aller à une simple promenade militaire égayée de quelques coups de fusil, que le pauvre commandant Rivière s'était fait suivre de sa voiture, une jolie victoria de Saïgon, avec du champagne sous les banquettes.

C'est du sang qui allait couler.

Les marins — 250 environ — formaient divers détachements. D'abord, 6 matelots à cheval, le kropatchek en bandoulière, jouant aux cavaliers, ouvraient la marche ; suivaient quelques matelots à pied, jouant aux fantassins ; puis deux pièces de débarquement de 65 $^{m/m}$, servies par des matelots, jouant aux artilleurs ; la voiture du commandant, entourée de tous les officiers de marine, venait ensuite, escortée d'autres matelots. Enfin, les deux compagnies d'infanterie de marine, tous les officiers à leur place, fermaient la petite colonne. On les avait relégués à l'arrière, ceux-là, pour ne point leur offrir l'occasion de se signaler. On va voir s'ils méritaient ce dédain.

Tout à coup, en avant, les haies de deux villages, qui sur la route formaient une sorte de tenaille, s'éclairent à droite et à gauche de petits nuages blancs, et une grêle de balles vient pleuvoir dru sur la troupe, si l'on peut donner ce nom à des gens partis pour une gaie promenade.

Le désordre fut à son comble.

Des matelots-cavaliers, les uns sont couchés par terre ; les autres, affolés, tournent bride et jettent le désarroi parmi les matelots-fantassins et les matelots-artilleurs. Le commandant, l'un des premiers, avait reçu une blessure. A partir de ce moment, il racheta, par son ferme courage, son imprudence sans nom.

Ayant mis pied à terre, il veut rallier les fuyards ; les officiers qui l'entourent essayent aussi de reprendre leur troupe en main ; un ingénieur-hydrographe, un commissaire de marine, se joignent à eux pour tenter de réunir des escouades, des groupes quelconques ; ils sont tués ou blessés. D'ailleurs, que pouvait-on obtenir de gens ayant la tête perdue ?

Le commandant *Berthe de Villers*, le seul des officiers de l'infanterie de marine, qui se trouvât auprès du capitaine de vaisseau et qui, avant le départ, dit-on, lui avait fait, avec déférence, mais d'un ton ferme, des représentations sur les périls où l'on courait sans prendre plus de mesures, Berthe de Villers, dès les premiers coup de feu, avait été blessé mortellement. Ce sont les deux capitaines de son arme qui, par leur sang-froid et avec leurs hommes, sauvèrent d'un inévitable massacre tous les Français restés debout.

Déployés dans les rizières, de chaque côté de la digue, enfoncés dans l'eau jusqu'au ventre, les *marsouins* arrêtèrent par leur feu les Chinois qui, sortis des villages, s'avançaient, eux aussi, à travers les rizières, en longue chaîne de tirailleurs.

L'attitude de l'infanterie de marine permit aux matelots en débandade de se reformer derrière elle. Pas tous néanmoins, car nombre de mes camarades, présents à la scène, affirment que plusieurs cols bleus avaient gagné d'un seul trait la citadelle d'Hanoï.

N'importe ! Il était possible désormais de battre en retraite avec honneur ; oui, mais impossible de se porter en avant, de sauver, par exemple, les officiers restés étendus, ensanglantés, sur la digue ; car les Chinois approchaient toujours.

Ce fut le moment de l'épisode le plus douloureux, le plus tragique.

Le malheureux commandant Rivière, en essayant de sauver un de ses deux canons, — que l'on sauva en effet, — venait d'être atteint d'une seconde balle. Le capitaine d'infanterie de marine, Jacquin, était accouru à son secours, et un caporal-fourrier de la flotte, un colosse, le soulevant à demi, allait l'enlever de ce champ de lutte, de ce champ de mort. Mais Rivière s'y refuse : il veut, jusqu'au bout, faire face aux Chinois. Seulement, comme il sait une chose, combien cet ennemi est cruel, il ne veut pas tomber vivant en ses mains. C'est alors qu'il prie et supplie Jacquin de l'achever. Les Chinois vont l'atteindre ; ils ne sont plus plus qu'à dix pas. Le capitaine, navré, éperdu, cède enfin aux supplications du commandant, mais de son revolver fumant encore, il se brûle la cervelle.

Quel drame ! Avec le capitaine de vaisseau Rivière, nous perdions, le commandant *Berthe de Villers*, le capitaine *Jacquin*, l'enseigne de vaisseau *Moulun*, le sous-lieutenant d'*Héral de Bressis* et soixante hommes environ. Leurs têtes, celle surtout du commandant Rivière, furent promenées au bout des lances par les Chinois triomphants.

Notre troupe se retrancha d'une part dans la citadelle, dont on organisa fortement les portes et le réduit, d'autre part dans la Concession. Mais ces deux parties d'Hanoï restèrent parfois sans communications entre elles, jusqu'à la venue de renforts envoyés en toute hâte de Cochinchine, puis de France, même de la Nouvelle-Calédonie.

Telle est la vérité sur la fin d'Henri Rivière.

Tous ces détails, la presse, qui les ignore sans doute, n'en a soufflé mot. Ils vous intéresseront, vous qui vous intéressez d'autant plus à la victime que vous fûtes ses collègues à la Société des Gens de Lettres.

Je sais tous les hommages que cette Société, surtout son président Ernest Hamel, ont rendus au capitaine de vaisseau. Et c'est en souvenir fort probablement de son rôle d'écrivain que la marine elle-même a reproduit, sur la canonnière de son nom, le *fac-simile* de sa signature.

Rivière-Claire, 18 décembre 1884.

Le voilà donc sous nos yeux, ce beau navire, auquel j'ai consacré ma dernière lettre. Il est le bien venu, car il nous a amené d'Hanoï à Phu-Doan des renforts, et renforts qui, dans le guêpier où nous voilà, imposeront respect à tout agresseur. La

PLAN DE TUYEN-QUAN AVEC SES ATTAQUES EN 1885.

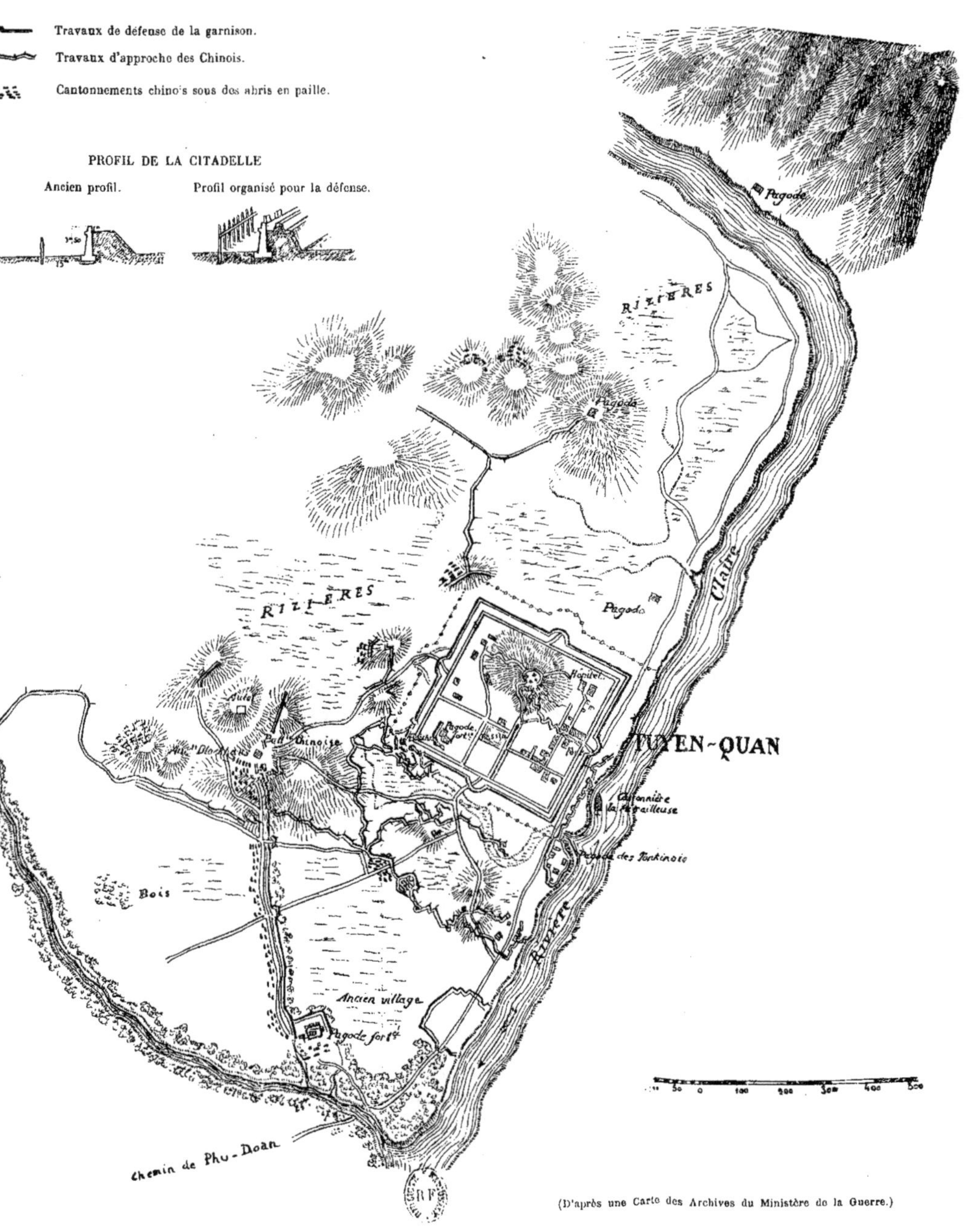

(D'après une Carte des Archives du Ministère de la Guerre.)

31e compagnie du 4e d'infanterie de marine, une section d'artillerie de marine, une compagnie de 250 tirailleurs algériens, un
peloton de 100 tonkinois.

En outre, la 28e, cette compagnie *sœur* de la nôtre, après
avoir envoyé des bœufs à Tuyen-Quan, nous a rejoints de nouveau. Elle habite Phu-Doan même, à 1,500 mètres en aval de
nous, au confluent de la Rivière-Claire et du Song-Chiaï ; sur un
mamelon qui domine les deux courants, nos camarades occupent
plusieurs pagodes, s'y fortifient et s'y trouvent bien.

Nous aussi, depuis le 9 décembre, nous sommes descendus à
terre, avec les troupes nouveau-venues, et cherchons à nous
installer le mieux possible, sous des abris en bambou. De simples toits recouverts de feuilles de lataniers et de bananiers, qui
s'inclinent vers le sol et l'affleurent, cela constitue nos chambres ;
de grandes herbes qu'on fauche pour en former des litières,
cela constitue nos lits. On se couche, en se roulant dans son
couvre-pieds, la tête appuyée sur le sac. C'est moi qui suis content d'avoir un vieux sac en poils de chèvre, bien autrement
doux et commode que les nouveaux en toile goudronnée.

Le matin, au petit jour, on se lève tout engourdi par le brouillard de la nuit ; on allume un grand feu, devant les *cai nhas*, et
tout le monde, soldats et officiers, est là qui se chauffe en bat-
tant la semelle, tenant en main le quart de café bien chaud, où
l'on trempe un morceau de biscuit. Six centilitres de tafia vous
remettent complètement ; il semble que des flammes vous courent dans les veines.

Il est 6 heures ; le soleil monte derrière les montagnes boi-
sées, sans pouvoir encore percer la brume.

On va aux faisceaux ; on les rompt, et, le fusil en bandouillère,
la pelle, la pioche ou la hache à la main, on se rend au travail,
qui pour nous ne chôme jamais. Le travail de la veille en en-
gendre un autre pour le lendemain. Vous l'allez voir.

Notre hâte est de partir, et c'est cette malheureuse *Bourrasque*
qui seule nous retient ; sa capture sur son banc de sable et de
galets fait notre capture. Eh bien ! si on la démontait pièce par
pièce ? L'idée en vint, mais on y renonça. Sur un emplacement
pareil, chose impossible.

Sommes-nous donc condamnés à attendre les grandes eaux
jusqu'en mars ou avril ? Triste horizon ! Une autre idée surgit

alors : démarrer la canonnière. Donc, nous voilà presque tous, barbotant dans le lit du fleuve jusqu'à la ceinture et, avec l'aide de coolies annamites, opérant des dragages ; deux fortes digues de terre glaise et de cailloux font affluer l'eau vers le navire. Nos efforts vont sans doute être couronnés de succès ? Ah ! bien oui ! Quand le *Henri-Rivière* et l'*Eclair* ont halé sur les amarres, crac ! tout s'est rompu, et la *Bourrasque* est restée immobile sur son banc.

La stérilité de cette œuvre nous a poussés vers une autre : on a résolu d'installer ici un poste permanent et inexpugnable. Et nous sommes occupés, depuis bien des jours, à renforcer, près de la rivière, un petit mamelon, déjà transformé en une redoute de 150 mètres de circonférence, que déjà aussi couronnent deux canons-revolvers de la *Bourrasque*. De profondes tranchées, formant chemin couvert, en descendent, et un ravin, que des abatis rendent impraticable, barre la route de Tuyen-Quan.

Vais-je vous fournir d'autres détails sur notre besogne de sapeurs ? Peut-être cela vous intéressera peu ; moi, cela me captive ; car, avec d'autres sous-officiers, j'exerce une surveillance, je mets la main à la pâte ; tantôt je fignole avec une pelle quelque plongée dont la pente me semble défectueuse ; tantôt, avec des lattes de bambous, j'indique aux travailleurs les profils des parapets à construire, dont nos officiers ont donné le tracé sur le terrain. Ainsi du reste. Et surtout n'allez pas croire que je m'imagine, pour si peu, être un petit Vauban.

Au retour de ces travaux, les hommes sont bien las, et la maigre pitance qu'on nous donne est peu apte à réparer les forces. C'est que, pour la seconde fois, la pénurie de vivres se fait sentir ; l'on a dû nous remettre à la demi-ration. On a 125 grammes (un quart de livre) d'endaubage par homme et par jour, un biscuit et un quart de vin par repas. Quelquefois, — ce sont nos jours de bombance, — on ajoute un peu de pommes de terre et de lard ; mais d'autres fois, — ce sont nos jours de isette, — on supprime l'endaubage et l'on ne nous offre que des sardines.

Les boîtes en contiennent en général dix-huit, petites, et vous ne le croirez jamais, elles forment la ration de six hommes. Trois sardines par jour, voilà de quoi il faut se nourrir ! Pour des soldats français, de 19 à 26 ans, qui, rien que l'après-midi, sans compter le matin, viennent de manier la pioche durant cinq heures, une sardine et la queue d'une pour leur dîner !... Le savent-ils, ces journalistes parisiens, qui parlent tant de notre dévouement et jamais de nos privations ? Le savent-ils, ces députés qui, du haut de la tribune, nous adressent de si pompeux éloges et qui refuseraient, si le gouvernement osait en faire la demande, les crédits nécessaires pour nous sortir de cette situation, nous envoyer vivres et renforts ?

Vous comprenez qu'avec un tel régime, le nombre des malades ne cesse de croître.

Le matin, c'est une grosse escouade qui se présente à la visite du capitaine (car, ici, les officiers sont nos seuls médecins), et, lorsque je suis sergent de jour, que je les conduis, ces pauvres soldats, j'entends des choses bien pénibles. Le capitaine tâte le pouls de l'un d'entre eux :

« — Cinquante centigrammes de quinine, dit-il.

« — Oh ! mon capitaine, j'en ai tant pris, que cela ne me fait plus rien ; il en faudrait le double, pour couper mes accès. »

L'officier hoche la tête, et, triste, répond : « — Mais c'est que nous n'en avons pas beaucoup ; il faut la garder précieusement. Enfin, on vous en donnera soixante-quinze centigrammes. »

De tous les médicaments, même chose ; on manque de bismuth et de rathania pour les dysenthériques et les diarrhéiques ; tous ces malheureux se traînent comme ils peuvent ; un jour ils reprennent la pioche et la pelle ; le lendemain, éreintés, enroulés dans leurs couvre-pieds, quand sonne la diane et que je les interpelle, ils se soulèvent à demi, avec cette unique parole : « Oh ! sergent, je n'en puis plus, portez-moi malade sur le cahier de visite. »

Et dire qu'au milieu de tout cela, il ne faut point cesser un moment de tenir l'œil ouvert, point se ralentir dans les travaux qu'on exécute, en prévision d'une attaque possible !

Parmi tous les dangers qui nous guettent n'oublions point un ennemi non moins redoutable que les hommes et qui vient plus à l'improviste ; ce sont les animaux : tigres et serpents.

Avant-hier, vers deux heures de l'après-midi, j'étais au petit poste, quand soudain la sentinelle, effarée, m'appelle et me montre un énorme reptile à anneaux jaunes et noirs, qui rampait vers nous. On l'a assommé à coups de perche. Il ne mesurait pas moins de 1 m. 75 en longueur.

Quant aux tigres errants dans les environs, c'est la nuit qu'ils vont en chasse; on entend alors, au milieu des champs ou des bois silencieux, une sorte d'aboiement : *Cop! Cop!* Ce cri du terrible félin l'a fait baptiser par les Annamites *Ong Cop*, c'est-à-dire *Seigneur Cop*[1]. Heureusement le tigre a peur de l'homme, surtout de l'homme armé, qu'il distingue fort bien, assurent les Annamites. Il y a trois jours, une petite patrouille en a vu un, qui s'est vite enfui dans un fourré.

Puisque j'en suis aux bêtes, aux bêtes malfaisantes, il faut, comme contraste, que je vous dise un mot d'un bienfaisant auxiliaire, qui nous est arrivé avec nos camarades de la 31e. Nous en sommes d'autant plus heureux que nous regrettions son absence. Il est bien plus utile ici qu'à Hanoï, où je me suis lié d'amitié avec lui : c'est *Monsieur Philibert*.

Vous ne connaissez pas ce Monsieur? Eh bien ! Philibert est un énorme chien français, croisé chien de montagne et braque, à la robe marron, tachée de blanc. — Qui l'a amenée au Tonkin, cette bonne bête? On l'ignore, mais il y est depuis bien long-temps; certes, il n'a pas l'air de s'en plaindre.

Pas une colonne sans qu'il en soit, et, si nous ne l'avions emmené à notre départ, c'est qu'il suivait alors une compagnie en expédition vers Taï-Nguyen.

Mais sa colonne rentrée, dès qu'il a vu embarquer la 31e, vite il est monté à bord avec elle.

Le jour, Philibert ne fait pas grand'chose. Si l'on est en sta-tion, il se couche près des cuisines. En ce moment, pauvre bête, que peut-il récolter? C'est la nuit qu'il prend son service : A peine a-t-il mangé quelques bribes (les uns ou les autres, nous privant toujours pour lui), il se rend aux avant-postes, se place sur la ligne des sentinelles; tantôt il rôde en avant, fouillant partout le terrain; tantôt il revient se poser de planton, à côté d'un soldat.

---

[1] On trouvera plus de détails sur le tigre, dans *Un an chez les Muongs;* on verra pourquoi ce titre de *Seigneur.*

Si vous le voyez alors, immobile, assis sur son derrière, l'oreille droite, le museau au vent, prêt à se lever au moindre bruit imperceptible à des oreilles humaines, vous seriez bien forcé de croire, non à l'instinct, mais à l'intelligence des animaux.

Quand c'est la relève, une ronde ou une patrouille qui passe, Philibert ne bouge point : il sent le Français. Mais parfois, sans cause appréciable pour nous, il bondit en avant, s'enfonce dans la brousse, et gare aux rôdeurs ennemis ! Philibert, depuis l'année dernière, en a deux sur la conscience, un qu'il a étranglé net, un autre qui, terrassé, se défendait néanmoins et que l'on a dû cribler de coups de baïonnettes.

Si Philibert a la haine des Chinois, il n'aime pas trop les Annamites. Ces derniers, ne connaissant que leur race canine, qui est de petite taille, éprouvent tous devant ce molosse, ce colosse, le même étonnement que nous éprouverions bien sûr, nous Français, en face d'un chien grand comme un lion. Quant aux Annamites qui connaissent notre suivant fidèle, ils en ont une rude peur. Que l'un d'eux passe devant nous, il suffit qu'on dise, en le montrant du doigt : « Tiens Philibert, tiens ! Il n'a pas de souliers ! » Aussitôt il bondit, et il déchirerait les pantalons — les mollets avec ! — du pauvre homme, si l'on ne se hâtait de le retenir.

Philibert n'aime pas trop non plus les culottes rouges. Il ne va pas jusqu'à les mordre, mais il grogne en les voyant. Toute son ardente affection est pour les *marsouins ;* les *marsouins* la lui rendent bien.

Et maintenant, demandons-nous si Philibert ne devrait pas faire des petits. Depuis quelques années, on agite cette question de chiens de guerre. Les journaux compétents, l'*Avenir*, le *Progrès militaire*, en parlent maintes fois ; rue Saint-Dominique, il doit y avoir des cartons pleins de rapports sur ce sujet; mais tout cela n'est que du papier et peut-être restera papier ; nous avons, nous, quelque chose de vivant, et, grâce à *Monsieur Philibert*, nous avons devancé la machine administrative.

Vous voyez, au cours de nos fatigues et de nos ennuis, nous ne manquons pas de distractions. Notre chien est plus qu'une distraction, c'est un véritable charme. Songez à lui, lorsque vous caressez la belle et brave *Miss*.

Un courrier nous est parvenu à Phu-Doan. Par malheur, vos lettres, toutes recommandées, restent aux mains du vaguemestre à Hanoï. Elles me donnent de vos nouvelles; mais ce qui me chagrine, c'est que vous vous tourmentiez pour moi.

Sapristi! Je ne suis pas encore mort! Je n'ai pas même été atteint d'une égratignure. Or, songez que mon grand'père paternel, reçut quatorze blessures en ses longues campagnes, campagnes héroïques, et cela ne l'a pas empêché de vivre quatre-vingt-quatre ans. A tous égards, je suis loin de compte!

Puis, dites-vous bien qu'à mon retour en France, j'aurai sur tous les petits gommeux efféminés l'immense avantage de ne plus m'émouvoir de rien, de pouvoir endurer n'importe quelle misère; car, après avoir traversé des périodes comme celle que nous traversons, nécessairement on se trouve bien partout.

CHAPITRE X

**Retour dans le Delta. — Sontay. — Colonne sur le Day.
Incendies et exécutions. — Rentrée à Hanoï.**

Son-Tay, 27 décembre 1884.

Me voici à Son-Tay. Les attaques contre Tuyen-Quan ayant
pris fin, ou plutôt s'étant ralenties, nous avons quitté Phu-Doan,
laissant les seuls turcos gardiens de la *Mutine* et de la *Bourrasque*.

Depuis quarante-cinq jours, je n'avais plus vu lieu civilisé.
Le plus triste pour moi, perdu en un désert, c'est que j'étais sans
nouvelles directes. Enfin, je viens de recevoir une lettre datée
du 9 octobre, qui avait couru à Hong-Hoa.

Nous sommes descendus en jonques à Son-Tay et nous nous
trouvons bien heureux dans la citadelle. D'autant plus que j'ai
rencontré ici d'anciens camarades du peloton spécial de Cherbourg, sergents-majors aux tirailleurs tonkinois, parmi lesquels
Galery des Granges. Ils m'ont admirablement reçu.

Ces sous-officiers de tirailleurs sont fort bien payés; les sergents ont 30, les sergents-majors 40 piastres par mois. Avec
une solde de 5 ou 6 francs par jour, ils ne se privent de rien.
Sous leurs beaux effets de soie noire, leur coiffe de soie sur
leurs casques, on les prendrait pour nos officiers, quand, nous
pauvres sergents d'infanterie, avec nos pantalons de toile mal
teints en noir, nos petits keaos marron foncé, nous avons l'air de
pouilleux.

Seulement, en face de l'ennemi, quel revers de médaille! Officiers et sous-officiers de tirailleurs, valent, bien entendu, ceux
des autres troupes; mais leurs hommes?

J'aime cent fois mieux, et ne suis point seul de cet avis, les dix-huit lapins de ma demi-section, que toute une compagnie de 250 Annamites [1].

Que placé en petit poste, je me trouve assailli, cerné même par un adversaire plus nombreux, si, avant qu'on vienne me soutenir, j'ai six hommes par terre, il m'en restera douze ; que six tombent également, il me restera les six autres, et ainsi jusqu'au dernier. Avec 250 Annamites, il peut advenir, dès le début du combat, que les treize Européens du cadre se trouvent seuls.

Cela s'est produit à Bac-Lé ; cela se produira encore [2]. Les tirailleurs seraient bons contre des adversaires de même race : contre les Chinois, ils valent peu.

Ce n'est pas que l'Annamite puisse être taxé de lâcheté, non ! il ne craint pas la mort, mais pas du tout ! Et les singuliers amateurs des beaux spectacles offerts gratis à la foule, place de la Roquette, battraient des mains, s'ils pouvaient voir des pirates marchant au supplice. Ces jaunes, ces adeptes du *Nirvana*, mettent leur joie suprême dans la mort.

Seulement ils redoutent la douleur. Sans peur d'être tués d'un coup, ils tremblent à la seule idée qu'ils vont recevoir des blessures.

---

[1] Relisant après douze ans, et après avoir servi comme officier aux Tonkinois, cette appréciation que, jeune sous-officier, je portais sur les *tirailleurs de nouvelle formation*, elle ne me semble pas injuste. Immense était la distance entre leurs compagnies de ce temps-là et nos compagnies d'infanterie de marine de la même époque, formées de vieux soldats bien entraînés.

Les choses ont changé aujourd'hui.

Les tirailleurs sont ce que les font leurs cadres. Certaines de leurs compagnies, mises en main par des officiers de valeur, sont capables d'une grande endurance et ont su, à diverses reprises, montrer, devant les pirates chinois, une attitude fort crâne.

Mais pourraient-elles rivaliser avec des troupes européennes ? Je ne le crois pas plus aujourd'hui que je ne le croyais en 1885.

Seulement, quelles troupes européennes peuvent nous attaquer au Tonkin ?

En cas de guerre avec l'Angleterre, comme cette puissance n'a pas trop de tous ses bataillons anglais dans les Indes, ce sont des cipayes probablement qu'elle mettrait en ligne. Or nos petits Annamites attendraient ces Indous de pied ferme, malgré leur belle prestance. D'autant mieux que les corps de cipayes ne sont pas encadrés d'Européens, comme toutes nos unités algériennes ou coloniales : grande infériorité ! Dans ces régiments, il n'y a d'Anglais que les officiers supérieurs et adjudants-majors ; sous-officiers, même officiers de compagnies sont indigènes.

[2] Cela s'est produit, effectivement, en ces dernières années, devant des pirates chinois.

Cela explique, je crois, ce double phénomène : ils marchent fermes à la décapitation, et souvent fuient devant le combat. Il faut le dire : plus nerveux, plus sensitifs que nous, ils doivent souffrir davantage.

Puis, au lieu d'être guerrière, c'est une race exclusivement agricole, très attachée au sol, au foyer, à la famille, au village natal. Enfin, au point de vue physique, quelle distance d'elle à nous ! Un bataillon de Tonkinois me rappelle un peu nos bataillons scolaires. Les officiers et sous-officiers du cadre ne tranchent pas seulement avec leurs soldats par leur figure et leur tenue, mais par leur taille, leur corpulence, leur force.

Voilà pourquoi, si j'ai moins de bien-être, j'ai bien plus de sécurité avec mes solides *marsouins*.

Ensemble nous menons une petite vie paisible, dans cette jolie citadelle de Son-Tay.

Tout autre était la situation, voilà un an.

De la porte orientale qui regarde le fleuve, on voit une plaine large de 2 kilomètres, où foisonnent les tombes de nos morts, du 14 et du 16 décembre 1883. Chaque buisson, chaque *cai-nha*, chaque levée de terre, marque la place d'un épisode sanglant. Les anciens soldats de l'amiral Courbet vous racontent les péripéties de cette fameuse lutte où, conduits par l'illustre amiral, ils ont enlevé cette place de Sontay comme un navire à l'abordage.

Ici, quinze turcos ont eu la tête tranchée ; là, devant une redoute, aujourd'hui disparue, sont tombés fantassins de marine et fusiliers-marins ; plus loin, en revanche, on a passé une compagnie chinoise tout entière à la baïonnette ; c'est par cette digue que le bataillon de la légion a opéré son mouvement tournant et sauvé d'une destruction complète le 6e bataillon du 2e de marine. Enfin, tandis que, derrière nous, le nouveau blockhaus marque l'emplacement du fort de Phu-Sa, auquel on dut donner tant d'assauts, la vieille citadelle, avec ses bastions arrondis, nous présente et la porte sur laquelle un légionnaire est monté le premier et la haute tour où un caporal du 1er de marine arbora le drapeau tricolore.

Il est réconfortant de remémorer nos succès, alors que, sur la route de Lang-Son, on vient, il y a quelques jours, d'éprouver un nouvel échec.

Une compagnie de la légion, en reconnaissance près du Kep, a été surprise dans un marché, et, lorsqu'une autre compagnie accourut à son secours, on comptait déjà 19 blessés, 15 morts.

Autre fâcheuse nouvelle. Vous vous souvenez des Pavillons-Noirs qui s'étaient rendus à Tuyen-Quan, et que nous avons eu la sottise d'incorporer au 1er tonkinois (ils y formaient une compagnie spéciale, la 13e); eh bien ! cette compagnie, près de Phu-Ly, s'est enfuie, après avoir tranché la tête à ses officiers et sous-officiers européens [1].

A ce propos, j'ai entendu plusieurs de mes compagnons, de ceux qui viennent de tant souffrir sur la Rivière-Claire, dire d'un air découragé : « Après tout, pourquoi plaindre ces malheureux ? Leur genre de mort devient pour nous, en ce pays, chose fréquente, naturelle. En France, on peut mourir d'une longue et lente phtisie; au Tonkin, en un tour de bras, vlan ! la tête s'envole. C'est plus tragique, mais plus prompt, et cela met fin à tous nos maux. »

Mes camarades auraient raison s'il était raisonnable de s'abandonner à la désespérance. Or, je ne le crois pas. Nous avons ici quelque chose à faire, un grand but à atteindre.

Du reste, ailleurs qu'au Tonkin la vie a ses amertumes.

Ainsi, je reçois une nouvelle et longue lettre de mon bon ami Maillard, qui se trouve, lui, à Madagascar.

Elles sont précieuses, ces lettres qui, à travers l'océan Indien et la mer de Chine, s'adressent à un combattant d'une autre expédition coloniale. Maillard m'envoie de très curieux détails sur l'île Bourbon, Nossi-Bé, Madagascar et les Hovas. Cette description est très vivante; mais, à côté, quel triste tableau de la vie des troupes !

---

[1] Elle était fausse, cette dernière partie de la nouvelle.

Les Chinois déserteurs n'ont touché, en se sauvant de nuit, ni au lieutenant qui les commandait, ni aux cinq sous-officiers français. Par contre, ils décapitèrent deux sergents annamites.

Il n'aurait pas été difficile à 130 Chinois de faire passer de vie à trépas six Européens dormant sous leur garde. Ils se contentèrent de bâillonner et de ligoter un sergent qui s'était aperçu de leurs préparatifs de départ.

HAUTE RIVIÈRE CLAIRE.

(Collection du comité Dupleix.)

Mon ami Paul est sur la côte fiévreuse de Majunga, et, tout officier qu'il est, il traîne une misérable existence. Les pauvres bataillons du contre-amiral Miot n'ont pas même, comme nous, pour les tenir en éveil, les marches et contremarches, les alertes, les escarmouches, les combats.

Cette monotonie et les fièvres accablent les hommes. Mon ami, lui que vous connaissez, est soutenu par un puissant ressort moral, mais combien de soldats et de marins, dépourvus de ce ressort, s'affaissent et ne se relèvent plus ! Il en est même, le croiriez-vous ? qui passent à l'ennemi, dans l'espoir de se trouver plus heureux. Les malheureux !

Eh bien ! moi, je n'éprouve qu'un seul désir : me délasser un peu de mes fatigues, reprendre les forces perdues par la vie anémiante sur la Rivière-Claire et vite repartir en colonne.

Hanoï, le 5 janvier 1885.

C'est à vous, cher papa, que j'adresse ma lettre d'aujourd'hui : récit d'actes soldatesques, bien peu en harmonie avec l'humanité dont firent preuve, dans les premières guerres de la Révolution, ces *soldats-citoyens* que tant vous aimez et célébrez. Vous allez voir que nous nous sommes peu souvenus de ces modèles. Mais ma loi est d'être véridique, et, sans autre préambule, j'entre dans le sujet.

Nous ne sommes pas restés longtemps à Sontay. Arrivés le 25 décembre, nous en partions le 31.

Nous formions quatre petites colonnes, composées d'infanterie de marine et de tirailleurs tonkinois, combinés en proportions différentes. Celle dont je faisais partie était forte de quatre sections : trois de Tonkinois, commandées par un capitaine récemment venu de l'armée de terre, avec deux lieutenants, et la mienne, sous les ordres de mon sous-lieutenant. Notez bien que, grâce à quelques renforts venus de France, on avait porté à Sontay les sections d'infanterie de 25 à 40 hommes, les compagnies de 100 à 160 fusils. Les compagnies de tirailleurs avaient 259 hommes.

Et pourquoi ce déploiement de forces ?

C'est que les Pavillons-Noirs déserteurs s'étaient, disait-on répandus au nord d'Hanoï, sur le Day, bras dérivé du Fleuve Rouge; c'est que des villages, disait-on encore, avaient donné asile à des bandes pillardes; c'est que, dans les alentours, disait-on enfin, un convoi avait été attaqué. Or, l'on nous envoyait, avec la mission expresse de repincer les Pavillons-Noirs — dont nous n'avons pas même vu l'ombre, — et de châtier rudement les villages rebelles. Vous allez voir comment cette seconde partie du programme a été remplie.

Raconter nos marches et contremarches, dans les belles plaines du Delta, dire quel jour nous avons franchi le Day, en de petits paniers de bambou, que pouvait faire chavirer un simple coup de rame ; quel jour nous l'avons passé de nouveau, à gué, avec de l'eau jusqu'au milieu de la poitrine, et en tenant cartouchières et musette sur le sac, afin de n'en rien mouiller; narrer tout cela serait trop long et sans intérêt aucun.

Nos quatre colonnes ont toujours suivi une direction parallèle, à quelques kilomètres d'intervalle, et, sous le beau prétexte de civiliser et de *pacifier*, nous avons mis une contrée entière à feu et à sang.

Et, comme à chaque grand'halte nous étions assurés d'une nourriture abondante, que, par conséquent, notre charge n'était pas lourde, on marchait d'un cœur allègre. Le temps était d'ailleurs admirable. Si bien que nous avons fait des étapes de 40 à 45 kilomètres, chose rare au Tonkin.

Et, le long de notre marche rapide, de toutes parts, les villages flambaient; d'immenses colonnes de fumée noire, s'élevaient dans les airs. On pouvait voir les champs dévastés par les courses folles des hommes et des bestiaux, bœufs et cochons fuyant, éperdus, à la vue des flammes, parfois des cadavres d'Annamites jonchant les chemins.

Devant chaque village — et combien on en rencontre dans ce pays de population grouillante ! — le spectacle était le même. Jamais un coup de fusil dirigé contre nous; toujours ou presque toujours un silence morne nous révélant que la population s'était enfuie.

Mais les portes de bambou placées au milieu des haies impénétrables restaient closes. Avec nos serpes, nos haches, les coupe-

coupe [1] des tirailleurs, on pratiquait une brèche. Alors plus d'ordre, plus de rang, plus de commandement. Les sections, les escouades se transformaient en bandes de pillards; chacun furetait pour son compte.

Nos soldats de marine cherchaient les cochons, les veaux, les poulets, moi, dans les pagodes, j'étais en quête d'objets curieux; mais bien en vain : tout avait été enlevé déjà; les petits tirailleurs, avec la crosse de leurs carabines, frappaient dans tous les coins, pour découvrir des piastres ou des ligatures de sapèques. Le pillage une fois terminé, on laissait après soi l'incendie dévorant le reste.

Pour tous les Annamites capturés, c'était la fusillade sans merci.

Laissez que je vous conte un fait à jamais vivant dans ma mémoire.

Depuis deux jours, je m'étais fait la main à ces assassinats, effectués à l'ombre du drapeau tricolore, sous l'uniforme d'un agent civilisateur, lorsqu'on m'ordonna, avec douze hommes, de fusiller neuf Annamites.

Je fis l'exécution en trois fois.

A la première, mes trois Annamites tombèrent comme une masse; à la seconde, de même; mais, à la troisième, tandis que deux étaient tués, l'autre, un vieux de soixante ans au moins, n'ayant reçu qu'une balle dans le ventre et une dans le cou, vivait encore.

Étendu sur ses deux mains, il branlait sa pauvre tête pleine de rides et me regardait en m'implorant. Pris de pitié, je m'approchai, chargeai mon fusil, et le vieux me regardait toujours. Je lui appuyai mon canon sur le front et lâchai la détente. Toute la cervelle sauta, un œil était parti, et l'autre continuait à diriger sur moi son énorme regard, un regard tout empreint de terreur.

Non, non, je n'oublierai de ma vie cette tête sans front, ces dents serrées, ces quelques blancs cheveux collés aux joues par

---

[1] Cet instrument, dont le vrai nom est *caï-jüaï* et *coupe-coupe* dans le sabir tonkinois, est familier à tous les paysans annamites, même aux femmes. C'est un sabre d'abatis, grossier et court, à manche et fourreau de bois et qu'ils portent suspendu au côté. Il est réglementaire chez nos tirailleurs.

le sang et surtout ce regard fixe, inspirant l'épouvante, non moins que la pitié.

Mes hommes me parurent aussi impressionnés que moi; nous avions horreur de nous-mêmes. « Cela ne peut continuer ainsi! » me dis-je aussitôt.

Deux heures après, passant dans un autre village, on me remit encore quatre hommes voués à la même exécution. Il nous fallut les traîner, les pousser à coup de crosse contre le talus de la digue. Parvenu là, je jetai un coup d'œil sur la compagnie de tirailleurs, qui s'éloignait de nous. Leurs silhouettes se détachaient en noir sur un fond de ciel qu'on eût dit tout sanglant; les officiers, à cheval, nous tournaient le dos. « Bien! me dis-je; ils ne nous verront pas! »

A genoux devant moi, les pauvres Annamites battaient le sol de leurs fronts : « *Laï hom ong quan! Laï hom ong quan!* » (pardon officier! pardon officier!) geignaient-ils avec des larmes.

« — Sacré Dieu! à la fin ils nous dégoûtent, avec le métier qu'ils nous obligent de faire! » dis-je à mes soldats.

« — Oh! oui, sergent, » me répond d'une seule voix toute l'escouade.

« — Eh bien! mes amis, c'est entendu; mais ne le dites pas : vous me feriez casser. »

Et tout joyeux, je donnai ce commandement : « Demi-tour..... droite! » Mes hommes, qui, tout à l'heure, regardaient les condamnés, firent soudain volte-face. J'ajoutait aussitôt : « Feu d'escouade, chargez..... armes! Joue, attention..... feu! » A l'instant une forte détonation retentit; toutes les balles venaient de partir à la fois. Mes chefs, au loin, se dirent sans doute : « Encore une exécution consommée! Encore des révoltés abattus! » Non! les balles n'avaient point troué de poitrines : elles avaient ricoché, inoffensives, dans la rizière.

Cependant, les pauvres Annamites, plus morts que vifs, ne comprenaient rien à tout ce simulacre. Quand, de mon couteau je coupai leurs liens, quand je les fis se relever et que d'un geste leur montrant la vaste plaine, je leur dis : « Allez, *divè!* (Allez, va-t-en!) », impossible de peindre l'expression anxieuse de leurs figures. Ils ne comprenaient pas; ils croyaient à un raffinement de cruauté; mais quand je pris la main du plus ancien, que je la serrai bien fort d'un air affectueux, en répétant : « Allez, *divè!* »

ils virent bien à mon regard que je ne plaisantais point et tout en pleurs, tombant à genoux, ils m'embrassèrent les pieds.

J'avais envie de pleurer, moi aussi; mes hommes étaient émus et nous remontâmes sur la digue, pendant que le long du talus se faufilaient les Annamites; ils allaient rejoindre leur village fumant encore, dans l'espoir sans doute de sauver quelque chose au milieu de ce désastre.

Vingt minutes après, en accélérant le pas, nous avions repris notre place à la queue de la colonne.

« — On lui a joué un bon tour, au capiston des bouzous[1], » dit un de mes hommes.

« — On a bien fait! lui répondit son camarade; mais, entends-tu? jamais un seul mot de cela! »

Mes hommes, en effet, ne m'ont point trahi.

Et cependant quelques-uns ne formaient point la crème de la société. Si j'avais avec moi de braves fils de paysans, honnêtes et doux, j'avais aussi de mes compatriotes, des Parisiens, en qui se rencontrent les deux extrêmes. L'un d'eux allait bientôt me montrer sa nature basse.

C'était le lendemain. Après avoir passé une bonne nuit dans un village, que ma colonne brûla en le quittant, on se dirigeait, le long d'une digue, vers un gros bourg.

Nous voilà bientôt devant la porte en bambous. Elle est close; une section de tirailleurs commence à la démolir; une autre section tourne sur la droite; une troisième est chargée d'aller, à gauche, « couper les derrières de la position ».

La position, en terme militaire, vous le savez, on appelle ainsi un campement, un fortin, un fort, une place ou n'importe quoi d'analogue, que l'on attaque, qu'il s'agit d'enlever et qui sera plus ou moins âprement défendu; mais donner un nom pareil à un bourg paisible, où l'on ne rencontrera que des hommes inoffensifs, paralysés d'effroi, des femmes et des enfants, qui ne pourront vous opposer que leurs cris et leurs larmes!..... Enfin!

---

[1] Au capitaine des tirailleurs. Les *bouzous* (les singes), c'est ainsi que tous les troupiers français désignent les soldats annamites.

Moi, avec une de mes escouades, j'étais resté en réserve (!!) sur la digue. Déjà les tirailleurs avaient pénétré dans l'enceinte ; nous entendions des coups de feu, des cris déchirants ; nous voyions monter des flammes sombres, quand soudain un spectacle touchant et navrant s'offrit à nos yeux.

Sur une digue oblique à la nôtre, un jeune Annamite fuyait du village, portant sur le dos son vieux père, infirme sans doute, et entraînant sa femme par la main. Celle-ci tenait un petit enfant appendu à son cou, dans un linge, ainsi qu'en un berceau, tandis que du bras elle entraînait à son tour un autre enfant de 4 ou 5 ans après elle.

Soudain, mon esprit eut la vision de ce beau tableau que maman m'expliquait un jour au musée du Louvre, tableau qui représente *la Fuite d'Enée*. La forme et le décor changent ; le drame humain reste le même au fond. Au lieu de palais troyens en flammes, des cases annamites ; au lieu d'une famille princière, une famille de paysans ; au lieu de la mer en vue, les eaux d'un fleuve tonkinois, et toujours aussi ce même lien des générations : aïeul, père, fils, qui pour employer votre langage, mourant l'un après l'autre, constituent cependant notre immortelle humanité.

Eh ! tenez ! je vais, à coup sûr, vous surprendre, en vous prouvant quel autre souvenir surgit alors en moi. Je me remémorai quelques-uns des vers que vous m'adressâtes jadis, et où, voulant peindre cette chaîne des générations, vous avez précisément choisi ce même tableau ;

> Songe à la fortune d'Énée.....
> Derrière lui, le long des flots,
> Il entendait les grands sanglots
> De la patrie abandonnée.
>
> Malheur !... Dans l'ombre et le sommeil,
> Troie ayant délaissé son glaive,
> Une immense clameur s'élève,
> Et le ciel noir devient vermeil.
>
> Un sol où les oiseaux de proie
> S'abattent sur des corps fumants ;
> Partout de sourds écroulements....
> Et voilà la place où fut Troie !

Au loin, quêtant un pain amer,
Des femmes errent au rivage,
Et, dans leur éternel veuvage,
Pleurent, en regardant la mer.

Cependant le pieux Énée,
Lui, déchu de tant de grandeurs,
Longeait aussi les flots grondeurs,
Sans maudire la Destinée.

Devant ses pas, le morne exil
Ouvrait partout sa solitude.
Et, sans crainte ni lassitude,
Il marchait. Que lui restait-il ?

Guidant son fils, portant son père :
— C'était là sa force et sa foi, —
Le vieillard disait : « Souviens-toi ! »
L'enfant rieur disait : « Espère ! »

La même scène revivait sous mes yeux, quand tout à coup j'entends à côté de moi le bruit d'un fusil que l'on arme. Je me retourne, et que vois-je ? un de mes hommes, un de ces Parisiens signalés déjà, qui, prenant la position du tireur à genou, pour être plus sûr de sa balle, visait la famille annamite.

Je bondis vers lui, et brusquement d'un coup de crosse, je redressai son arme. — « Je vous défends de tirer », lui criai-je avec indignation.

Quand un dogue se jette sur une proie, en vain cherchez-vous à l'en détourner : il y revient. Ainsi de cet homme, ou plutôt de cette brute : son idée fixe ne le lâchait pas ; murmurant, l'air bougon, il remit en joue.

C'en était trop ! cette fois, je lui arrachai son fusil, en lui disant : — « Si vous tirez sur ces malheureux, je ne vous flanque pas à la grand'garde [1] ; mais, entendez-vous ? je vous casse la tête. »

---

[1] En colonne, toute espèce de locaux disciplinaires manquant, les hommes punis de salle de police sont envoyés, mais avec leurs armes, aux petits postes et aux grand'gardes.

Dans de certains corps de troupe, infanterie légère d'Afrique, légion étrangère, on va même jusqu'à les placer, sans fusil, munis seulement d'un bâton,

Si vous aviez pu voir le mauvais regard de cet individu, vous me pardonneriez ces violentes paroles. C'est le seul langage qui pût lui faire impression. Il se le tint pour dit.

Aujourd'hui plus calme, je me demande s'il n'y avait pas pour lui quelque circonstance atténuante. Cet homme, qui, — on me l'apprit, — avait passé par l'abattoir de La Villette, mettait peu de différence entre verser le sang humain ou le sang du bétail; mais nous tous, dans la besogne que nous venions d'accomplir, à travers les paisibles campagnes du Delta, n'avions-nous pas prouvé aussi qu'à nos yeux c'était la même chose ?

Ah ! pourquoi faut-il que parfois l'on confonde à ce point la guerre et la boucherie ?

Ce n'est pas tout : Le tableau a son pendant. Au cours de cette colonne sans péril et où l'on tuait sans raison, plus que de raison aussi, l'on faisait ripaille.

Bœufs dont on ne mangeait que le filet, porcs dont on ne prenait que les jambons, poulets, — les éternels poulets, — bananes succulentes, salades d'arèquier, l'on avait tout à gogo. Et, pour arroser les victuailles, chaque demi-section était suivie d'un tonnelet de vin.

Dans ce que j'énumère, une chose vous est inconnue : la salade d'arèquier. Qu'est-ce donc ?

L'arbre, je l'ai dit déjà, est une sorte de palmier. Sa tige s'élève, soit verticalement, soit obliquement au sol, mais toujours

---

en avant de la ligne des sentinelles : mesure atroce, car ces malheureux, en cas d'attaque, sont souvent, pour une faute légère, exposés à la mort.

Mais c'est encore une mesure imprudente, au point de vue militaire, car ces hommes peuvent jeter le désarroi parmi leurs camarades de service.

On en eut la preuve, en 1884, au poste de Batang, sur le Fleuve Rouge. Une compagnie d'infanterie de marine occupait ce village. Le capitaine T... envoya trois soldats punis de prison et désarmés au petit poste commandé par un sergent. Soudain montent des cris terribles; des pirates, rampant dans la nuit, viennent de saisir deux sentinelles et les égorgent. Les hommes désarmés, chose excusable pour eux, s'enfuient vers le village. Malheureusement, le reste du poste subit la panique.

Le pauvre sergent, jeune homme qui pouvait aspirer à l'épaulette, fils d'ailleurs d'un vieil officier, fut condamné à la peine de mort, heureusement commuée en dix ans de travaux publics. Quant au capitaine T..., l'imitateur des Africains, il s'en tira avec trente jours de forteresse.

en ligne absolument droite, et il atteint de dix à douze mètres de haut. A la cime, se déploie un beau panache de larges et longues feuilles vertes, cachant de petites grappes de noix, de la grosseur d'une amande. C'est la noix d'arec. Coupée en tranches minces, qu'on enveloppe d'une feuille de bétel enduite de chaux, elle donne la chique, la fameuse chique de couleur sanguinolente, dont tous les Annamites, hommes et femmes, ont la bouche empourprée. Cela disent-ils, les rafrîchit délicieusement.

— Mais, me dites-vous, la salade ?

— Nous y arrivons. Près du panache, la tige se renfle comme un gros fuseau, et là, au lieu de l'écorce grise et coriace qui recouvre le tronc, on voit des feuilles adhérentes les unes aux autres et présentant l'aspect d'un chou allongé. Si l'on enlève les premières, vertes et encore un peu dures, on en trouve d'autres de plus en plus blanches et tendres. Elles entourent un long cylindre dont la substanee est identique au noyau de la noix.

C'est cette substance qui, avec les feuilles les plus tendres, constitue l'aliment nommé salade d'arèquier. Avec une sauce à l'huile et au vinaigre, c'est exquis.

Mais, pour avoir cette salade, soit qu'on décapite l'arbre, en y grimpant, soit qu'on l'abatte par le pied, pour y enlever ce qu'il offre de plus précieux, le cœur, toujours le résultat est le même : l'arèquier est mort.

Et, si l'on ajoute que l'administration annamite frappe d'un impôt d'un franc par année chacun de ces arbres en plein rapport, on verra le prix, le luxe d'une salade d'arèquier.

En avons-nous mangé durant notre colonne ! en avons-nous abattu de ces beaux arbres des Tropiques ! Que voulez-vous ? Nous représentions la Civilisation passant à travers la Piraterie et la Barbarie !

Heureusement pour ces campagnes, notre séjour n'a pas été long. Ils étaient assez châtiés, les villages rebelles, et, comme nous n'avions pas vu la queue d'un des Pavillons-Noirs qu'il s'agissait d'atteindre, nous n'avions plus qu'à rentrer.

Un incident cocasse égaya le dernier jour de la colonne.

C'était à un nouveau passage du Day ; les eaux, basses, avaient laissé sur les deux rives un banc de vase brune. S'enfoncer jusqu'à mi-jambes dans cette boue liquide était pour nous un fait bien simple. Pour certains officiers — et tous avaient laissé leurs chevaux à Sontay — c'était autre chose. Le capitaine des tirailleurs fronçait le sourcil. Tout à coup, une idée lumineuse lui vient. Avisant un des grands buffles pris aux Annamites et qu'un tirailleur traînait par une corde passée dans les naseaux, il grimpe sur le dos énorme du ruminant. Fier, sur cette monture, il entre dans l'eau, traverse un premier banc de vase ; le second va être franchi ; mais, à peine le buffle est-il en train d'y patauger, qu'il lève brusquement sa croupe, et voilà le capitaine précipité, la tête en avant, dans cette masse de noir limon.

Si vous l'aviez vu se relever, barbouillé des pieds à la cime du casque, comme sortant d'un immense baquet de chocolat ! Il ne riait guère, mais les Annamites, d'un naturel gouailleur, et nous, les marsouins, nous nous tenions les côtes ; des loustics fredonnèrent le refrain troupier de la marche de l'amiral Courbet :

Il a passé le Day,
Le lascar, le lascar !
Il a passé le Day,
Pour aller à Sontay ! [1]

La colonne s'est disloquée sur les bords du Fleuve Rouge. Les tirailleurs sont rentrés à Sontay, enmenant tout un troupeau de bœufs, de veaux, de bufles, *pris à l'ennemi*. Nous, les marsouins, on nous a embarqués sur le *Jacquin* et le *Moulun* qui, en quelques heures, nous ramenaient à Hanoï.

---

[1] Tous ces noms annamites se prononcent : *Daïlle, Sontaïlle*. De même, on dit : *Hanoïlle*, etc...

CHAPITRE XI

Préparatifs de départ pour Lang-Son — Arrivée de renforts
Concentration des troupes à Chu

Hanoï, 9 janvier 1885.

J'ai reçu, ou plutôt j'ai arraché vos deux lettres recommandées du 25 octobre et du 6 novembre. Adressées à la suite de ma compagnie à *Phu-Doan-Hong, sur la Rivière Claire*, nos postiers les avaient dirigées à Hong-Hoa, sur la Rivière Noire; d'où, naturellement, elles furent renvoyées ici, à Hanoï, avec la mention : « Inconnu ». Cela advint pour votre lettre du 9 octobre, que cependant on me fit parvenir. Celles-ci, vlan ! les voilà jetées dans une armoire, où elles moisiraient sans mes vives réclamations. Il a fallu me fâcher tout rouge. Ah ! ces postiers du Tonkin, qui reçoivent triple solde, un tas de suppléments et laissent nos pauvres troupiers en campagne sans secours, sans nouvelles de leurs familles, combien ils sont maudits des soldats !

Mais, enfin, voilà vos lettres ! Elles m'apportent des nouvelles de la maison, ce qui me fait tant de plaisir, et de plus, chose non déplaisante, deux mandats-poste. Ils me serviront à vous expédier maints objets curieux et à me pourvoir de quelques douceurs pour la prochaine colonne.

Vous avez, me dites-vous, le moyen de me faire recommander. En ce moment, peine perdue, car chacun a de trop graves préoccupations. D'ailleurs, je ferai mon devoir, et advienne que pourra !

C'est le lieutenant-colonel Chaumont qui a pris le commandement de l'infanterie de marine. J'ai servi sous lui, à Cherbourg; il me connaît bien. Hier, je l'ai croisé dans la citadelle. Il s'est arrêté, en criant : « Ah ! vous voilà, vous ! » Et le brave homme, très grand, agitait ses longs bras, selon son habitude, qui fait que les troupiers l'ont surnommé *Sémaphore*.

Par exemple, depuis sa venue, le service est rudement actif. Beaucoup s'en plaignent. Je trouve qu'il faut l'en louer ; car ce n'est pas le *farniente* colonial qui nous préparerait à la grande colonne sur Lang-Son.

Matin et soir, longs exercices. Dans les derniers combats, les Chinois, nous attendant de pied ferme, n'ont cédé qu'après le corps à corps ; aussi faisons-nous beaucoup d'escrime à la baïonnette. D'ailleurs, il nous est arrivé de jeunes troupiers à peine instruits[1] ; il convient qu'on les forme. Mais, bast ! encadrés dans les vieux tonkinois, ils deviendront excellents.

Nous passons en outre des revues minutieuses. Équipement, armement, habillement, campement, tout doit être à point. Or, attendu que nombre de soldats ne savent bien voir par eux-mêmes les détériorations de leurs effets, un sergent doit être, si j'ose dire, la bonne d'enfant de sa section. C'est lui qui doit, et sans mensonge, pouvoir répéter le mot fameux : « Il ne manque pas un bouton de guêtre. »

Comme la colonne va être dure dans un pays de montagnes sans cultures, ni habitations, ni routes, et froid en hiver, on emporte la capote, la toile de tente, le couvre pieds. Les marches seront longues et les sacs lourds.

Ici même, à Hanoï, on met la capote par-dessus la vareuse, et on grelotte pourtant. Que sera-ce, là-bas, par les nuits de grand' garde ?

Les nouveaux venus trouvent le climat — le climat actuel — très bon ; mais ceux qui ont passé un ou plusieurs étés ici et dont *le sang de France* s'épuise, ceux-là ont constamment froid.

Et les a-t-on pourvu du nécessaire pour les prémunir contre le mal le plus commun en nos parages ?

---

[1] La majeure partie des détachements d'infanterie de marine, débarqués au Tonkin en janvier 1885, se composait d'hommes de la classe 1883. Incorporés en novembre 1884, ces jeunes soldats étaient, quinze jours plus tard, dirigés sur l'Indo-Chine.

Ils ne purent faire à Hanoï que cinq tirs ; c'est en face des Chinois qu'ils se perfectionnèrent dans le maniement de leur arme. Ils furent bons. Mais aucune règle générale n'est à induire de cette expérience extraordinaire.

Tenez ! j'ai fait ici une agréable rencontre : celle d'un vieux camarade de Chaptal, un Suisse, sergent à la légion étrangère, et il m'a donné une de ces immenses ceintures de laine, que possèdent tous les troupiers d'Afrique. Elles garent de la diarrhée et de la dysenterie, si fréquentes chez nous. On devrait donc nous en munir, plutôt que de ces petites et ridicules ceintures de flanelle, si incommodes d'ailleurs, avec leurs bretelles pour soutien, que chacun les délaisse avec dédain.

Voilà à quoi je songe, tandis que je m'occupe des *revues de détail*. Elles sont bien fastidieuses, mais bien nécessaires et bien pressantes aussi. Dans deux ou trois jours, on l'assure, nous partons.

Je vous écrirai le plus souvent possible ; le plus souvent à votre tour donnez-moi de vos nouvelles. Je vous embrasse de tout mon cœur.

Hanoï, 13 janvier 1885.

C'est après-demain, dit-on, qu'aura lieu le départ. On pourrait l'ordonner dans deux heures : tout le monde est prêt. Je pense du moins qu'il en est dans tous les corps ainsi que dans le mien.

Notre infanterie de marine forme un régiment de quatre bataillons. Et voyez ! comme c'est le 1er régiment de marche de la 1re brigade, et comme dans ce régiment, je suis le sergent de la 1re section de la 1re compagnie du 1er bataillon, si le corps expéditionnaire était dans une vaste plaine, rangé en une longue ligne de bataille, je formerais, avec M. Harel, mon sous-lieutenant, la première file de droite de toute cette armée[1].

Un fait nous donne du courage. En avant de Chu (prononcez *Tiou*), sur la route que nous allons peut-être prendre, le 2e bataillon d'infanterie de marine vient de se distinguer au combat de Muï-Bop.

Ce fut le 3 janvier. Avec ce bataillon et trois autres de l'armée de terre, de Négrier rencontra 6,000 Chinois ; on se battit jus-

---

[1] Pendant cette campagne, les compagnies d'infanterie de marine avaient deux lieutenants. Le sous-lieutenant de l'active était donc à la 1re section, place du sous-lieutenant de réserve.

qu'à la nuit. Le lendemain, 12,000 nous tombaient sur les bras. Eh bien! on leur a enlevé sept fortins, deux belles batteries de canons Krupp de montagne et couché 600 hommes par terre. Il est vrai qu'à notre tour, nous avons eu 110 tués et blessés, dont 93 pour la seule infanterie de marine. Preuve qu'elle a le plus supporté le poids du combat.

Dans le seul bataillon Mahias, il y a, dit-on, 1 officier, 1 adjudant, 4 sergents et 20 soldats tués. Quelle guigne sur les sergents! quatre sur vingt soldats : proportion énorme.

A propos de la conduite de nos camarades, le lieutenant-colonel Chaumont nous a adressé un de ces ordres du jour virils et simples qui enlèvent les troupiers : « J'espère, a-t-il dit, que « ceux qui se sont montrés si braves à Yuoc et à Tuyen-Quan, « sauront, sinon surpasser, du moins égaler leurs camarades « placés sur la route de Lang-Son. »

Déjà, en prenant le commandement des quatre bataillons, il nous avait harangué en ces termes : « Vous serez les premiers, non seulement par le numéro, mais par la tenue, la discipline, la résistance à la marche et la conduite au feu. »

Ah ! je n'ai plus à me plaindre, ainsi qu'aux jours de mon débarquement, lorsque fut signée cette paix si durable, clamait-on, et qui aura été si éphémère. C'est la vraie guerre, la grande guerre qui commence, et, je vous l'assure, ce ne sera pas sans un peu d'orgueil qu'on pourra dire au retour : « J'ai séjourné deux ans au Tonkin ; j'ai fait colonne un peu partout ; j'ai crevé de faim, affronté les maladies, entendu siffler les balles, risqué vingt fois ma peau ; mais enfin, j'ai coopéré, pour ma très humble part, à conquérir une belle colonie à la France. »

Les troupes continuent à arriver. Il en vient de la légion, il en vient des turcos. En outre, sauf les hommes très malades, personne n'est plus rapatrié ; les militaires qui ont terminé leur séjour colonial, on les garde : c'est qu'il n'y a pas trop de monde pour le coup de collier à donner.

On renforce également la cavalerie. Bientôt, avec les chasseurs d'Afrique, formant un escadron, on en aura trois autres de spahis. Ces 600 cavaliers, sous le commandement d'un colonel, seront bien utiles pour éclairer les colonnes, escorter les convois, servir d'estafettes.

Quant aux soins de l'approvisionnement, ils ne sont plus confiés au Commissariat de la marine, mais à l'Intendance.

Des ordres pressants et précis sont donnés à Kep et à Chu pour le ravitaillement des troupes. On calcule avec raison que le strict nécessaire ne suffirait pas; on veut qu'il y ait abondance, et l'on a passé, dit-on, de grands marchés pour des troupeaux de bœufs; de plus, l'armée sera suivie de trois fours de campagne. Par ces mesures, les hommes ne resteront jamais plus d'un jour ou deux sans pain ni viande fraîche.

Des résultats réels vont-ils répondre à ces belles dispositions, ou bien, comme sur la Rivière Claire, va-t-on nous offrir un maigre biscuit, une bouchée d'endaubage et, comme assaisonnement, les circulaires généreuses et les phrases philanthropiques de l'Intendance? Nous verrons bien! Mais, si l'on veut nous mener à la victoire, il ne faut pas qu'on nous réduise, d'abord à la maladie.

A propos, j'ai lu dans diverses feuilles, que le choléra vient de faire son apparition à Paris. J'aime à croire qu'on saura prendre des mesures.

Ici, l'état sanitaire n'est pas mauvais. Certainement, avec un service moins dur et une nourriture meilleure, on vivrait longtemps au Tonkin, une des moins malsaines de nos colonies. Ce qui vous jette à bas, c'est l'excès de fatigue joint aux privations, et il en serait ainsi partout, même en notre beau pays de France.

Comme, à cette heure, les deux tiers de nos effectifs, dans l'infanterie de marine, se composent de nouveaux venus n'ayant point subi les chaleurs estivales, ils se portent fort bien; leur santé va dépendre de notre vie en colonne, des mesures qu'on aura prises. Espérons !

P.-S. 16 janvier. — Le courrier arrivé hier soir ne m'a apporté qu'une seule lettre, datée du 5 décembre. Elle est recommandée et vient de Jeanne G.....

Je serais inquiet de votre silence, si Jeanne ne me donnait longuement de vos nouvelles. Jean est à Paris, retour d'Amérique, enchanté de son voyage et hâlé par l'air salin.

Que diriez-vous, si vous pouviez me voir? J'ai pris la teinte du bronze. Mes joues sont creuses encore de la famine de Phu-Doan. Mais quelle erreur, si l'on me croyait anémique !

Hier soir, descendant de garde à la Concession et ayant hâte de rentrer à la citadelle pour dîner, j'ai parcouru les 3 kilomètres de distance, vite comme un lièvre, malgré l'énorme paquetage que, en vue du départ, nous portons même pour prendre la garde.

Mes hommes, quinze jeunes pierrots arrivés de France, ne me trouvaient pas engourdi, ah ! non ! Il est vrai, pour eux la marche est plus rude, n'étant pas habitués à avoir tout un bazar sur leurs épaules.

Je serai plus chargé encore, quand on s'acheminera vers Lang-Son, grâce à des choses non réglementaires, mais que je juge indispensables. On annonce notre départ dans quarante-huit heures.

Phu-Lang-Giang, 28 janvier 1885.

Le 16 janvier, nous pensions avoir quarante-huit heures devant nous. Dès le lendemain matin 17, nous partions pour Phu-Lang-Thuong.

Après avoir, dans des sampans et des jonques, passé le Fleuve Rouge, on s'engage sur la route de Bac-Ninh, où je me suis promené tant de fois durant mon séjour au blockhaus de Gia-Lam. Depuis lors, réparée, élevée, élargie, c'est une belle voie, bien droite, qui surplombe de 5 ou 6 mètres les rizières, — rizières à sec dans la présente saison, — et qui pratique de larges trouées dans les nombreux villages qu'elle traverse.

Les courroies de nos énormes sacs tiraient dur sur les épaules, mais avec plaisir nous suivions ce beau chemin. On avait ouvert les rangs, les officiers marchaient entre les files. Sans les rizières les haies de bambous, les arèquiers au beau panache vert, on se serait cru, à voir ce bataillon avancer allègrement, non au Tonkin, mais en France, aux jours de grandes manœuvres. Les gais refrains, les chansons drôles, pas toujours très morales, par exemple, rythmaient le pas ; leurs airs partaient en envolées joyeuses au-dessus des sections et des compagnies.

Et nous allions toujours. Mais à 10 kilomètres du Fleuve Rouge, nous voici parvenus au Canal des Rapides. Là se trouve un bac militaire ; en deux heures les pontonniers nous font passer. La nuit arrive alors et nous nous arrêtons dans un village.

Le lendemain, en marche ! et entrée dans la citadelle de Bac-Ninh, où nous devions déjeuner.

La citadelle de Bac-Ninh n'est ni grande ni formidable. Autour s'étend la ville, formée de *caï'nhas* annamites, entourée d'un mur d'enceinte avec portes et miradors. Au delà, dans la plaine, on voit les vestiges des retranchements que, le 13 mars 1884, abandonna l'armée chinoise.

Un seul incident, et fort ennuyeux, à Bac-Ninh. J'avais laissé s'éloigner du cantonnement de ma section deux hommes, fort bons soldats, dont j'étais sûr ; ils désiraient acheter, sur un autre point de la citadelle, quelques provisions à un mercanti ; mon capitaine les ayant rencontrés, m'infligea quatre jours de prison, — punition toute morale, car on ne peut la faire en route, et qui d'ailleurs, ne figurera point sur mon livret : mon sergent-major me l'a promis ; — n'importe ! cette mésaventure m'empêcha d'accepter, à Phu-Lang-Thuong, l'invitation amicale d'un maréchal des logis chef dans l'artillerie de marine.

Nous repartions bientôt pour Dap-Cau, où l'on arrivait le soir.

Dap-Cau est un village au pied et sur le penchant d'un mamelon tout planté de grands pins et que surmonte une jolie pagode transformée en hôpital.

Là, comme à Bac-Ninh, il n'y a qu'un peloton de 75 fantassins de marine, quelques artilleurs et des Tonkinois.

Le village, par un côté étrange m'a bien amusé. Des écriteaux de bois se dressent au coin de ses rues, baptisées *rue Bonaparte, rue Monge, rue de Rennes,* etc..... L'avenue, plantée de grands arbres, montant à l'hôpital, s'appelle *avenue de Saint-Cloud.* Et c'est en suivant la *rue de Rivoli,* toute bordée, ô dérision ! de pauvres *caï'nhas* en torchis, que nous nous rendîmes au bac, pour passer l'arroyo qui coule au pied de la place.

De Dap-Cau à Phu-Lang-Thuong, le pays devient légèrement accidenté ; la route est moins belle et moins large.

Phu-Lang-Thuong est situé sur les deux rives du Song-Thuong, qu'un bac militaire réunit. Cet arroyo assez étroit, mais très profond, descend des montagnes de Lang-Son et se jette dans le Loc-Nam.

Les plus fortes canonnières montent jusqu'ici, même dans la saison des basses eaux, celle où nous sommes. Voilà devant nous la *Surprise*, grande canonnière de haute mer, gréée en goélette et qui est venue de France.

Logés à côté du 23e de ligne, dans des cases annamites évacuées par leurs maîtres, nous couchons sur leurs lits de camp. Comme la paille ne fait pas défaut, je me déshabille et me trouve heureux comme un roi....., un roi enfoui dans une litière.

Le service est bien doux. Exercice seulement le matin, le long du Song-Thuong. Le soir, parfois on prend la garde de nuit, dans une vieille petite citadelle, ancien logement du Quan-Phu (préfet annamite), aujourd'hui envahie par les ronces.

Après cette garde nocturne, je suis content de revenir à la petite chambre, où je couche avec un autre sergent et le caporal fourrier.

Or, savez-vous ce qui nous préoccupe, les trois camarades unis? c'est notre déjeuner du matin, notre dîner du soir. Le caporal fourrier se charge de notre cuisine. Après avoir pris la ration à laquelle nous avons droit : un morceau de filet, quand on a du bœuf, un jambonneau quand on a du porc salé, il achète aux femmes annamites œufs, bananes, poulets et canards, à un mercanti français ou chinois (le Chinois est le moins voleur) quelque boîte de conserve. Et, cuisinier émérite, il prépare tout cela. C'est un drôle de type, très amusant, ce Bellegarde, un Français d'Algérie, qui étonne les Turcos en les interpellant en arabe, et qui nous étonne bien plus, nous, par son *débrouillage* [1] et un talent qu'admirerait Brillat-Savarin.

Moi qui, dans l'art culinaire, puis revendiquer tout au plus le rang de marmiton, je suis chargé de plumer les volailles, d'éplucher les pommes de terre, de récurer les gamelles. Si, au gré du fourrier, je ne m'acquitte pas assez bien de la besogne, le chef morigène son aide de cuisine, son supérieur dans la hiérarchie militaire.

Et nous rions. Que voulez-vous? On se dit : Nous n'avons

---

[1] Après sa libération, il entra dans la police parisienne. En voilà un que les voleurs ne doivent pas rouler facilement.

peut-être pas longtemps à manger, à boire et à rire. Le soldat qui, à chaque instant peut entendre siffler les balles, ronfler les obus, devient philosophe, et non philosophe morose, mais philosophe gai.

Phu-Lang-Thuong est le point d'où partent deux routes qui se dirigent vers Lang-Son.

L'une, la plus directe, passe par le Kep, gagne la vallée supérieure du Song-Thuong, et la suit par Bac-Lé et les gorges du Nuï-Don-Naï, où se fit éreinter la colonne Dugenne.

Le lieutenant-colonel Dugenne s'était engagé jusqu'au milieu de cette route, qui a 110 kilomètres de longueur. Aujourd'hui notre poste avancé est au Kep, à 17 kilomètres d'ici. En avant, à 6 kilomètres, Cau-Son est tenu par les Chinois. Devant eux se trouvent des Tonkinois, de l'artillerie et un bataillon de 1000 légionnaires, qui débarque d'Afrique.

Avancera-t-on par là? Je l'ignore ; nous savons seulement que le gros des troupes est aggloméré d'un autre côté, à Chu.

Au delà de Chu, s'élève une série de mamelons fortifiés, qu'on a enlevés aux Chinois, puis une haute chaîne, le Nui-Deo-Van, dont nos ennemis tiennent les passes. Le chemin descend ensuite sur la place de Dong-Sung, et, toujours à travers les éminences, arrive à Lang-Son.

Telle est la deuxième route, longue de 130 kilomètres. L'armée y est engagée également, et les avant-postes ont poussé jusqu'à 75 kilomètres de Lang-Son.

En avant de Chu campent, en effet, de nombreuses troupes : cinq bataillons et quatre batteries.

Ici, à Phu-Lang-Thuong, en seconde ligne, se trouvent, avec notre bataillon, le 23e de ligne, de l'artillerie, du génie, des Tonkinois et un bataillon de turcos.

Ces tirailleurs algériens, cantonnés près de nous, arrivent d'Afrique. Chacune de leurs compagnies, de 250 hommes, comprend, outre les 21 gradés du cadre français, 90 tirailleurs empruntés à nos zouaves; c'est donc une troupe mi-francaise, mi-arabe. On espère ainsi rendre les *bicots* plus solides au feu.

Ah! si l'on savait cela en France! Quoi! ils ont pu faiblir un instant, ces fameux *lions du désert*, qui ont tant de prestige aux yeux des badauds parisiens!

Quand nous aurons reçu les autres renforts, ce sera un total respectable.

Mais il faut une âme à ces troupes.

Eh bien ! le général de Négrier est avec nous, et l'on attend Brière de L'Isle.

On ne néglige, d'autre part, aucun moyen d'assurer le triomphe. Ainsi, nous avons reçu les deux ballons captifs ayant servi lors de la prise de Hong-Hoa et de Bac-Ninh. Le premier peut élever deux hommes, et vingt quatre sont nécessaires pour le retenir ; le second, plus petit, sert à transporter du gaz.

Dans l'intérieur du Tonkin, sauf Hanoï, tenu par un bataillon de turcos et une batterie, et Haïphong, par un bataillon d'infanterie de marine, il ne reste que des détachements insignifiants.

Les places du Nord, Hung-Hoa, Tuyen-Quan, Taï-Nguyen, ont leurs garnisons réduites à quelques compagnies européennes.

Avec les tirailleurs tonkinois, c'est suffisant. Dans le Delta, d'ailleurs, rien à craindre ; les canonnières seules pourraient le garder.

Maintenant se pose une grave question : Combien les 8,500 hommes de la colonne, massés au même point, auront-ils de Chinois à combattre ?

On parle de 70,000 à 80,000. C'est peut-être exagéré ; mais ils sont nombreux : on dirait que plus on en tue, plus il en surgit, et, quoique nous leur ayons déjà enlevé bien des pièces, il leur en reste un nombre respectable.

Leurs batteries se composent de canons Krupp et aussi de mitrailleuses Gatling.

Ah ! nous aurons du fil à retordre, car les Chinois sont bien organisés, bien armés et n'ont pas peur. Ils l'ont fait voir à Muï-Bop, où ils semblent avoir renoncé à cette défensive absolument passive, si inefficace pour eux jusqu'à ce jour.

Enfin, immense supériorité, ils sont sur leur frontière ; ils peuvent tirer d'inépuisables réserves de ce pays, plus peuplé que toute l'Europe, et, nous, nos pertes restent longtemps irréparables.

Mais nous sommes lancés. En avant !

Par exemple, une fois à Lang-Son, où irons-nous? On parle de garnir toute la frontière, d'occuper des places, comme That-Khé, Cao-Bang, à huit jours de marche au nord de Lang-Son. Si mon bataillon est envoyé dans ces régions montagneuses, presque perdues, on recevra peu de lettres, vous de moi, moi de vous moins encore.

Mais adieu; je ne veux pas vous attrister par des doléances. Le clairon de garde sonne l'extinction des feux; ses notes longues et plaintives se perdent sur les rizières, entraînées par le vent frais du Nord qui souffle des montagnes. Je vais éteindre ma bougie, que j'ai placée sur un beau chandelier de pagode tout doré.

Je vous embrasse tous de cœur en vous recommandant bien de ne pas vous tourmenter sur moi.

Chu, le 1er février 1885.

Je vous ai écrit, le 28 janvier, de Phu-Lang-Giang. Le 29, au matin, j'embarquai, avec le bataillon, sur la canonnière le *Moulun*, pour me rendre à Chu. Nous avons descendu le Song-Thuong, puis remonté le Loc-Nam, où nous débarquions, le lendemain, devant un petit fort, au pied duquel étaient plusieurs canonnières à l'ancre.

De Lam à Chu, rien que 6 kilomètres. Nous les franchîmes aisément par la nouvelle route, très bonne. Mais quel spectacle! Tous les villages brûlés, rasés; aucune trace ni de culture récente ni de population; les seuls êtres humains qu'on aperçoive sont, avec nos soldats, les coolies, reconnaissables à la grande étiquette portant indication d'un corps de troupe ou d'un service, étiquette cousue sur la poitrine et qui se détache, toute blanche, sur l'étoffe grisâtre d'un vieux keao en loques.

A partir du blockhaus Cuvellier, ainsi nommé d'un capitaine de la ligne tué là au bord du fleuve, un petit chemin de fer Decauville suit la route; il porte dans les magasins de Chu les munitions et approvisionnements que les canonnières débarquent à Lam, point terminus de leur navigation.

On passe entre quelques petits mamelons, où des vestiges de

campements chinois apparaissent; de nombreuses croix marquent aussi les tombes de nos morts, durant les combats d'octobre.

Au premier plan, sur quelques éminences, se dessinent des silhouettes : ce sont les sentinelles des petits postes; au delà, les hautes montagnes bornent l'horizon. Elles s'étagent en plateaux successifs. Et quand on pense qu'il faudra grimper là-haut, enlever tout cela sous le feu ennemi; ce ne sera point une amusette d'enfant.

La route gravit une colline que surmonte un blockhaus; de là, on découvre un peu plus loin, au milieu de la plaine, un grand mamelon où se dressent de nombreuses baraques en planches, recouvertes de toiles goudronnées : ce sont les magasins de l'armée française.

Des parapets en terre jaunâtre les entourent, parapets d'un fort enlevé aux Chinois. Mais voyez, au pied des glacis, ces tentes par centaines, entre lesquelles s'agitent, grouillent de petits points noirs.

On approche. L'œil distingue bien vite, dans leurs campements divers, Turcos, Légionnaires, Lignards; puis, de beaux chevaux arabes au piquet : c'est le demi-escadron des chasseurs d'Afrique; enfin d'innombrables coolies que gardent des Tirailleurs tonkinois.

Il en faut des vivres, pour nourrir tous ces hommes! Mais voici, au bord du fleuve, les grandes jonques que l'on décharge et qui vont emplir les magasins. Les mêmes jonques ont apporté aussi l'aliment ordinaire des combats : caisses de cartouches, munitions d'artillerie. Sur le haut de la berge, déjà sont alignées les batteries; les canons tendent leurs gueules vers les montagnes, et, en arrière des caissons, les artilleurs pansent de grands mulets et des chevaux de Manille [1].

---

[1] Les chevaux d'Europe et d'Afrique ne tiennent pas sous le climat du Tonkin. C'est pourquoi on fit venir, outre les grands mulets d'Algérie, des chevaux de Manille.

Achetées dans la colonie espagnole d'Océanie, ces bêtes sont plus grandes et plus fortes que les petits poneys annamites, mais le sont moins que les chevaux ordinaires d'Europe.

Les manillais sont laids de forme, courts. Leur robe, en général jaune clair, est très salissante, ce qui n'ajoute pas à leur grâce.

ROUTES DU DELTA A LANG—SON.

Au milieu de tout ce monde, Européens, Asiatiques ou Africains, qui courent affairés, le fusil ou le mousqueton en bandouillère, vont et viennent aussi les officiers d'État-major avec leurs turbans de gaze bleue ou rouge, entourant leur casque ; puis, les fonctionnaires de l'Intendance, qui persistent à garder sous ce climat leurs képis rouges à galóns d'argent.

Nous, l'on nous a cantonnés sur la rive gauche du fleuve, dans un village dont les *caï'nhas*, comme par miraculeuse protection, n'ont pas été saccagées. Triste miracle ! Mieux eût valu qu'on les démolît. Les Annamites y logeaient ; les *Joyeux* prirent leur place ; nous la prenons à notre tour, couchant — car on n'en peut trouver d'autre — sur la même paille où couchèrent ces compagnons de la saleté. Pouah ! quelle vermine ! Rien ne me répugne plus, et c'est un des cas où il est difficile de dire en riant le fameux dicton : « A la guerre comme à la guerre ! »

Les premiers coups de feu ne tarderont sans doute pas à retentir.

On vient de faire une démonstration sur la route du Kep. Les ballons dont j'ai parlé et que les Chinois connaissent bien, les ayant déjà vus à Hung-Hoa et à Bac-Ninh, ces ballons ont été envoyés au Kep. Sans doute on espère tromper l'ennemi, lui faire croire par ces aérostats que le fort de notre armée se trouve sur cette même route du Kep, suivie par la colonne Dugenne, la plus courte d'ailleurs pour atteindre à Lang-Son. Mieux encore : près du Kep, on répare le chemin, comme pour faciliter le passage de l'artillerie.

Ce stratagème va-t-il réussir ?

Parmi tant d'indigènes marchant avec nous, coolies, tirailleurs, interprètes, — interprètes surtout, vu leur intelligence et la facilité qu'ils ont d'entendre les conversations des officiers, — parmi tout ce monde, je serais bien surpris qu'il ne se trouvât point quelques émissaires des Chinois, assez habiles pour faire parvenir aux intéressés les renseignements les plus précieux. Les Orientaux sont nos maîtres en ruses, en ruses de guerre comme en ruses politiques ; vouloir gagner la partie à ce jeu-là, c'est pure présomption.

D'ailleurs, quand même ils distrairaient quelques troupes en avant du Kep, ils en auront toujours assez pour nous donner de la tablature.

Encore une fois, combien sont-ils?

Oh! je sais bien, à ce sujet, l'apostrophe que jette Rouget de Lisle à quiconque ose poser une question pareille :

> — Combien sont-ils? Combien sont-ils?.....
> — Quel lâche, ennemi de sa gloire,
> Peut demander : Combien sont-ils?
> Eh! demande où sont les périls :
> C'est là qu'est aussi la victoire.
> Lâche soldat! Combien sont-ils?
>
> Mourir pour la patrie
> C'est le sort le plus beau.....

Pareil élan révèle un grand enthousiasme et, sans contredit, l'enthousiasme est une force, mais ne suffit pas toujours. D'ailleurs, pourquoi, lorsqu'on n'est pas réduit à une extrémité suprême, irait-on se jeter, tête baissée sur un ennemi qui doit vous écraser ?

Non, voyez-vous, il faut connaître la force de l'adversaire et, dans l'intérêt de la cause, pour l'honneur même du drapeau, il faut garder son sang-froid, n'engager la partie que si l'on tient, sinon tous, du moins quelques atouts sérieux.

Or, ici nous avons des chances.

Que les Célestes soient 50,000, comme on le suppose, nous n'en constituons pas moins une petite armée très respectable, et, en comparaison avec l'ennemi, notre valeur, la science de nos chefs doivent décupler notre force.

Voici, d'après l'ordre général communiqué hier, et que je suis allé copier pour ma compagnie (mes fourriers se trouvant tous deux en corvée), voici notre dénombrement :

ÉTAT-MAJOR.

Général **BRIÈRE DE L'ISLE** : Commandant en chef.
Service d'État-Major de la Division.
Trésor et Postes de la Division.

Troupes non embrigadées.

1 détachement de Télégraphistes.
1/2 compagnie du 4ᵉ régiment du Génie.
1 détachement de pontonniers.
1 peloton du 1ᵉʳ régiment de Chasseurs d'Afrique.

1ʳᵉ *brigade.*

Colonel GIOVANINELLI.
1ᵉʳ régiment de marche : 2 bataillons d'infanterie de marine (lieutenant-colonel CHAUMONT).
2ᵉ régiment de marche : 2 bataillons de Tirailleurs algériens (lieutenant-colonel MOURLAN).
3 batteries d'artillerie de marine (18 pièces de 80 millimètres de montagne).
1 escouade de Chasseurs d'Afrique.
1 bataillon du 1ᵉʳ régiment de Tirailleurs tonkinois.

2ᵉ *brigade.*

Général DE NÉGRIER.
3ᵉ régiment de marche : 1 bataillon du 23ᵉ de ligne ; 1 du 111ᵉ ; 1 du 143ᵉ (lieutenant-colonel HERBINGER).
4ᵉ régiment de marche : 2 bataillons de la légion étrangère ; 2ᵉ bataillon d'infanterie légère d'Afrique (lieutenant-colonel DONNIER).
1 batterie du 11ᵉ d'artillerie.
1   —   du 12ᵉ   —
1 batterie d'artillerie de marine.
1 escouade de Chasseurs d'Afrique.
1 bataillon du 2ᵉ régiment de Tirailleurs tonkinois.

N'est-ce pas ? il donne confiance, ce beau tableau, surtout lorsque l'on n'a jamais fait que de petites colonnes, comme celle de Tuyen-Quan, où un bataillon d'infanterie et une section d'artillerie (deux pauvres pièces) agissaient seuls.

Par malheur, on trouve là des effectifs bien réduits. Les bataillons de ligne, par exemple, sont des bataillons-squelettes ; ils ne comptent même pas 400 hommes chacun.

L'infanterie de marine offre des effectifs plus convenables : 600 hommes par bataillon ; les troupes d'Afrique, de plus satisfaisants encore ; même deux bataillons qui arrivent, l'un de la

Légion, l'autre des Tirailleurs, sont sur complet pied de guerre :
1,000 hommes.

En résumé, la division comprend 7,800 hommes de troupes françaises, étrangères ou arabes, plus 2,000 Tirailleurs tonkinois.

Mais ces derniers représentent plutôt le nombre que la force réelle. Pauvres petits tirailleurs, si nous n'avions que vous à lancer contre les redoutes chinoises !

Il ne faut point qu'on s'aveugle, qu'on se dissimule ce fait désolant, c'est que, en marche, dans ce satané pays, les effectifs semblent fondre.

Prenons pour exemple ma compagnie. Je ne dirai pas qu'elle soit la plus résistante, mais c'est une de celles qui ne font pas déshonneur à notre corps. Eh bien ! après avoir, au départ, laissé naturellement tous les hommes déjà hospitalisés, plus une douzaine d'éclopés ou de douteux, nous avons quitté Hanoï au nombre de 150. Or, à Bac-Ninh, à Dap-Cau, à Phu-Lang-Thuong, plusieurs d'entre nous, tombés malades, n'ont pu suivre. Ce matin, étant sergent de jour, j'ai conduit trois hommes au fort de Chu, où ils resteront. Durant la marche, il en entrera d'autres à l'ambulance et, en admettant que nous n'ayons pas de pertes causées par le feu, si nous arrivons 120 à Lang-Son, ce sera bien beau. Il n'en est pas moins vrai que 30 hommes de ma compagnie seront restés en route.

Les chefs qui nous conduisent n'ont pu omettre d'appliquer ce calcul à tous les régiments, à toute la division. Ils ne reculent pas néanmoins; c'est qu'ils ont confiance.

Lorsque vous lirez cette lettre, vous aurez déjà appris, sans doute, notre entrée dans ce Lang-Son tant convoité.

J'espère que mon nom ne se trouvera point sur les listes, probablement fort longues, que publieront les journaux et que tant de pauvres parents doivent parcourir d'un regard anxieux, le cœur plein de fièvre : la liste des tués.

Quoi qu'il advienne, soyez sûrs que je ferai mon devoir et que votre souvenir, l'idée que vous pensez à moi, loin de me faire fléchir, m'excitera au contraire à ne mériter que des éloges.

Je vous dévoile là entièrement ma pensée et mon cœur; vous dire que j'éprouve de l'enthousiasme, serait mentir.

Ici, nous ne défendons pas notre Patrie, et la politique coloniale me laisse, en définitive, assez froid. Mais l'honneur du drapeau est engagé. Nous avons subi un cruel échec sur cette route de Lang-Son ; nous devons l'effacer par une victoire.

Il ne faut pas que, devant les Allemands et les Anglais, que je n'aime guère mieux[1], il soit dit qu'une armée française, commandée par des généraux français, n'a pas osé s'avancer contre une armée chinoise, même cinq ou six fois supérieure en nombre.

Voilà ce qui m'anime. Et, je vous le répète, personnellement, je ferai mon devoir, tout mon devoir. Si je me fais casser la tête, comme tant d'autres, la seule chose malheureuse, dans cette suppression d'un sergent, sur les centaines que renferme le corps expéditionnaire, ce sera la douleur que vous éprouverez.

Mais loin de nous, ces tristes pressentiments ! Tout ira bien, et je vous embrasserai tous à Paris, un jour, comme en ce moment, ici, à Chu, à 4,000 lieues de la France, je vous embrasse du fond de mon cœur.

---

[1] Je n'étais pas anglophile à cette époque.

Un récent séjour, comme administrateur colonial, à la Côte d'Ivoire, côte infestée de requins et de ces hommes à cheveux rouges et à longues dents, dont le rôle civilisateur consiste à abrutir un peu plus les nègres avec leur horrible eau-de-vie, un contact forcé m'a rendu plus antipathiques encore ces fils d'Albion, auprès desquels les Prussiens eux-mêmes sont des hommes charmants.

Pour être juste, j'ajoute néanmoins qu'à bord de leurs navires, où j'ai pris passage, ils sont pleins de prévenance pour les étrangers.

Il est vrai qu'à deux reprises j'eus à faire à des commandants irlandais.

Par leur hospitalité, ils font songer à l'Ecosse.

CHAPITRE XII

Marche en avant. — **Combats des 4, 5, 6, 11 et 12 février**
Entrée à Lang-Son

Lang-Son, 14 février 1885.

Enfin ! Nous y voici, dans ce fameux Lang-Son !

Plus d'une semaine de marches et de combats vient de s'écouler.

Par une pluie presque continuelle sur des chemins glissants, nous venons d'accomplir un véritable tour de force. Et quand je songe aux obstacles surmontés, quand, après tant de fatigues, de privations, de périls, je vois la confiance, la joie peintes sur tous les visages, alors je pense à l'Alsace-Lorraine. Avec des troupes comme les nôtres, la France, j'en suis fermement convaincu, peut envisager l'avenir avec calme et pleine d'espoir.

Hier, à midi, du haut des derniers mamelons, d'où nous venions de chasser une armée chinoise, six fois supérieure en nombre, lorsque nous aperçûmes à nos pieds, au milieu de sa ceinture verdoyante de bambous, la citadelle qui hypnotisait tant de milliers d'hommes, ce fut une allégresse générale ; l'air de la vallée devint pour nous délicieux ; plus de fatigues ; nos jarrets nous semblaient d'acier, nos sacs énormes étaient pour nous légers comme des plumes.

Ah ! C'est que cela a été dur !

Le 3 février, bien avant le jour, nous quittions nos cantonnements de Chu et nous nous dirigions vers les montagnes.

Devant nous, sur le chemin, se déroule à perte de vue une longue file noire : c'est toute l'armée en marche. Derrière, elle se prolonge encore d'autres troupes, et du convoi, qui comprend 10,000 coolies.

Quelques jours avant, une reconnaissance vers l'Est avait aperçu les Chinois à l'entrée des défilés. Cependant, parvenus au pied des montagnes, nous ne vîmes que des fortins abandonnés et, au loin, quelques sentinelles et petits postes qui se retirèrent devant nos éclaireurs. Et nous marchons, nous marchons jusqu'au soir.

Nous sommes alors engagés dans une gorge. Bien imprudent serait-il de passer là notre nuit, et l'on gravit les pitons élevés qui enserrent le chemin. Pénible ascension. Comme il avait plu constamment, ce n'était que glissades sur la terre argileuse. Enfin, on parvient au sommet. Si l'on pouvait sécher un peu ses habits ? Mais ce ne sont point les quelques brindilles de bois que l'on trouve, toute saturées d'eau, ni les grandes- herbes mouillées qui nous donneront de la flamme.

Cependant quelques hommes, aussi dévoués qu'ingénieux sont redescendus jusqu'à mi-côte et reviennent avec quelques brassées d'un bois un peu plus gros, un peu moins imbibé que les brindilles semées sous nos pas. On aura du feu. Il en brille de pareils sur les hauteurs voisines. On n'aperçoit ni le fond de la vallée ni les sommets arrondis, mais de partout des feux de bivouacs, qui semblent danser dans la brume.

On dresse les tentes sur l'herbe ; on mange, on boit un peu de café chaud ; on se couche sous les petites toiles nous abritant de la pluie. Seulement, quel réveil, quand on n'a eu que l'herbe trempée pour tous matelas ! Eh bien ! Il faut qu'on se dégourdisse. Allons ! sac au dos !

Nous dévalons sur la route suivie la veille. Elle s'ouvre sur une large vallée. Au fond, une ligne de hauteurs semble barrer le chemin.

Les Chinois sont là.

La 2e brigade tient la tête et s'avance vers l'ennemi ; la 1re se masse en colonne, au milieu des rizières desséchées. Et nous voyons alors, au sommet de toutes les hauteurs, les terrassements des ouvrages chinois se profilant sur le ciel. Des pavillons rouges (qui de si loin nous semblent de petits mouchoirs et doivent être immenses) surmontent les forts.

Au-dessous, s'allongent des lignes de tranchées, que couronnent aussi d'innombrables pavillons, et, sur le fond sombre des broussailles et des rocs, se détachent les grandes tentes coniques des Célestes, toutes blanches.

A 11 heures, l'artillerie de la 2e brigade, établie en contrebas des forts, sur des mamelons, ouvre le feu, bientôt rejointe par les trois batteries de la 1re brigade. Les pièces tonnent à qui mieux mieux et tirent fort juste. Les obus à fusée percutante et fusante arrivent au-dessus des forts et là, crac! ils éclatent en l'air, couvrant de balles et d'éclats l'intérieur des ouvrages chinois.

Ah! messieurs les Célestials, vos amis les Allemands et les Anglais ont pu vous expédier pièces Krupp et mitrailleuses Gattling, mais ils ne vous ont pas envoyé nos élèves de l'École polytechnique ni les pointeurs formés aux écoles à feu de Vincennes, de Bourges, de Lorient, et les pièces ne sont en vos mains que de gros et inutiles joujoux.

D'ailleurs, si l'ennemi a des canons, ils ne répondent pas.

Entouré de son état-major, d'où se détache parfois, suivi d'un Chasseur d'Afrique, un officier portant ses ordres, le général Brière de L'Isle, pendant le premier acte qui se joue, s'est tenu sur un coteau, en arrière de notre régiment.

Bientôt il se porte en avant, et les colonnes d'assaut se forment, montent de tous côtés, pendant que l'artillerie redouble ses coups.

Sur un grand fort dominant les autres, clef de la position et où, durant deux heures, on avait dirigé des obus, on lance deux colonnes, une de *Joyeux*, une de Légionnaires. Elles arrivent très près, sans rien recevoir; mais une fois à 400 mètres, le fort s'illumine soudain; puis, la fumée enveloppe les deux troupes. Quand elle se fut dissipée, les pavillons chinois étaient abattus: le drapeau tricolore flottait sur les remparts.

A 4 heures, tout était terminé sur ce point; mais, à gauche, on devait se battre longtemps encore.

La 1re brigade, placée en seconde ligne, s'était portée peu à peu en avant. Seul mon bataillon resta en réserve. Cela devait, pour la nuit, nous jouer un vilain tour.

Vous raconterai-je en détail tout le long épisode qui vint nous distraire de l'action générale? Le voici en résumé:

Nous dormions tous profondément, lorsque, vers dix heures, on nous réveille en sursaut. Il nous fallait courir au secours d'une vaillante compagnie de Légionnaires, qui, après avoir enlevé un fort au Chinois, se trouva ensuite accablée par le nombre. L'un de ses sergents était accouru pour réclamer assistance et allait nous servir de guide.

Notre chef de bataillon, le commandant Lambinet, qui, capitaine adjudant-major à Bac-Lé, s'y était distingué entre tous, voulut se mettre à notre tête. Avec lui vint notre lieutenant, M. de L'Estoile.

Nous partîmes, laissant, au lieu du campement, une section de ma compagnie, sans nos sacs, ne prenant que la musette avec deux biscuits et nos 120 cartouches.

J'avais été détaché en avant, avec le Légionnaire et 10 hommes. J'en parle pour rappeler un trait curieux.

Un petit engagé de 18 ans, vrai gamin de Paris, marchait le premier, tenant, et avec quel fierté ! le fanal qui éclairait notre route. Lorsque je l'avais tendu, ce fanal, en disant : « Allons ! un homme pour porter ceci ! », maints soldats hésitèrent : c'est que, dans une rencontre, la première décharge serait pour le porteur. Lui, le gavroche, se précipitant vers moi, le saisit, avec cette parole gouailleuse : « Connais ça ! moi, vieil employé de la Compagnie du gaz ! »

Et nous allions toujours. Mais, après avoir allongé des pas et des pas, contourné des mamelons et des mamelons, notre guide avait perdu le fil et se sentit égaré comme en un labyrinthe. Au loin, on n'entendait plus aucune fusillade. Tout était-il fini ? Quelle anxiété ! Pour attendre l'aurore, nous avions grimpé sur une colline ; on forma le carré et personne ne dormit.

Au jour naissant, nous débouchâmes dans une petite vallée, et bientôt, anxiété nouvelle ! voilà sous nos yeux dominant le vallon, un fort chinois. Avions-nous, durant la nuit, passé entre les lignes ennemies ? L'armée chinoise serait-elle entre nous et l'armée française ?..... Heureusement, depuis la veille, le fort était à nous.

Ceux qui l'occupaient, nous apprirent, d'une part, que les Légionnaires auxquels nous allions porter secours s'étaient défaits des Chinois ; d'autre part, ils nous eurent vite remis en bon chemin.

L'ARTILLERIE DE LA **2ᶜ** BRIGADE OUVRE LE FEU SUR LES FORTS
EN AVANT DE DONG-SUNG (**4** FÉVRIER).

Dès sept heures, nous étions de retour à l'emplacement de la veille. Mais, là, une déception nous attendait.

La 4e section, laissée par nous, était partie avec notre régiment; nos sacs sont là, au milieu de la rizière, et personne qui les garde. Près d'eux, ont défilé bien des Tirailleurs, bien des coolies; une compagnie du 2e tonkinois se trouve encore, l'arme au pied, à 100 mètres environ.

« Mon Dieu! pourvu qu'on ne nous ait rien pris! » Tel est le cri général. Et, sitôt les rangs rompus, chacun se précipite vers son vieux compagnon de misère, sac de poils de chèvre ou de toile goudronnée.

Alors, retentissent partout ces exclamations désolées : « Ah! les cochons! ils m'ont pris ma chemise de flanelle! — O les rosses! ils m'ont enlevé une fiole de cognac! — Ce sont les *bouzous* qui sont les voleurs! C'est la compagnie qui est là devant! — Si on les esquintait! ».

Devant donner l'exemple, quoique victime d'un vol, moi aussi, je calme mes pauvres soldats. Mais, sans nos officiers, sans notre sentiment de la discipline, les 250 Tonkinois eussent passé un mauvais quart d'heure aux mains des 110 marsouins.

Sans plus, nous remettons sac au dos, et l'on défile.

Le 5 février, après notre nuit d'angoisses, nous reprenions notre place dans la colonne, et, le lendemain, en raison, sans doute, de ses fatigues, ma compagnie fut désignée pour former l'arrière-garde.

Certes, il est émouvant d'être à l'avant-garde. Précédés d'une seule petite troupe de cavaliers, qui vont au pas, la carabine sur la cuisse, se lancer les premiers dans l'inconnu, sentir qu'une armée entière, qu'on a derrière soi, agira d'après les renseignements qu'elle reçoit de vous, c'est là un rôle sérieux et qui vous inspire quelque fierté. Eh bien! il est intéressant, tout de même, de fermer la marche de tant de milliers d'hommes. Ce qu'on ne saurait apercevoir, quand on est entraîné dans le gros de l'armée, se dévoile alors à vos regards.

Voilà, d'abord, de malheureux coolies n'en pouvant plus, couchés dans l'herbe. Parfois, à notre passage, ils se mettent à genoux, joignent les mains, frappent la terre du front. La fatigue, la faim les accablent.

Les vivres, néanmoins, ne manquent pas pour ces pauvres gens, et leurs charges n'ont rien d'excessif, puisqu'une paire de coolies ne porte que 30 kilogrammes (chaque soldat français en a presque autant), mais, en vérité, il semble que les mandarins du Delta aient fait choix, pour nous, des plus faibles, des plus malingres, parmi ces Annamites, déjà si chétifs.

L'un d'eux, prosterné, me montra sa bouche du doigt, pressa de la main sa maigre poitrine, en geignant : « *Conco tiou-tiou, ong doï, conco tiou-tiou*[1] (Pas de riz, sergent, pas de riz). »

« Vous permettez ? » dis-je à mon sous-lieutenant. Je m'arrêtai une demi-minute, je pris un biscuit dans ma musette — il n'y en avait pas déjà tant ! — je le lui donnai ; débouchant mon bidon, je versai dans sa bouche, grande ouverte, une lampée de cognac, puis je rejoignis ma place en courant.

Un peu plus loin, de petits chevaux annamites broutaient l'herbe ; bêtes blessées ou fourbues, de l'artillerie ou des convois, qu'on avait laissées là, après les avoir désharnachées ; elles tendaient vers nous leur cou maigre et semblaient aussi implorer assistance.

Bientôt, ce sont des Turcos et quelques Tirailleurs tonkinois que nous rencontrons.

Les turcos, impossible de les laisser en arrière ; mais, n'ayant ni brancards ni coolies pour opérer leur transport, il faut les contraindre à marcher. Ces Arabes, je l'avoue, m'inspiraient moins de pitié que les autres, grands paresseux, qui se couchent sans vouloir faire le moindre effort et marmottant dans leur fatalisme : « C'était écrit. »

Ce qui les étonne le plus, c'est d'entendre Bellegarde, notre caporal-fourrier, leur tenir, en arabe, de rudes discours, dans lesquels je saisis ces mots, souvent répétés : « *Kelp, beni kelp* (chien, fils de chien), et *Halouf beni halouf* (cochon, fils de cochon). »

Quant aux petits Tonkinois, nous les laissons, hélas ! Du reste,

---

(1) Riz, en annamite, s'exprimant par *giao*, il aurait dû me dire : *conco giao* (pas de riz). Mais dans cette langue bizarre, ce *sabir*, ni Annamite ni Français, que tout le monde comprend là-bas, riz s'exprime par *tiou-tiou*.

Et le plus joli, c'est que, avec ce jargon, les Annamites croient parler français, et nos troupiers sont convaincus qu'ils parlent annamite.

leurs compagnies leur ont enlevé carabines, cartouches, salakos, ceintures rouges; ils n'ont plus l'air de soldats. Même équipés, ils le sont si peu, les pauvres! Pourquoi l'ambulance n'a-t-elle point ramassé tous ces traînards?

Un spectacle plus répugnant, mais moins douloureux pour nous, fut celui de quelques cadavres chinois, couchés hors du chemin. Selon l'œuvre familière de nos Tonkinois et de nos Algériens, nombre de ces cadavres ont subi la décapitation.

Nos troupiers regardent ces grands corps, revêtus de larges vêtements bleus. Ce sont bien des Réguliers, ceux-là, non des Pavillons-Noirs. Sur le dos et la poitrine, ils portent une vaste lune rouge avec des inscriptions. L'un d'eux, un colosse, est enveloppé d'une superbe fourrure blanche; sans contredit, c'est un grand mandarin. Si j'étais moins chargé, je prendrais bien cette chaude pelisse pour mes nuits à la belle étoile. La même réflexion a dû venir à bien d'autres, et on laisse ce beau vêtement.

Et voilà, sous nos yeux, les restes des combats. Nous n'avons pas fini d'en soutenir.

En avant de nous, le canon et la fusillade commencent à se faire entendre; mais si loin, si loin, que nous continuons tranquillement notre marche.

C'était le 2ᵉ bataillon d'infanterie légère d'Afrique, enlevant des tranchées où les Chinois, du reste, tinrent bon et lui firent éprouver des pertes sensibles.

On campa pour la nuit, et dès le lendemain matin, de nouveau en marche!

Bientôt la gorge s'élargit, les mamelons diminuent de hauteur, et sur notre droite se déroule un grand camp retranché, rempli de tentes, de baraquements: c'est Dong-Song.

Au pied de la place, une partie des troupes occupe les baraquements chinois, provisoirement par bonheur, car ils sont d'une immonde saleté. C'est que les Chinois n'organisent point, comme nous, de latrines dans leurs cantonnements. Tout était plein de leurs déjections putrides. Et le choléra avait certainement passé en ce lieu, tant il y avait de tombes, fosses fraîches encore, creusées à fleur de terre, et d'où s'exhalait parfois une odeur de cadavres.

Si la division était restée là quelques jours, les balles chinoises devenaient inutiles : les morts chinois étaient bien plus redoutables que les Chinois vivants ; nous eussions tous succombé.

Qu'attendait-on pour fuir ce séjour pestilentiel ?

On attendait le retour d'un convoi de coolies envoyé à Chu, sous escorte, pour y conduire un grand nombre de blessés et nous en rapporter vivres et munitions.

Partis le 8 février, ils revinrent le 11, ayant avalé leurs 80 kilomètres, beaucoup d'entre eux chargés en allant, tous chargés au retour.

De quel œil doivent-ils envisager ces Français, qui les délivrent du joug des Chinois, en leur faisant porter double bât, double charge ? Notre civilisation doit leur apparaître sous d'étranges couleurs ! Mais bast ! on ne songe guère ou même pas du tout à ces choses. Chacun de nos troupiers était content de voir arriver caisses de biscuits, caisses de conserves, caisses de cartouches. On se sentait soulagé de partir de Dong-Song.

Nous suivîmes les bords d'un ruisseau, sous bois. La route était bonne, le site merveilleux.

Les hommes de la 25e et de la 28e, qui avions fait Tuyen-Quan, nous croyions revoir les belles forêts de la Rivière Claire, à l'immense voûte de verdure. Et moi, je me croyais transporté dans quelqu'une de ces belles cathédrales que j'ai pu admirer, à Bourges, à Rouen, à Beauvais, à Toulouse, à Paris. Les grands troncs s'élancent comme des colonnes ; les longues lianes tombantes sont comme les cordages d'un lustre caché derrière les hauts piliers, et les rayons irisés du soleil, se jouant à travers les profondeurs sombres, rappellent les vitraux d'un beau vert.

Le ruisseau limpide court sur les cailloux, au milieu de bruyères arborescentes, coupé çà et là par le sentier, qui passe tour à tour d'une rive à l'autre.

Que cette onde est belle à voir, mais qu'elle est glacée et combien peu agréable la sensation, répétée si souvent, quand on s'y enfonce jusqu'au dessus des genoux !

Par bonheur, pas un Chinois devant nos pas. Nous les bénissons d'avoir commis pareille faute ; car, si des embuscades n'arrêtent point une armée, rien ne vous énerve davantage.

Au sortir des futaies superbes, quand reparaissent les mamelons herbeux, nous trouvons une route qui, en France, ne serait qu'un chemin assez mal entretenu, mais, ici, nous semble une chaussée magnifique. O bien inspirés Célestials, qui ont voulu par cette voie assurer leur ligne de retraite et ont facilité à notre colonne sa marche en avant !

Il s'agit de rejoindre l'ennemi.

Où sont-ils, les Célestes ?

Pas loin ; car, vers deux heures, la fusillade éclate au-devant de nous. Chacun dresse l'oreille, nous pressons le pas ; mais, comme notre brigade n'est qu'en seconde ligne, nous n'aurons sans doute pas à donner. De Négrier est en tête, avec ses légionnaires et ses lignards, et nous savons ce qu'il peut.

Cette fois-ci, les Chinois ont renoncé à leur passive défense à l'intérieur des forts. Ayant leur ligne de bataille appuyée seulement par quelques légères redoutes, c'est en rase campagne qu'il nous ont attendus.

Mais, devant l'élan irrésistible de Négrier et des hommes qu'anime son courage, il a bien fallu plier. Toutefois rien de décisif. Si nos pertes ne sont pas grandes, l'ennemi s'est retiré en bon ordre ; il n'a point subi une déroute : il a opéré en arrière une concentration.

La partie est à recommencer ; ce sera bientôt.

Le lendemain matin, nous sortions du village de Pho-Vi, où l'on avait passé la nuit et où nos troupes trouvèrent, pour se nourrir, force poulets et cochons laissés par l'ennemi, bien aimable vraiment ! Notre brigade était en tête, quand, vers 7 heures, le feu commença à l'avant-garde. Nous nous déployons et, en face de nous, sur toutes les hauteurs, surgissent des masses de Chinois.

Ils sont sortis de leurs retranchements aux grands pavillons rouges ; nous continuons à aller de l'avant, et, sur chaque nouveau mamelon, nous apparaît un nouveau fort.

Les balles sifflent au-dessus de nos têtes ; on dirait d'innombrables cordes de violon, invisibles, tendues dans l'air et vibrant à tour de rôle, à intervalles précipités.

Allons ! un premier homme touché à ma compagnie. C'est un soldat de la 2e section ; il a la cuisse broyée et se tord de douleur..... Encore un ! il doit avoir reçu une balle dans le ventre, car il a lâché son fusil, et de ses deux mains, qui se teignent de sang, il presse au-dessous de son ceinturon ; il pousse des cris lamentables.

Pauvres compagnons, vous serez vengés ! Oui, car, après avoir dû avancer sous les balles, impassibles, sans répondre, — ce qui est parfois nécessaire, mais toujours énervant pour le soldat, — nous pouvons enfin ouvrir le feu. Et quelle joie de rendre coup pour coup ! Au commandement de nos officiers, nous effectuons, genou à terre, des feux de section, et, quoique je ne tire pas [1], je tressaille chaque fois que mon sous-lieutenant répète : « Section..... joue ! Attention..... feu ! Chargez !! »

Les Chinois ne restent pas endormis. Eh ! Eh ! qu'est-ce que cela ?..... Un frou-frou au-dessus de nos têtes ; quelque chose comme le bruit d'un taon colossal, monstrueux, qui volerait dans l'air, et, à deux cents pas de nous, un obus s'enfonce dans la terre humide, sans éclater. Bon ! un autre se fait entendre, et il éclate, celui-là.

Quel ouragan de feu ! En arrière, nos pièces redoublent leurs coups. Nos artilleurs ont découvert le fort d'où l'on nous canonne et ils le criblent d'obus. Ah ! mes pauvres Chinois, vous auriez mieux fait de vous taire !

Mais il est près de trois heures ; le brouillard s'épaissit ; le tir de l'artillerie devient incertain ; aux deux extrémités de la ligne, les Chinois semblent s'avancer vers nous ; on dirait qu'ils débordent nos ailes. Précédés d'une longue chaîne de tirailleurs, on peut voir, au delà, leurs soutiens, leurs réserves, leurs officiers

---

[1] Dans les feux de salve, à rangs serrés, dans les feux de tirailleurs, dans les feux rapides, les sous-officiers n'ont jamais à tirer, occupés qu'ils sont à surveiller les hommes. C'est pour cela qu'ils n'ont que six paquets de cartouches ; les hommes en portant 13 en France, 20 au Tonkin.

C'est pour cela encore qu'il a été question d'enlever le fusil aux sergents et fourriers et de le remplacer par le sabre et le revolver. A mon très modeste avis, pour bien des raisons, qu'il serait hors du sujet d'exposer ici, cette mesure serait malencontreuse.

à cheval, entre les lignes. Mais c'est qu'ils n'ont pas mauvaise allure, et cette formation très régulière n'inspire pas le dédain.

Alors, pendant que nos six batteries tirent à toute volée sur l'ennemi qui se replie, nous nous portons en avant ; il faut percer au centre, empêcher que les deux ailes chinoises nous enveloppent ; car, si leur centre semble en retraite, à droite et à gauche ils continuent à progresser.

Sur les pentes des mamelons, on s'élance au pas de course ; on glisse, on tombe, on se relève ; le brouillard est devenu si épais que l'on ne se voit plus à quelques pas ; mais tout le monde grimpe. « En avant ! en avant ! » crient les officiers. « En avant ! en avant ! » répètent tous les gradés ; on est furieux, hors de soi. Mon camarade Bruyat, le sergent de la 2e section, tombe, la tête fracassée d'une balle, le poids de son sac l'entraîne sur la pente, il roule, roule longtemps ; mais je le regarde à peine, je ne pense qu'à ces Chinois de là-haut, qu'il faut écharper jusqu'au dernier.

Derrière nous, nos clairons, bien qu'époumonnés par cette ascension rapide, sonnent la charge, furieusement. *Il y a la goutte à boire, là-haut, il y a la goutte à boire !* Ah ! nous savons bien qu'il n'y a pas de goutte, c'est du sang de Chinois !

Enfin, toujours grimpant, l'on arrive. Voici les parapets. Mutisme absolu. Tout vient d'être évacué. On saute dans les ouvrages ; faute d'êtres vivants, c'est sur les palissades de bambou que l'on s'acharne à coups de crosse.

« — Ah ! les lâches, ils n'ont pas attendu ! — Oh ! si nous les tenions ! » Voilà ce que hurlent les troupiers. Tous, nous ressemblons à des fous furieux. On cherche du regard, on fouille partout. Dieu ! si un Chinois s'était trouvé là !

Les poursuivre par des feux de salve, inutile sous l'épaisse brume et la nuit tombante.

L'armée chinoise, coupée par son centre, se repliait au loin. Nous restâmes dans les forts, et la brigade de Négrier, qui avait appuyé notre mouvement en arrière, se porta bientôt en avant. A 7 heures, plus un seul coup de fusil dans l'immense étendue.

On put dormir et d'un profond sommeil.

Ce combat de Bac-Viay nous a coûté 11 officiers et 250 hommes tués ou blessés.

Le chef d'escadron Levrard, de l'artillerie de marine, commandant le groupe des batteries de la 1re brigade, a été tué auprès de ses pièces.

Le sous-lieutenant Bossant, fils du général de division inspecteur général de l'infanterie de marine, que Brière de L'Isle avait pris comme officier d'ordonnance, a été frappé au milieu de l'état-major.

Des témoins, les officiers de l'état-major, ont fourni à mon sous-lieutenant, qui est de sa promotion, des détails sur cette fin si prématurée. C'est dans leur groupe que le pauvre jeune homme a été atteint d'une balle, une balle perdue, qui achevait sa trajectoire, et, entrée au défaut de l'épaule, est descendue au cœur. Le malheureux enfant — il avait 22 ans à peine — a ouvert les bras, n'a prononcé que ces trois syllabes qui disent tant et tant de choses : « Ah ! maman ! » et, soudain, on l'a vu choir comme une masse inerte sous les pieds de son cheval.

On s'est précipité, on l'a relevé : il était mort.

Combien je le plains ! J'avais beaucoup ouï parler de lui par mes camarades, dont il était très aimé. Il était si aimable ! Un soir de l'été dernier, au blockhaus de la Concession, tandis que, sergent de garde, je faisais une ronde, je m'étais entendu appeler à travers le jardin du général en chef. C'était lui, l'officier d'ordonnance, qui voulait me demander, à propos de mon service, un renseignement quelconque. Ayant répondu à son désir, je profitai de l'occasion pour lui dire que j'avais pour amis plusieurs de ses camarades de Saint-Maixent. La conversation aussitôt s'engagea entre nous. Je vois encore la scène, moi dans l'ombre, lui à demi éclairé par le fanal que je tenais à la main. Pas fier du tout, il m'assura qu'il s'occuperait de moi. Oui ; mais, dans le tohu-bohu des grandes colonnes, il avait dû m'oublier.

Moi je ne l'oublie pas. Je songe surtout à cette *maman* qu'il a invoquée à son dernier soupir ; je songe à son père, le vieux brave, le noble général blanchi sous le harnois ; je songe à son immense douleur, quand son jeune camarade, Brière de L'Isle, va lui télégraphier la terrible nouvelle.

Certes, la mort des pauvres soldats est tout aussi triste. Ces humbles familles de paysans ou d'ouvriers, qui avaient compté sur un fils pour ne pas manquer de pain en leurs vieux jours, ces familles-là sont bien plus à plaindre que les familles de généraux. Mais, sans les connaître en personne, nous avons des relations communes avec les Bossant. Marraine est très liée avec eux ; l'excellent M. Hervé est l'ami du général ; vous allez donc entendre parler de leur douleur et — cela est naturel — cette douleur nous touche plus que celle de gens qui nous sont complètement ignorés.

Le 13 au matin, je l'ai dit, lorsque nous avons vu la vallée du Song-Ki-Kung s'ouvrir à nos pieds et, au milieu, la place de Lang-Son, quelle immense joie !

A 11 heures, la colonne entrait par la porte Sud, traversait la citadelle et, sur un mirador, on hissait bien vite deux pièces de 80 $^m/^m$, qui poursuivaient de leurs obus les derniers ennemis.

Petite, carrée, la citadelle de Lang-Son n'offre rien de curieux, sauf le point où son bastion Sud-Est entoure un petit mamelon planté de beaux arbres, à l'ombre desquels s'élève une pagode.

Un pont de radeaux permet de franchir le Song-Ki-Kung et conduit à Ky-Lua, la ville chinoise.

Tout y est dans un inexprimable désordre : magasins pillés, marchandises répandues, pêle-mêle, dans la rue, sur le pas des portes éventrées. Tous les habitants chinois ont fui avec leurs compatriotes, les soldats du Fils du Ciel.

Ah ! par exemple, on trouve ici des victuailles. Poulets, canards, cochons pullulent. Tenez ! j'entends les gloussements criards d'une malheureuse poule qu'un soldat vient d'atteindre, après une course émouvante ; plus loin, derrière la case voisine, les hurlements aigus d'un cochon qu'on égorge. C'est *Philibert*, notre chien Philibert, je ne sais comment, échappé aux balles, qui l'a tout d'abord attrapé par l'oreille ; des troupiers ensuite l'ont tenu pendant qu'un caporal de ma section, ancien garçon charcutier, de l'air d'un pontife sacrificateur, enfonçait un grand couteau dans le cou de la victime, dont maintenant il dépèce les membres.

Il faut voir les lèvres goulues, les yeux brillants de plaisir et entendre les mots de jubilation de tous ces grands gourmands qui font cercle : « Mon vieux, qu'il est gras !.... il n'est que temps qu'on puisse un peu se remplir : mon ventre commençait à *faire ballon*. »

La première fois que j'entendis ce terme faubourien, je l'interprétai dans le sens de gonflé. Pas du tout ! si le ballon se gonfle, il se dégonfle et le mot désigne un ventre creux, un ventre vide.

Je l'ai connu, ce phénomène, et, si parfois nous sommes réjouis de manger à notre faim, ne nous confondez pas avec le gros bourgeois ventru qui, sans avoir un seul jour manqué de rien, ne songe qu'à la boustifaille. Vouloir entretenir sa vie ou réparer ses forces perdues est autre chose que vivre pour s'engraisser.

Mais de quoi vais-je vous entretenir ? Une description de Lang-Son vous intéresserait bien davantage. Par malheur, il n'a rien de curieux, ce fameux Lang-Son, rien que ceci : Dans la plaine, au delà de Ky-Lua, se dressent à pic de grands rochers noirs, que couronnent des palmiers nains ou des arbustes d'un beau vert, qui font ressembler ces rochers à ceux de la baie d'Halong. Au sommet de plusieurs se détachent, sur fond de ciel, d'élégantes petites pagodes.

Je termine ; il est nuit. Pour que j'aie pu écrire une aussi longue lettre, il a fallu que, tout le long du jour, je sois de garde au poste de police. Là, personne de ma compagnie n'a le droit de venir me distraire, m'ennuyer par un ordre quelconque. C'est pourquoi je bénis cette garde que tant d'autres maudiraient.

Nous allons probablement, demain ou après-demain, filer vers la Porte de Chine. C'est moi qui serais heureux de la franchir, Songez donc ! Avoir passé la Porte de Chine, c'est moins banal que d'avoir passé la Porte-Maillot.

Je vous embrasse de tout mon cœur, de mon cœur de conquérant, vous le voyez.

CHAPITRE XIII

De Lang-Son à Tuyen-Quan — Combat d'Hoa-Moc
Délivrance des assiégés

Gia-Lam, 22 février 1885.

Non, non ! et bien fol était mon espoir, je ne passerai pas de sitôt la Porte de Chine. Nous voici inopinément, brusquement, ramenés devant Hanoï.

Je vous écris de Gia-Lam, au pied de ce blockhaus où jai passé de si heureux jours, fait des promenades si charmantes, des siestes si suaves.

Ah ! la sieste ! les heures de la grande chaleur où, étendu sur son lit, en ample keao, l'on sommeille ou l'on rêve tout éveillé, pendant que, pour vous rafraîchir, un boy agite devant vous son petit éventail de papier ; la sieste ! habitude d'un autre temps et qui me paraît bien drôle aujourd'hui !

Nous n'avons pas fait la sieste, je vous jure, en revenant de Lang-Son ; on la fera moins encore, durant la route à parcourir.

Nous voici en train de trotter, sac au dos, ayant à donner souvent un bon coup d'épaule, afin de remonter sur l'échine le fardeau qui retombe par son poids.

Au cours d'une halte, je pose le sac, et, non la plume, mais le crayon à la main, je vais vous narrer, avant qu'on nous embarque, le voyage accompli et le but inattendu vers lequel nous courons.

Nous avons quitté Lang-Son le 16 février à 8 heures du matin.

Épais brouillard, suivi de pluie ; on glissait à chaque instant sur de sales terrains glaiseux, et neuf fois, il nous fallut traverser l'eau, nous y enfonçant jusqu'aux hanches. Le soir, après une marche presque ininterrompue, nous n'avions fait que 18 kilomètres : c'était désolant.

Le lendemain, on repart, mouillés, les pantalons boueux. Même lenteur ; car il n'y a pas que des fantassins dans la colonne. Que ferions-nous, sans nos 18 pièces de canon ? Il faut bien que les mulets de l'artillerie nous suivent, que les pontonniers et sapeurs du génie, qui vont en avant, puissent adoucir quelques pentes trop rudes, réparer un pont, au besoin en jeter un sur l'arroyo.

En outre, de temps en temps quelques coups de feu retentissent à l'arrière-garde. Ce sont des Chinois qui cherchent à nous harceler. Mais, sapristi ! nous ne battons pas en retraite : nous volons à l'ennemi. Sont-ils horripilants, ces Chinois ! Que Boudha les préserve de tomber sous nos pattes !

Par bonheur tout va changer : la nature et les hommes. Nous longeons les hautes falaises du Nui-Don-Naï, fermant la droite de la vallée ; à partir de ce point, nous traversons des villages où les notables, — des Annamites un peu plus grands que ceux du Delta, — viennent nous attendre sur le bord de la route. Ils se prosternent devant le général en chef et lui offrent leurs *lays* (leurs présents) : bananes, œufs, poulets, cochons, parfois même un veau, présents que le général Brière de L'Isle abandonne avec générosité aux compagnies qui l'environnent.

Voici, comme contraste, le pays dont le nom sonne lugubrement : Bac-Lé. Des corps sans tête sont encore épandus sur le bord de la route. Les Chinois, si respectueux pour leurs morts, ont même violé des sépultures ; poussés par une haine sauvage, ils ont décapité des cadavres de Français ensevelis.

Étuis métalliques, papiers de cartouches, lambeaux de vêtements, tout, sur ce terrain, nous rappelle les péripéties de la lutte.

— Mais, disent les troupiers, il n'y avait qu'un bataillon, avec Dugenne, et nous sommes toute une brigade avec Brière de L'Isle ; cela ne se passerait plus comme au 23 juin !

Ainsi, le théâtre de notre défaite, — une défaite qui ne fut pas sans gloire, — loin de nous démoraliser, nous inspire plus de courage et de rage.

Quelque chose le fait mieux encore : les nouvelles sur Tuyen-

Quan. Ce Tuyen-Quan, une fois déjà débloqué par nous, se trouve de nouveau en extrême péril, et de nouveau nous devons délivrer la place.

En novembre, avec un seul bataillon, nous avons pu nous ouvrir la route. Il faut que l'ennemi y soit bien plus nombreux, et le danger plus pressant, pour que toute notre première brigade, avec Giovaninelli et Brière de L'Isle en personne, s'achemine en hâte vers ce but.

La troupe vient de subir de longues fatigues ; elle pourrait aspirer à un peu de repos. Personne n'y songe ! Depuis le dernier troupier jusqu'au général en chef, on est unanime dans ce sentiment : Il n'est pas possible que nous laissions massacrer nos camarades et salir par les Chinois le drapeau aux trois couleurs qui flotte sur la citadelle !

Que ne pouvons-nous y courir en ligne droite ! Hélas, pas de route praticable ! Nous avons à parcourir comme les deux côtés d'un triangle : descendre au Sud-Ouest en face d'Hanoï, qui forme la pointe, pour remonter au Nord-Ouest, par le Fleuve Rouge et la Rivière Claire, jusqu'à la ville assiégée.

Le chemin sera double : doublons le pas.

A peine, le 19, faisons-nous une halte à Cau-Son. Là, pain et vin et vivres frais arrivent à notre rencontre. Cette bonne nourriture nous donnera des jambes.

Du reste, à partir de ce point, nous quittons les montagnes et entrons dans le Delta, sur une chaussée militaire tracée par le Génie, voie excellente. Simple arrêt à Phu-Lang-Thuong ; plus court encore, celui à Bac-Ninh, où l'on ramasse une compagnie du 3ᵉ d'infanterie de marine. Tant mieux ! nous ne serons jamais trop.

Enfin nous voici à Gia-Lam. L'arrêt devant être de quelques heures, je vous crayonne ces pages.

Nous attendons ici notre embarquement. Les canonnières et de nombreuses jonques traînées à la remorque sont là sur le fleuve.

Au bord, je vois un tas, un amoncellement de brodequins neufs. On est en train d'en distribuer une paire à chaque homme. Ce n'était pas sans besoin ! Et savez-vous ce que disent nombre de troupiers en frappant des talons et des semelles neuves ? « Bon pour taper sur les gueules des Chinois ! »

Il est certain que ces Fils du Ciel nous exaspèrent. Quoi ! après la colonne si dure de Lang-Son, après l'entrée victorieuse dans la citadelle, quoi ! tout recommence ? Voilà qu'il nous faut encore marcher et souffrir ! Ah ! ils nous le payeront cher !

Ils ne font pas de prisonniers ? A Lang-Son, nous n'en avons pas fait davantage ; moins encore en ferons-nous devant Tuyen-Quan. « Après tout, disent plusieurs de nos officiers, ils ne sont point dans leur pays ces gens-là ! S'ils veulent dominer au Tonkin, c'est pour pirater plus à leur aise ; ils sont sans excuse, nous serons sans pitié ! »

Tel est l'état d'esprit des troupes.

Nous pouvons partir, et nous serons en forces. Le gros colonel Dujardin, resté à Hanoï, avec le titre de « Commandant supérieur du Delta », a réuni toutes les troupes disponibles pour envoyer vers la place assiégée.

Le lieutenant-colonel de Maussion, commandant le 1er régiment de Tirailleurs tonkinois, a pris la direction de ces troupes. Il est parti vivement d'Hanoï avec trois compagnies de Tirailleurs algériens et une batterie. Les deux compagnies de la légion de Sontay, les Turcos qui nous ont relevés à Phu-Doan, vont se joindre à lui. Les Légionnaires surtout, acteurs du premier siège de Tuyen-Quan, seront heureux de coopérer au salut de leurs frères en péril.

Quand nous allons être montés, sauf à Haïphong trois compagnies d'infanterie de marine, il ne restera dans le Delta, aucune compagnie française, étrangère ou arabe. Mais là, tout est paisible ; ce ne sont point les Annamites qui bougeront ; en tous cas, leurs frères, les Tirailleurs, les petits *linhs* (soldats annamites), appuyés de quelques canonnières, suffiraient à les contenir. Plus d'une fois, j'en ai expliqué la raison.

Seuls, ces satanés Chinois nous donnent de la tablature ; c'est eux qu'il faut abattre, si nous voulons que le Tonkin soit à nous.

Mais adieu. Je viens, malgré ma fatigue, de vous en écrire bien long. C'est que d'une part, je suis fort surexcité par ces événements imprévus, et d'autre part, je cède à votre désir autant qu'à mon inclination en vous racontant nos faits et gestes.

Soyez sans crainte pour ce qui me touche. Des types comme moi, qui, selon le dicton, ne valent pas la corde pour les pendre, ont, dans leur poche, de la corde de pendu.

Haïphong, 10 mars 1885.

Que d'événements depuis ma dernière lettre !

Au prix de pertes terribles, nous avons enfin débloqué Tuyen-Quan. Les armées chinoises sont pour longtemps, j'imagine, refoulées loin du Delta ; mais, si les affaires générales vont bien, les miennes propres ne sont pas des plus prospères.

Toutes ces nuits passées à la belle étoile, toutes ces privations, toutes ces marches sous la pluie, ou bien, les jours secs, mouillé jusqu'au ventre au passage des cours d'eau, tout cela a fini par me rendre malade, et c'est de l'hôpital, embusqué derrière un pot à tisane, que malheureusement je vous écris.

Je suis bien faible, bien maigre, — on le serait à moins, — cependant n'ayez crainte ; car, en somme, tout se résume en un peu d'anémie et des rhumatismes. Ah ! par exemple, j'ai été pris des quatre membres, des quatre pattes ; mais, si c'est très douloureux, ce n'est pas très dangereux.

Combien j'eusse préféré une blessure ! Oui, je regrette que, parmi les centaines et les milliers de balles qui ont sifflé près de mon pauvre corps, l'une d'elles n'ait pas été assez intelligente pour tracer dans mes chairs un sillon non mortel. J'aurais moins souffert que je ne souffre et j'aurais eu la chance de vous revenir avec la médaille militaire, cette humble décoration que tant de soldats payent de leur sang.

Mon capitaine est blessé très grièvement[1] ; mon lieutenant est tué ; celui du second peloton commande la compagnie. La compagnie ! elle est jolie, la compagnie ! Plus un sergent ; le sergent-major est resté seul avec un des fourriers. Pauvre 25e ! elle se réduit à une section de 52 hommes !

Et ce n'est pas nous qui avons le plus souffert. La 34e du 3e régiment, au soir du 3 mars, comptait 35 hommes. Trente-cinq

---

[1] Il mourut peu de temps après.

hommes, commandés par le sergent fourrier[1], plus ancien qu'un sergent survivant, tel est l'unique vestige de ses 4 officiers, 8 sous-officiers, 11 caporaux et 146 soldats, présents sous les armes, quatre semaines auparavant.

Hein ! voilà une saignée !

C'est l'épouvantable combat d'Hoa-Moc qui nous a réduits à ce point. Mais, avant d'en venir là, il faut que je vous conte la suite des événements.

La 1re brigade, débarquée par la flottille, en face de Bac-Hat, près le village de Viétri, au confluent du Fleuve Rouge et de la Rivière Claire, se mit en marche le long de la rive droite.

Le pays est plat : c'est le Delta encore, et, quoique les digues fussent mal entretenues, les chemins défoncés, les ponts formés de poutrelles moisies qui s'effondraient souvent, on marchait bien, car l'on sentait qu'un seul jour de retard pouvait tout perdre.

Pendant la première partie de cette marche, cinq canonnières escortaient la colonne ; le manque de fond allait bientôt les forcer à s'arrêter.

Le 26 février, nous revoyons Phu-Doan, notre vieux Phu-Doan, que nous avons surnommé *Crève-la-Faim*.

Là se trouve la colonne de Maussion ; très prudemment, elle n'avait osé pousser plus loin. La suite montre qu'elle se fût fait anéantir.

Les Turcos, qui, la veille de Noël, nous avaient remplacés, n'avaient subi, depuis lors, aucun tracas de l'ennemi. Du reste, les fortifications commencées par nous-mêmes étaient considérablement accrues, et les Chinois se souciaient peu d'attaquer cette petite garnison, qui ne les gênait en rien. Pourquoi perdre du monde devant Phu-Doan, alors que Tuyen-Quan, d'une importance toute autre, pouvait tomber en leur pouvoir ?

Qui sait ? Peut-être était-il déjà entre leurs mains ! Mauvais symptômes : tous les jours précédents, le canon de la place blo-

---

[1] Mon camarade Marmet, frère du tout jeune lieutenant-colonel d'infanterie de marine. Il fut proposé pour sous-lieutenant, mais — on se montra si prompt, si large, au ministère de la marine ! — ce sous-officier n'était pas encore promu, lorsqu'il tomba, en Annam, dans une misérable embuscade de pirates.

quée avait fait rage ; or, depuis vingt-quatre heures, les Turcos n'avaient plus rien entendu. Allions-nous donc arriver trop tard ?

Personne ne pensait à soi, je vous jure. Nous tous, ceux-là surtout de la 25e et de la 28e, qui connaissions Tuyen-Quan, qui nous rappelions bien nos camarades les Légionnaires montés avec nous, le 19 novembre, nous ne songions qu'à ces malheureux. Depuis des semaines, ils se défendaient, là-haut, dans la vieille petite place annamite, non seulement contre les Pavillons-Noirs, mais contre toute l'armée régulière du Yunnam, venue apporter à Lhu-Vinh-Phuoc le secours le plus sérieux.

Il nous a fallu prendre à Phu-Doan une journée de repos, tant notre marche pour y atteindre avait été pénible. A chaque instant des ruisseaux à franchir, à chaque instant des arrêts obligatoires pour rendre possible, je l'ai expliqué déjà, le transport de nos indispensables canons.

Cette journée de repos, néanmoins, personne ne l'eût demandée, si vif était en chacun de nous le désir d'atteindre au but.

Les défenseurs de la citadelle se croient-ils abandonnés ? Certes, ils se montreront stoïques, héroïques jusqu'à la dernière heure ; mais il est bon qu'on leur envoie l'espérance. Et voilà que les pièces de la *Bourrasque* et de la *Mutine* se mettent à faire un tapage infernal, et qu'on lance des fusées au milieu de la nuit.

Je me souvins alors des « 15 Août » que bien petit j'avais vus, puis des récents « 14 Juillet ». Mais que sont ces beaux feux d'artifice parisiens, près de celui dont nous sommes témoins ? Les gerbes qu'il épanouit là-haut et qui retombent en pluie d'étoiles sur la forêt sombre, les malheureux assiégés qui défendent leur vie et nous qui allons jouer la nôtre, nous les trouvons bien autrement émotionnantes que toutes les fusées des fêtes impériales ou même nationales.

Le lendemain matin, nous avons hâte de repartir et maudissons les moindres obstacles de la route. Le soir, on campe ; mais on se garde d'une façon sérieuse, car des partis ennemis errent non loin.

Le 1er mars, nouvelle marche en avant, sans encombre. Le 2, enfin, dès le point du jour, de nouveau l'on chemine, et lorsque les anciens de la 25ᵉ et de la 28ᵉ, ceux qui ont combattu à Yuoc, rencontrent et reconnaissent ce sentier étroit, où l'on ne s'avance qu'en file indienne, ceux-là disent : « Nous y voilà bientôt ; ça va chauffer ! »

Qu'on déjeune, pour prendre des forces, et en avant !.....

Vers 1 heure, à notre avant-garde, une fusillade fait soudain explosion, fusillade nourrie, ininterrompue. Ce sont les tirailleurs tonkinois qui viennent de se heurter à un retranchement barrant le chemin.

Ce n'est plus ici comme à Lang-Son, où les Réguliers chinois, abrités derrière des parapets à grand relief et garnissant ces mêmes parapets de nombreux drapeaux rouges, semblaient nous offrir — oh ! les sots ! — d'excellents points de mire. Toute autre est la tactique des Pavillons-Noirs : ils ne construisent guère que des tranchées basses, où ils se tiennent terrés, enfouis, invisibles. On s'approche, et tout à coup un feu rasant inattendu balaye l'agresseur. Et, quand cet agresseur est repoussé, que ses morts jonchent le terrain, alors seulement, au milieu des cris sauvages de triomphe et du son lugubre des conques, parfois se dresse derrière le parapet un grand et funèbre drapeau noir.

C'est ce qui vient d'advenir à nos pauvres Tonkinois. Déconcertés par le feu terrible qui leur éclate en pleine figure, les *linhs* de la compagnie Granier tombent ou fuient, pleins d'épouvante. Quand les troupes de soutien accourent au pas gymnastique, déjà les Célestes, qui avaient eu le temps de bondir sur les morts et les blessés et de les décapiter, sont rentrés dans leurs retranchements, d'où part un feu très vif. Une ligne de piquets de bambous est plantée sur l'ouvrage ; chaque perche porte à sa cîme, parure hideuse, une tête sanglante à la longue chevelure noire.

Dès le début, nous voilà donc sur les redoutes ennemies.

Elles s'étendent le long du fleuve, aussi nombreuses que formidables, précédées d'un champ de tir bien débroussaillé, bien dégagé. Il va falloir les enlever une à une, et elles seront défendues avec une sauvage énergie, un inflexible courage, que nous ne pouvons qu'admirer.

Ah ! toutes les horreurs et terreurs que peuvent se figurer les imaginations les plus ardentes, toutes les descriptions de l'enfer ne sont rien devant cette après-midi terrible du 2 mars et de la nuit, plus épouvantable encore, qui suivit.

Dans le cul-de-sac compris entre les mamelons fortifiés et le bord du fleuve, fermé au fond par d'autres redoutes, dans cet espace qui faillit devenir à tous notre tombeau, la brigade entière a fait des prodiges de valeur.

Lente avait été l'artillerie à se mettre en position; quand elle y fut, nos pièces tiraient sur les retranchements chinois de si près (à 300 mètres environ) que c'était, pour des batteries, presque à bout portant. Mais, tandis que leurs projectiles coupaient, broyaient par endroits les palissades de bambou et soulevaient quelques nuages de poussière, ils ne pratiquaient pas de brèches sérieuses, et encore moins faisaient-ils aucun mal aux Pavillons-Noirs et Réguliers du Yunnam, tapis dans leurs tranchées.

Comment y parvenir, dans ces tranchées, sous le feu rasant que l'on dirige contre nous, et qui a, sur notre infanterie à découvert, un autre effet, hélas! que nos batteries sur les ouvrages chinois?

Les trois bataillons de Tirailleurs algériens et le 2e d'Infanterie de marine (bataillon Mahias) sont lancés contre les redoutes. Pauvres turcos! pauvres marsouins! Au moment où ils approchent de l'ennemi, tout à coup le terrain miné éclate sous leurs pas; des hommes sont projetés en l'air, et, en retombant, ils s'empalent sur des piquets de bambou.

Une seule compagnie de Tirailleurs algériens eut 99 hommes tués ou blessés en un quart d'heure!

Il fallut bien reculer. Comment tenir sous cette grêle de plomb, au milieu de ces explosions de mines, où l'on eût succombé jusqu'au dernier?

Le soleil tombait à ce moment; l'ombre se répandait sous les grands arbres, et, dans cette ombre, les lueurs de la poudre, devenues plus visibles, n'étaient que plus terrifiantes.

Mais ce qui, au-dessus de tout, nous glaçait le cœur, c'étaient ces cris des blessés montant de toutes parts : *Au secours! au secours!... L'ambulance, l'ambulance!* Et les ambulanciers allaient et venaient, au travers des balles. Ils relevaient dans l'herbe les pauvres blessés, tout sanglants, les couchaient sur un brancard et les portaient en arrière. Braves ambulanciers!

leur croix rouge au bras, ils couraient bien des périls : les Chinois se souciant pas mal de la Convention de Genève.

Par longues files, les brancards passaient près du colonel, près du général, qui, tous deux, pâles, les regardaient tristement. A chaque nouveau groupe, le colonel Giovaninelli poussait ce cri du cœur, d'un cœur humain et rempli de larmes : « Mes enfants !..... mes pauvres enfants ! »

La douleur de Brière de l'Isle, toute muette, n'était pas moins profonde. Debout contre un talus, au milieu de son état-major, le général en chef se montrait calme, mais soucieux. Que de pensées contradictoires devaient traverser son esprit ! Sacrifier tant de soldats confiés à ses soins, quelle angoisse suprême ! Mais pouvait-on renoncer à la délivrance de Tuyen-Quan ? Non. De nouveaux efforts étaient possibles, efforts qui seraient victorieux. D'ailleurs, au-dessus de tout doit planer l'honneur du drapeau, l'honneur de la France.

Voilà sans doute ce que se disait notre chef. Il savait bien qu'il avait des hommes aptes à répondre à son noble désir.

Sous les hautes ramures la nuit profonde était tombée. Était-ce la nuit qui porte conseil à ceux qui sont la tête, et rend les forces à ceux qui sont le bras ?

Quelle nuit, mon Dieu ! Il pleuvait à verse. Mais l'eau nous importait peu, alors que les balles pleuvaient aussi. Pourtant vint une heure où le vacarme cessa. Moulus de fatigue et d'émotion, nous nous couchâmes dans l'herbe mouillée. Je crois bien que nul ne put dormir.

Et je songe maintenant, — certes, je n'y songeais guère alors, — à ce calme ordinaire et si profond de la forêt tropicale ; je le compare aux terribles clameurs de cette longue nuit.

Bien des blessés n'avaient pu être secourus encore ; les cris : « *L'ambulance ! au secours ! je meurs, je meurs !* », ces cris ne cessaient de se faire entendre, et, comme l'on ne pouvait allumer aucun fanal, qui eût servi de cible à des centaines de Chinois, on allait, dans la nuit, à tâtons ; on finissait par découvrir les malheureux et on les ramenait en arrière.

Quelles transes ils avaient dû ressentir : couchés, sanglants, parmi les hautes herbes, parfois évanouis après leur chute, réveillés enfin par la fraîcheur de la nuit et se trouvant seuls, à l'abandon, tremblant à chaque minute de voir s'approcher des Chinois prêts à leur couper la tête !

Quand, par rares intervalles, cessaient leurs plaintes, alors, tout près de moi, je pouvais percevoir un autre bruit, le cri d'un grillon indifférent à la féroce tuerie humaine.

Deux heures avant le jour, le feu recommence et redouble du côté des Chinois. Tout engourdis, nous ne pouvons d'abord y répondre ; d'ailleurs partout des cris s'élèvent : « Ne tirez pas ! Il est défendu de tirer ! » Je crois, en effet, que, dans notre enchevêtrement, nous nous serions fusillés les uns les autres.

Mais, quand les premières lueurs de l'aurore teignirent la cime des arbres, que le jour blanc parut, que les objets se dessinèrent bien distincts à nos yeux, alors, sans que l'ordre en eût été donné, — je le crois du moins, — d'un élan instinctif, unanime, la brigade entière fut debout. Ah ! c'est que chacun sent bien qu'il y va non seulement de l'honneur de l'armée et du salut de Tuyen-Quan, mais encore de son salut personnel : toute marche en retraite est impossible, et, dans un essor prodigieux, on se reporte en avant.

Mais quoi ! une partie des forts ont été évacués déjà. Celui auquel nous nous heurtons est encore occupé ; ses créneaux vomissent des flammes. Nous tournons autour du retranchement ; derrière est une porte de bambou que l'on enfonce et par laquelle on se précipite.

Seulement, pour en venir là, quelles pertes douloureuses, quels sacrifices irréparables ! Mon capitaine a été étendu sur le sol, la mâchoire fracassée [1]. Le premier lieutenant, M. de L'Estoile, qui s'était élancé en tête de la compagnie, se retourne vers nous : « En avant ! nous crie-t-il, en avant mes amis ! »

Quel mâle visage ! Quelle fière stature ! Ah ! ce n'est point un fils dégénéré des Croisés, celui-là ! Soudain il tombe. Le sergent de sa section, mon meilleur ami à la compagnie, Goutte, se penche

---

[1] Le capitaine Chenu, d'une famille créole de la Guadeloupe, était frère du général de brigade d'infanterie de marine, qui fut longtemps, au ministère, chef du bureau des troupes et mourut en 1891.

Le capitaine, lui, succomba après une longue agonie à sa terrible blessure.

sur lui, tente de le soulever ; le poids est trop lourd. « Deux hommes, crie-t-il, enlevez Monsieur de... » Il n'a pas le temps d'achever ; une balle l'atteint à la tête, et il couvre de son corps le corps de son officier, cet officier aimé de tous pour sa bienfaisance.

Enfin, après avoir contourné la double palissade surmontant les parapets qu'il était impossible de franchir, lorsqu'on pénétra dans les retranchements, lorsqu'on se trouva face à face, qu'on put lutter corps à corps avec ceux qui venaient de nous faire tant de mal, quelle boucherie !

Les Chinois qui restent essayent bien de se sauver ; leurs efforts sont vains, et longtemps, la rage au cœur, les yeux hors de la tête, nous frappons et frappons encore. On enfonce sa baïonnette dans des corps mous, que l'on heurte du pied ; puis, comme elle vous gêne, on l'arrache du fusil, toute dégoulinante de sang ; on la remet au fourreau, et, prenant l'arme par le canon, la crosse devient entre vos deux mains une massue qui tournoie et qui tombe à coups redoublés sur les morts et sur les vivants. On dirait que bien des hommes éprouvent une jouissance sauvage à sentir sous leur crosse craquer des os. Des soldats en ont brisé le bois de leur fusil, bien vite remplacé par un fusil des morts.

Certes, je n'exagérais point, lorsque j'assimilais ce tableau à celui de l'enfer. Chaque soldat semble un démon.

Est-ce un crime sans excuse, inexpiable ?

C'est la Guerre dans toute son horreur, la Guerre dans son exaltation vindicative, la Guerre qui étouffe la voix de l'humanité, ne voulant reconnaître que cette implacable loi : Œil pour œil, dent pour dent !

Songez donc que, pour atteindre à cette redoute, nous avons vu tomber près des deux tiers de nos camarades ; songez donc que les cris déchirants de nos blessés retentissent à nos oreilles ; songez donc enfin que, si l'un des nôtres, officier ou soldat, tombe aux mains de tels ennemis, ils le font mourir en d'atroces tortures, qu'ils décapitent et mutilent affreusement nos cadavres. Peut-on être humain envers des tigres ?

Vous me direz que la barbarie est indigne de nous. Je vous réponds qu'ils ne la jugent pas indigne d'eux ; ils méritent bien leur châtiment.

PRISE D'UNE DES REDOUTES D'HOA-MOC PAR L'INFANTERIE DE MARINE.

Du reste, nous avons atteint notre but patriotique : de toutes parts, les Chinois sont en déroute.

— « Allons ! La 25e ! Rassemblement ! », clame le second lieutenant, M. Lamothe, en élevant son revolver[1]. Et il n'a pas l'air plus ému qu'il ne l'était à Cherbourg, lorsque sur les glacis ou dans la cour du quartier 1, levant son sabre, après une pause d'exercice, il nous criait : « 9e ! Rassemblement ! »

— « Premier peloton ! Rassemblement ! », ordonne le sous-lieutenant[2] à son tour.— « Première section ! Rassemblement ! », dis-je, en levant mon fusil. Dix hommes arrivent ; pas un de plus. Les trois autres sections se placent derrière, l'une à la voix du jeune sergent-major, mon ami Horiot, les deux autres à la voix des caporaux. Je découvre alors avec stupeur que je suis le seul sergent resté debout de la compagnie.

En tout, nous ne sommes plus que cinquante ! Et comment sommes-nous faits ? Les pantalons éclaboussés de sang, les mains rouges, nous avons l'air de bouchers sortant de l'abattoir.

Dans un moment de surexcitation, que vous comprendrez sans doute, je viens de vous dire toutes les raisons qui militent pour justifier, ou du moins pour atténuer nos fureurs. Mais, lorsque, d'un esprit calme et froid, je songe à cette après-midi effrayante du 2 mars, à cette nuit horrible, à cette matinée du 3, plus atroce encore, ah ! je sens bien que je n'eusse jamais rêvé de voir des drames aussi épouvantables ; j'espère bien surtout que de ma vie je ne serai appelé à en revoir de semblables.

---

[1] En colonne aucun officier de la 1re brigade n'avait le sabre.
.Ceux de la 2e brigade (Ligne et Légion) portaient presque tous des armes d'ancien modèle, ces lames fortes, résistantes, à coquille de cuivre, semblables aux sabres des sergents-majors, et non ces élégantes armes à fourreau nickelé qu'ont aujourd'hui nos officiers d'infanterie.

Ces jolis sabres, en campagne, je le crains bien, seraient à chaque instant faussés et brisés. D'ailleurs, pour un officier d'infanterie, le sabre constitue bien plus un insigne de commandement qu'une arme sérieuse, et beaucoup estiment que cet insigne est plus gênant qu'indispensable.

[2] M. le sous-lieutenant Harel, mon chef immédiat, pendant cette campagne, officier énergique et bienveillant, qui mourait peu de temps après en Annam ; si bien que des quatre officiers de la 25e compagnie du 1er régiment d'infanterie de marine, il n'en survécut qu'un seul, M. Lamothe.

Et, en souvenir de nos morts, si j'ai parlé des Célestes avec un sentiment de vengeance, j'ajoute encore, c'est de toute justice : Ils sont joliment braves, ces Pavillons-Noirs ! Brigands, sauvages, tant qu'on voudra ! N'importe ! par un côté de leur nature, nous les admirons.

On les a vus, dans un de leurs forts, tenir jusqu'à la dernière extrémité. Un peloton de 80 Légionnaires, un peloton de 100 Turcos garnissaient le bord extérieur de la redoute et y dirigeaient un tir rapide, puis feux de salve sur feux de salve ; mais il sortait de là une telle grêle de balles qu'il était impossible d'avancer. On appela à la rescousse une section d'artillerie, qui tira à mitraille. Les défenseurs de l'ouvrage se turent enfin. Et, quand on pénétra à l'intérieur, on vit plus de 60 cadavres couchés pêle-mêle, les uns sur les autres. Dans les tranchées, un ruisseau de sang : dans les cartouchières des morts, plus une cartouche !

Les voilà les Réguliers du Yunnam et les Pavillons-Noirs. Nous ne saurions dès lors applaudir aux mille sottises que débitent sur eux tant de journaux français : « *Magots chinois ! risibles soldats à longue queue !* » Les auteurs de ces railleries, qui se croient sans doute fort spirituels, n'ont pas été les témoins de leur défense d'Hoa-Moc, défense vraiment héroïque.

Aussi, pour les vaincre, a-t-il fallu des héros. Par bonheur, nous en avions. Vous allez en juger par cet épisode :

C'était le 2 au soir. Le bataillon Mahias tout entier, dans des efforts inouïs pour s'emparer d'une redoute, avait éprouvé des pertes énormes. En vain la canonnade, avec des pièces de 80 millimètres, avait-elle tonné sans répit afin de préparer l'assaut ; en vain des sapeurs du génie avaient-ils voulu pratiquer une brèche avec la dynamite : rien n'avait pu réussir.

Cependant le colonel Giovaninelli a dit au commandant Mahias : « Vous voyez ce fort, il faut absolument que ce soir on y couche ! » Et les compagnies s'élancent contre la barrière en énormes bambous, profondément enfoncés dans le sol ; dix fois on se précipite, mais la terrible palissade ne cède à aucun effort. Si, passant leurs fusils par les ouvertures, nos hommes tirent avec rage, leur canon rencontre bientôt le canon d'un Remington ou d'un Mauser, qui les couche foudroyés.

Enfin, une étroite brèche a été ouverte ; le sous-lieutenant Freystatter, le premier, bondit dans l'enceinte ; derrière lui s'engouffrent ses hommes ; les Chinois sont écrasés, le fort est pris.

Ce sous-lieutenant Freystatter, grand gaillard de six pieds et qui ne reçut, là, aucune blessure, est entré depuis peu dans l'Infanterie de marine, ayant dû servir, d'abord, à la Légion étrangère, car il est Alsacien.

Encore une fois, il nous fallait de tels hommes pour vaincre de tels ennemis.

Et combien étaient-ils, ces Chinois ?

Ah ! pas si nombreux que cela, allez !

Nous présentions, nous, des forces sinon formidables, du moins respectables. Je les ai dénombrées déjà. Sans compter les Tonkinois, nous étions au total, ai-je dit, 3,800 hommes.

Par exemple, c'étaient d'excellentes troupes, comprenant à merveille l'importance du but, l'impérieuse nécessité d'une victoire.

Les Célestes avaient de plus que nous leurs fortifications, la familiarité d'un terrain très peu connu de nos chefs, complètement inconnu à la masse des troupes. Mais, quant à leur nombre, il n'était pas supérieur au nôtre ; peut-être seulement égal ; peut-être même inférieur [1].

N'importe ! vu l'âpreté de ce combat d'Hoa-Moc, on doit le considérer comme plus glorieux que les combats de Lang-Son, où nous dûmes tenir tête cependant à un ennemi quatre ou cinq fois supérieur en nombre et aussi bien armé que nous.

Nos pertes sont là, d'ailleurs, comme preuves. Le chiffre des hommes perdus dans les combats de Lang-Son par la division entière, n'atteint point le chiffre de ceux que la 1re brigade seule vit tomber à Hoa-Moc [2].

---

[1] Depuis, nous avons entendu, en effet, des officiers très compétents estimer à 3,000 hommes environ le nombre des Chinois qui, à Hoa-Moc, essayèrent de nous barrer la route. Ce chiffre ils l'obtenaient d'après le nombre des ouvrages, la force approximative des défenseurs de chacun d'eux, et aussi l'étendue des bivouacs installés. Ajoutons que d'autres évaluations, qui nous semblent exagérées, portaient à 15,000 le nombre des combattants chinois à Hoa-Moc.

[2] Telle me paraît être l'opinion d'un témoin consciencieux, d'un vaillant acteur de ce combat, le lieutenant (plus tard capitaine, puis démissionnaire)

Là, nous avons eu 643 hommes par terre. Rien que dans les deux bataillons d'infanterie de marine, ont été mis hors de combat 207 hommes et 17 officiers.

Dix-sept officiers dans deux bataillons, c'est la moitié moins un. Et je le répète, en telle compagnie, sur quatre, il n'en est plus qu'un seul ; l'une d'elles enfin voit ses 35 hommes qui restent commandés par un sergent fourrier.

Que de sacrifices pour payer la victoire ! Du moins, la victoire était à nous.

Le soir de cette journée dramatique, vers 4 heures et demie, nous débouchions dans la plaine, en face de Tuyen-Quan.

Au milieu de la citadelle aux murs en partie écroulés, sur le mamelon qui en occupe le centre, un beau drapeau tricolore flottait au vent. Le canon tonnait, mais seulement à poudre, c'est-à-dire non plus pour cracher la mort à la face de l'ennemi, mais pour saluer de sa voix solennelle l'ami triomphant, celui qui apportait le salut : le général Brière de L'Isle.

Ah ! lorsqu'un simple sergent sent battre son cœur sous sa vareuse de laine, de quelle fière émotion devait battre le cœur de notre admirable chef !

Le commandant Dominé vient à sa rencontre ; il met pied à terre. Brière de L'Isle à son tour descend de cheval, et les deux hommes se jettent dans les bras l'un de l'autre.

A ce spectacle, les plus stoïques sentirent une larme. Quelle éloquence dans cette étreinte muette et cordiale !

Mais aussi, combien il était temps que nous vinssions ! Que de douleurs et d'angoisses les assiégés avaient souffertes !

Louis Huguet, qui servait alors à la 28ᵉ compagnie du 1ᵉʳ régiment de Marine l'inséparable de notre 25ᵉ. Dans son très intéressant volume, *En colonne*, il représente ce combat (p. 90), comme « le duel le plus formidable qu'ait jamais fourni, avant et depuis, la campagne du Tonkin, duel qui, malgré les excellentes qualités militaires déployées, passa cependant en France presque inaperçu.

« Combien de personnes, en effet, ignorent jusqu'à ce nom d'Hoa-Moc écrit en lettres de sang sur l'histoire du corps expéditionnaire ! »

Cela, à notre avis, s'explique par ce fait : que les détails du combat d'Hoa-Moc, toute son importance, ne furent connus en France qu'après la nouvelle télégraphique de la reprise de Lang-Son par les Chinois.

POSITION D'HOA-MOC (Mars 1885).

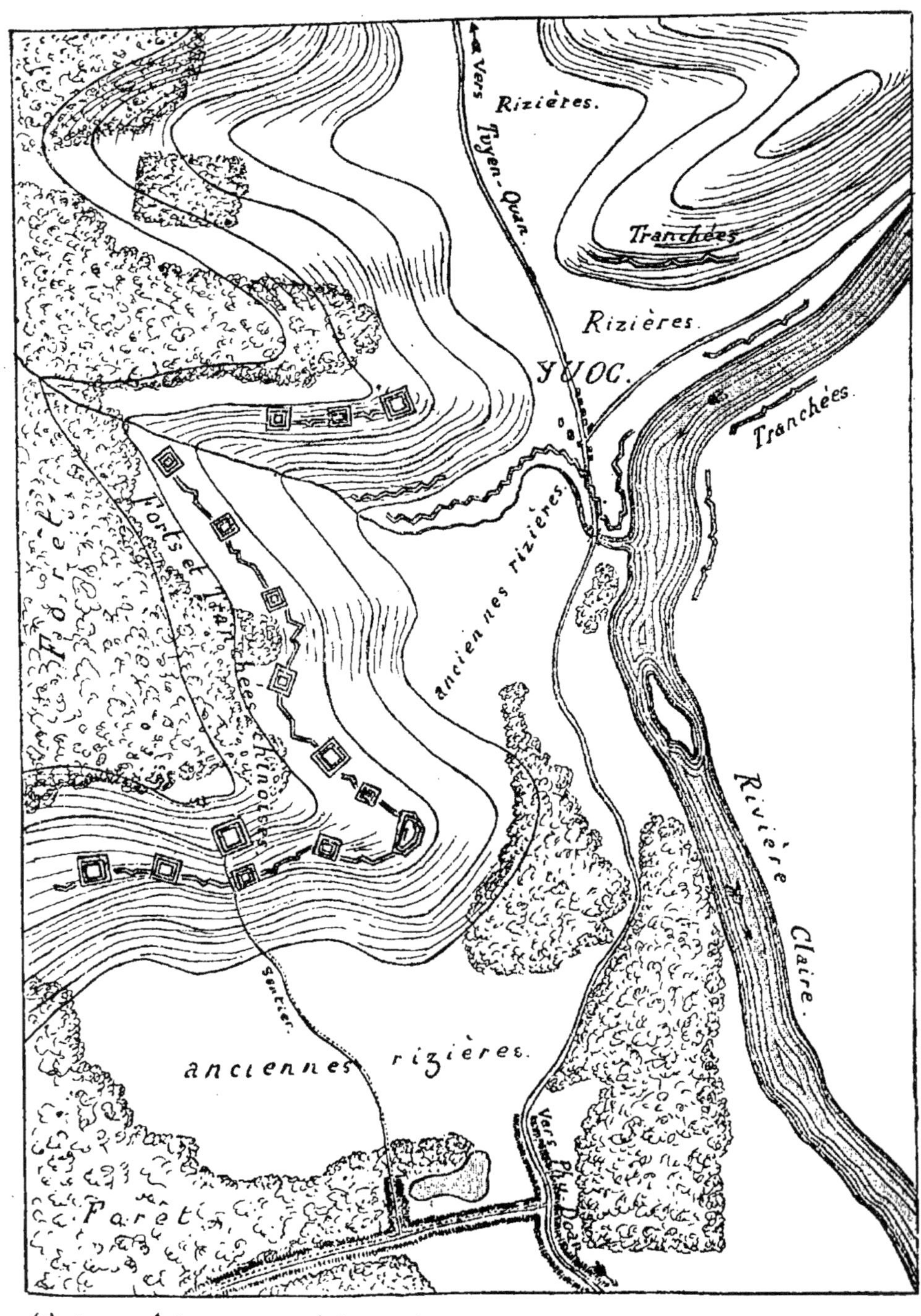

(1) Grand Arbre servant d'Observatoire.

C'est là ce qu'il me reste à vous raconter ; pas aujourd'hui. Plusieurs fois la bonne sœur est venue près de mon lit, me disant avec sollicitude : « *Quatorze,* vous écrivez trop ! vous êtes faible, cela peut vous redonner la fièvre. » Je sens qu'elle a raison.

Je termine, en vous embrassant tous de tout mon cœur. Surtout, n'allez pas, à cause de mon entrée à l'hôpital, vous inquiéter sur moi. Je suis admirablement soigné, et cette longue lettre vous porte la preuve que je ne cours aucun péril.

Haïphong, 11 mars 1885.

La bonne sœur veut bien me permettre de vous écrire de nouveau. Je lui ai dit que j'avais encore à vous raconter le siège de Tuyen-Quan, que je n'avais fait hier que vous parler du combat d'Hoa-Moc ; elle m'a souri, et la voici qui vient de m'apporter du papier ; je n'en avais plus.

Reprenons donc nos Chinois.

Les Célestes avaient déployé dans l'attaque de la citadelle, outre une ténacité qui ne nous étonne pas trop, un art dont nous ne les aurions jamais crus capables.

Leurs tranchées, leurs parallèles, s'avançaient en zigzaguant. Depuis les batteries de première position elles approchaient du bord extérieur du fossé, qu'elles auraient bientôt couronné.

Et, non seulement, grands remueurs de terre, ils travaillaient ainsi à ciel ouvert, mais encore leurs mines passaient sous le fossé ; une tête de sape avait atteint un bastion qu'ils avaient fait sauter ; les défenseurs avaient dû élever un retranchement intérieur, isoler ce bastion, pour se défendre dans le reste de la citadelle.

Un trait de courage à signaler ici : Le cadavre d'un Légionnaire, projeté par l'explosion, était resté en dehors de l'enceinte. Le caporal Beulin, de la Légion, se présenta pour aller le chercher. Avec quatre hommes, il sort du retranchement, sous le feu des Chinois. Protégé par celui des Légionnaires, qui tirent sur tout ce qui se montre du côté de l'ennemi, il court au cadavre, l'enlève, le rapporte au milieu des nôtres, qui le saluent de leurs acclamations, tandis que les Chinois eux-mêmes sont contraints d'admirer un tel spectacle.

Nous possédions heureusement un petit détachement du génie dans Tuyen-Quan : huit hommes avec un caporal et un sous-officier, le sergent Bobillot[1]. Ils s'étaient admirablement conduits.

Aidés par les Légionnaires, et, sur les indications du commandant Dominé, officier d'un rare courage et très savant, ils travaillaient ferme, creusaient des contre-mines (un combat souterrain eut même lieu entre eux et deux sapeurs ennemis) ; ils gênaient beaucoup le travail des mineurs chinois.

Bobillot et ses sapeurs avaient construit, en dehors de la citadelle, sur un petit mamelon que l'on ne pouvait laisser inoccupé, un blockhaus où un poste de Légionnaires tint longtemps, mais qui fut miné à son tour et que l'on dut évacuer.

C'est toujours lui, le sous-officier du génie, qui, d'après les ordres du commandant Dominé, commença avec ses hommes

---

[1] Je l'ai fort bien connu, ce brave Bobillot. Du 20 au 23 novembre 1884, nous avions chaque jour mangé à la même table, avec les sous-officiers de la Légion.

Très intelligent, très spirituel, ayant fait, nous disait-il, un peu de reportage et de journalisme avant son arrivée au corps, il avait laissé à tous le souvenir d'un camarade charmant, le souvenir encore d'une mordante chanson, dont nous redisions le refrain en chœur et que lui avait inspirée le Président d'alors, M. Grévy.

Je le retrouvai, hélas ! à l'ambulance de Tuyen-Quan, dans cette ambulance installée dans une pagode et où pendant les derniers jours du siège les balles pleuvaient, perçant les murs de construction légère, brisant les tuiles du toit. Dans une ronde de nuit, son fanal ayant servi de point de mire, il avait reçu une blessure mortelle. Evacué sur Hanoï, il mourut à l'hôpital.

Nul ne l'ignore, la Ville de Paris, dont il fut l'enfant, lui a érigé, boulevard Voltaire, une statue de bronze, et, pour bien faire sentir qu'on a voulu, en l'honorant, honorer tous les humbles morts, cette foule anonyme qui a donné son sang, sa vie, pour la France, on a, sur le piédestal, placé cette inscription : « *Au sergent Bobillot et à la mémoire de ses compagnons d'armes.....* » Voilà l'équité.

Elle fut méconnue, cette pondération, le jour, un 14 juillet, où, dans un feu d'artifice, après avoir représenté l'amiral Courbet dans une grande pièce, on représenta ensuite, comme bouquet final, dans une autre pièce infiniment plus belle, le sergent Bobillot. Placer les deux hommes sur la même ligne, serait déjà exorbitant ; mais élever le sergent bien au-dessus de l'amiral !...

La juste mesure a été donnée par le ministère de la marine. Une canonnière, au Tonkin, a été baptisée le « *Bobillot* ». Elle montrera à tout le corps d'occupation que la France n'honore pas seulement les chefs, mais aussi les soldats. — Un cuirassé d'escadre de 1er rang a reçu ce nom : le « *Courbet* ». Et, dans toutes les mers où cette formidable machine de guerre promènera les couleurs de la France, elle rappellera le marin qui sut mettre la Chine à nos pieds et, bien plus beau titre de gloire, effrayer les Anglais.

et soixante Légionnaires, fournis tour à tour par les compagnies Cattelin et Moulinay [1], la construction en arrière de l'enceinte d'un rempart continu, derrière lequel l'héroïque garnison comptait encore tenir si l'enceinte maçonnée avait été rendue indéfendable par suite des explosions de mines.

J'ai pour voisin de lit un jeune sergent de la Légion, que j'ai connu à Tuyen-Quan. C'est un garçon fort instruit, d'origine italienne, mais de mère française ; par son père, neveu d'un colonel du roi Humbert, par sa mère, neveu aussi d'un colonel commandant un de nos régiments de ligne [2].

Blessé, mais d'une façon qui laisse tout espoir, il me raconte cette défense de Tuyen-Quan, ce siège où, dans une vieille petite citadelle annamite, quatre cents Européens ont tenu tête à plusieurs milliers de Chinois formant les meilleures troupes de l'empire du Milieu.

De jour comme de nuit, balles et projectiles d'artillerie pleuvaient sur la place ; des assauts furieux étaient tentés et repoussés tour à tour. Le soir, la moindre lumière servait de cible aux fusils et aux canons des Chinois.

Ah ! ils ont bien mérité de la France dont ils servent le drapeau, ces braves étrangers de la Légion.

Leur courage était, si l'on peut dire, contagieux ; ils avaient presque communiqué leur héroïsme à la compagnie de Tirailleurs tonkinois occupant la pagode du bord du fleuve et qui se sont montrés épiques pour des gens de leur race [3]. Oh ! la Légion ! voilà les vieilles bandes ! voilà les vrais soldats !

C'est dans son admiration pour de pareils hommes qu'un célèbre écrivain militaire, le baron von der Goltz, du Grand

---

[1] Une mine de l'ennemi, par son explosion, venait de détruire une partie du rempart. Le capitaine Moulinay à la tête des hommes de piquet couronne aussitôt la brèche. Une seconde explosion a lieu au même moment, elle tue le capitaine et onze hommes, en blesse vingt-deux. Néanmoins, les Chinois furent repoussés et un retranchement fut construit sur la brèche.

[2] Quand, en avril 1886, j'entrai à Saint-Maixent, le premier élève-officier de l'armée de terre que je rencontrai dans la cour de l'École, fut mon ami Fea Fiori, alors médaillé militaire. Lorsque, à la sortie, je choisis le 4e d'infanterie de marine, il choisit lui, le 61e de ligne, également en garnison à Toulon. Biffin et Marsouin nous vivions en frères.

[3] Leur capitaine, le capitaine Dia, fut tué.

État-Major allemand, a émis cette pensée, dont le sens, sinon les termes, m'est resté dans le souvenir : « Un jour viendra où l'on verra surgir un nouvel Alexandre, qui, avec une petite troupe bien armée et disciplinée, balayera devant lui ces foules innombrables qui constituent nos armées modernes, devenues des cohues de bourgeois et d'épiciers[1]. »

Eh bien ! l'exemple des admirables Légionnaires, soldats de métier, est bien propre, me semble-t-il, à justifier les paroles de l'auteur allemand.

Que l'on ait des fusils à tir rapide ou des piques, c'est toujours le courage et la discipline qui triomphent. Ils n'ont jamais fait la guerre et ils ne formulent qu'une sottise ceux-là qui prétendent que les armes perfectionnées annihilent la valeur du soldat. Maintenir, sous un feu très vif, une troupe en bon ordre et lui bien faire régler son tir, voilà la condition essentielle du succès. Or, ce bon ordre, ce sang-froid, cette libre mise en action de toutes les facultés, on ne l'obtient que d'hommes disciplinés et individuellement courageux.

En voilà une digression ! mais que voulez-vous ? Lorsque j'entame cette question militaire, qui absorbe toute ma vie, je ne sais m'arrêter.

Et à propos de Tuyen-Quan, j'allais oublier cette poignée d'hommes, ces douze matelots, avec leur officier, qui, à bord de la *Mitrailleuse*, mouillée au pied de la citadelle, ont si bien à leur tour mérité de la patrie.

Grâce à tant de courage, principe de tant de sucès, la campagne semble close.

Tout porte à croire que les Célestes, Réguliers ou Pavillons-Noirs, qui nous ont fait subir tant de pertes, mais auxquels nous

---

[1] Je n'avais pas au Tonkin, on le devine, le gros volume : *La Nation armée*, de von der Goltz. Je citais de mémoire ; voici le texte :

« Le jour viendra où les faits dominants des guerres actuelles auront disparu.... Un nouvel Alexandre surgira qui, à la tête d'une petite troupe d'hommes parfaitement armés et exercés, poussera devant lui des masses énervées qui, dans leur tendance à toujours s'accroître, auront franchi les limites prescrites par la logique, et qui, ayant perdu toute valeur, se seront transformées..... en une innombrable et inoffensive cohue de bourgeois boutiquiers. » (*La Nation armée*. Introduction, p. vii.)

en avons infligé de bien plus énormes, n'auront de longtemps l'envie de se mesurer avec nous.

D'autant moins que voici des troupes nouvelles venant combler nos vides.

Que feront-ils au Tonkin, tous ces braves gens? Il semble qu'il n'y ait plus beaucoup d'ouvrage. Toutefois, que surgisse uu nouveau péril, ils y pareront, espérons-le, comme ont fait leurs devanciers, et ils sauront mériter les mêmes éloges que le général Brière de L'Isle vient d'adresser aux troupes.

Voici, comme conclusion de tous les actes belliqueux, l'ordre du jour de notre général en chef :

Officiers, sous-officiers et soldats de la 1ʳᵉ brigade.

Vous venez d'ajouter une glorieuse page à l'historique du corps expéditionnaire.

Après vos victoires sur la route de Chù à Lang-Son, sans vous avoir accordé un repos bien mértté, j'ai dù vous demander de nouveaux efforts, vous conduire à de nouveaux dangers.

L'entrain que vous avez montré dans vos belles marches de Lang-Son à Hanoï et sur les rives de la Rivière Claire, a prouvé que vous sentiez l'importance de vos nouvelles opérations.

Le 2 mars, vous avez rencontré l'armée chinoise venue du Yunnam, retranchée dans une série d'ouvrages formidables, sur un terrain d'une difficulté inouïe.

L'ennemi, renforcé de tous les bandits de Lhu-Vinh-Phuoc, avait annoncé bien haut qu'il vous barrerait la route de Tuyen-Quan assiégé avec rage par lui.

Sans tenir compte du nombre de vos adversaires, vous avez enlevé de vive force le village d'Hoa-Moc après une lutte de plus de 24 heures. Le résultat a répondu à vos sacrifices, et, le 3 mars, vous serriez la main à l'héroïque garnison que vous veniez d'égaler.

Je suis fier de le proclamer bien haut : Vous avez montré une fois de plus qu'avec des hommes tels que vous le drapeau de la France flottera partout où le gouvernement de la République vous demandera de le porter.

Au quartier général, à Tuyen-Quan,
Le 5 mars 1885.

Le Général commandant le corps expéditionnaire,
Brière de L'Isle.

C'est simple et martial, cet ordre du jour. On sent la bravoure froide, raisonnée, de celui qui l'a écrit.

Pour nous, en le lisant, il nous semble revoir ce *terrain aux difficultés inouïes ;* il nous semble encore entendre et la fusillade et le canon et l'explosion des mines et les longs hurlements des trompes chinoises excitant les combattants.

Ce style laconique est loin du style redondant du général Millot. Quels ordres du jour pleins d'emphase, lancés après des combats pour rire !

Oui, c'était le bon temps alors ; on pouvait rire au Tonkin.

Aujourd'hui, on y pleure des larmes de sang. Et ceux qui viennent d'y recueillir des lauriers les ont bien mérités.

CHAPITRE XIV

Retour en France — Les sœurs de Saint-Vincent-de-Paul ; leur dévouement — Passage à Saïgon — Notre misère, notre manque de solde — Les sociétés de secours aux blessés — Distribution mal entendue des secours — Nouvelle de la reprise de Lang-Son par les Chinois — Arrivée à Toulon — Distribution à l'École militaire d'infanterie de la médaille commémorative de la campagne du Tonkin.

Haïphong, 13 mars 1885.

Demain matin, j'embarque sur le *Nagothna*, qui me portera en baie d'Halong ; là, je remonte sur ma vieille *Nive*, et pour le bon voyage, cette fois !

Je le prévoyais un peu, ce retour ; mais je n'avais osé rien vous en dire, craignant quelque déception.

C'est ce matin, à l'heure de la visite, que le médecin en chef, venu près de mon lit, m'a regardé plus que de coutume, et, m'ayant fait relever mes draps, m'a ausculté la poitrine, m'a examiné bras et jambes ; puis, se tournant vers un médecin-major et l'aide-médecin, leur a dit : « Ah ! il est rhumatisant, anémié ; il ne pourrait plus aller en colonne, ce garçon-là..... A évacuer sur la France. »

Je n'ai pu lui dire merci ; mais, comme il tenait encore le bout des doigts sur ma poitrine, je l'ai prise, cette fine main blanche de praticien, qui sortait de la manche noire, aux cinq galons d'or, et je l'ai embrassée en la mouillant d'une larme.

— « Allons ! allons ! », a dit le docteur avec un bon sourire, et la sœur à son tour m'a lancé un bon regard.

Elle vient de passer à la minute, cette sainte fille, en me disant :

— « *Quatorze* — 14, c'est le numéro de mon lit, c'est mon nom à l'hôpital, — vous écrivez à votre mère pour lui annoncer votre retour ? »

Ces bonnes sœurs, il faut, hélas ! avoir appris à les connaître, pour comprendre quelle tâche méritoire elles remplissent, ici, dans les hôpitaux de l'armée.

Le jour, elles veillent à la distribution des remèdes, inspectent les repas, s'occupent de tous, réconfortant chacun en particulier par de bonnes paroles. Grâce à elles, le service se fait ponctuellement ; tout est propre, bien ordonné dans l'hôpital ; ce rôle déjà appelle la considération. Mais, lorsque, dans les longues nuits d'insomnie, on les voit, d'heure en heure, sous leur grande cornette aux ailes blanches, passer par deux, glisser sur les longs tapis, dans les salles sombres, leur petite lanterne sourde à la main, surveillant les infirmiers de garde, venant jeter un coup d'œil maternel sur tous les malades graves, s'arrêtant parfois devant un lit, pour le border, entr'ouvrant doucement la moustiquaire, afin de redresser un oreiller, d'examiner si tel fiévreux que la soif dévore a de la tisane ; quand on les voit, jour et nuit, dévouées à cette mission, alors — surtout si l'on songe que nombre d'entre elles, nées de familles riches, mêmes illustres, dont le nom se cache sous leur modeste nom de sœur, ont abandonné fortune et rang social pour offrir pitié, secours et consolation aux malheureux, — alors, dis-je, on se demande si de telles femmes ne réalisent point sur la terre l'idéal des anges gardiens.

Pour s'occuper ainsi de tous ces hommes inconnus, comme s'ils étaient leurs frères, leurs enfants, elles ont besoin d'une morale plus haute, plus sereine que celle où aboutit le matérialisme, non philosophique et on pourrait dire idéaliste d'un Helvétius ou d'un Diderot, mais le matérialisme grossier et pratique de nos jours.

Vivre ici, au Tonkin, dans ces hôpitaux d'Hanoï, d'Haïphong, de Quang-Yen, loger, comme elles le font à Ti-Cau, dans une vieille pagode à demi ruinée, n'est-ce pas d'un courage, d'un dévouement au-dessus de tout éloge ?

Et pourquoi venir dans ce pays, où plus d'une a trouvé la mort ? Elles ne songent pas à la gloire, elles si humbles ! Elles n'aspirent pas au lucre : la solde que le gouvernement leur octroie, qu'elles ne touchent pas et qui revient à leur communauté, est de 40 francs par mois. Quarante francs ! un peu moins que n'exige une cuisinière convenable dans un intérieur de bourgeois parisiens. Il y a plus : elles soignent des soldats blessés et malades, dont quelques-uns — rares sans doute, mais enfin il en existe — les remercient par des grossièretés et des rebuffades, à quoi elles n'opposent jamais que leur angélique douceur.

Non, voyez-vous ? pour cette œuvre de charité divine, il faut une foi qui peut être en nous une foi morte, mais qui, en se révélant par des actes de cette nature, impose le respect.

Oh ! je sais bien : on me répondra qu'il est des ombres à ce tableau, que ces religieuses sont des fanatiques et ne songent qu'à nous convertir à leur croyance.

Je n'en ai pas connu [1], et, du reste, leurs moyens de conversion n'ont rien d'analogue à ceux qu'employèrent tant de farouches et féroces convertisseurs. Tenez! en voici un exemple, qui m'a été fourni, hier même.

Après la visite, je m'étais un peu levé. La sœur vint à moi. « *Quatorze*, mon ami, me dit-elle, vous voilà debout comme un grand garçon; vous êtes fort maintenant. Eh bien ! c'est dimanche. Le moment de la messe approche. Voulez-vous que je vous prête un *Livre d'Heures ?* »

Quelles que soient les opinions que très vaguement j'ai acquises sur les cultes, moi qui vis en dehors d'eux, j'avoue que devant cette âme candide, qui m'a témoigné, à moi inconnu, autant de sollicitude que vous, maman chérie, m'en auriez témoigné vous-même, j'avoue n'avoir entrevu alors qu'un moyen, un seul, de lui prouver ma vive reconnaissance : c'était de lui faire ce petit plaisir si anodin. Comment avoir le courage de le lui refuser? la stupidité orgueilleuse de lui faire de la peine?

Prenant le livre que me tendait sa main, je lui ai répondu simplement : « Merci, ma sœur; vous êtes bien bonne. » Et je me suis rendu à la chapelle.

Or, un autre sous-officier, blessé à la jambe, voulut me suivre. « Non, non, mon ami, pas vous! lui dit la religieuse. Ne vous fatiguez pas; je prierai Dieu pour vous, mon ami, afin qu'il vous rétablisse au plus tôt. »

---

[1] Depuis ce jour où j'écrivais comme jeune sous-officier, il m'est arrivé, au cours de ma carrière coloniale, soit comme officier, soit comme fonctionnaire, soit au loin, soit en France, de me trouver entre les mains des sœurs. Mon admiration et ma gratitude n'ont fait que croître.

Non ! quand je vois à l'œuvre ces sœurs de charité et que j'entends ensuite tous les braillards qui les poursuivent de leur haine, je ne leur souhaite qu'une chose, à ces gens-là, c'est de venir ici, comme nous, sac au dos, trotter à travers les rizières, les mamelons et les forêts. Et quand, blessés par les balles chinoises ou éreintés par les maladies, ils se trouveront entre les mains de ces douces créatures, qui ne répondent à leurs outrages que par leurs soins et leur pardon, peut-être auront-ils quelques remords ? Peut-être enfin comprendront-ils que ces saintes sont les plus dignes, les plus aptes à soigner les malades, à fermer les plaies morales des souffrants, et cela parce qu'elles ont un Idéal, tandis qu'eux n'en ont point ?

Saïgon, 29 mars 1885.

Un courrier part demain ; j'en profite pour vous annoncer que mon arrivée est proche.

De Toulon à Saïgon, il y a un an, nous avons mis trente-trois jours ; aujourd'hui, la *Nive*, salie par les coquillages et le goémon des mers de Chine attachés à sa coque, marche moins bien ; elle mettrait cinq ou six jours de plus, si nous ne devions gagner du temps. Or, l'on ne s'arrêtera guère à Port-Saïd et pas du tout à Singapoor, Colombo, ni Aden.

Inutile d'y faire relâche ; car messieurs les Anglais refusent le charbon à nos navires. Pourquoi ? C'est qu'ils nous considèrent comme *belligérants*. Or, à leurs yeux, les Chinois ne le sont pas belligérants, puisqu'ils leur cèdent — contre livres sterling, bien entendu — charbon, fusils, canons, munitions. O haine et astuce britanniques !

On se munit de houille pour jusqu'à Obock, cette nouvelle station française, à l'entrée de la mer Rouge. Les soutes pleines, il y en aura encore dans la batterie basse. Songez que l'on en brûle de 50 à 60 tonnes, 60,000 kilogrammes par jour ! La houille nécessaire à une heure de chauffe vous en ferait une provision pour plusieurs hivers.

Nous avons quitté la baie d'Halong le 20 mars. Nous partirons d'ici, de Saïgon, le 4 avril ; le 8 ou le 9 mai, on touchait le sol de France.

Ainsi, jour pour jour et presque à la même heure, un an après mon départ de Toulon, j'ai quitté le Tonkin. Mais quelle différence entre mes impressions si vives, lorsque j'ai vu disparaître au loin les montagnes de Quang-Yen, et lorsque, dans la nuit du 20 au 21 mars 1884, je vis les feux de Fréjus et d'Antibes s'éteindre à l'horizon !

Il y a un an, je vous quittais, n'ayant qu'une bien vague espérance de vous revoir ; aujourd'hui, c'est avec la certitude de vous embrasser dans quelques semaines que je m'éloigne de l'Extrême-Orient.

Chaque tour d'hélice va me rapprocher de vous tous, et ce qui surtout me contente, c'est que vous ne vous tourmenterez plus sur mon sort ; ma triste préoccupation ici, c'était l'idée de vos angoisses.

Oui, après tant de combats livrés au Tonkin, et ceux où j'ai risqué ma peau et ceux même où je n'assistais point, mais où vous pouviez me supposer présent, je ne songeais plus ni aux balles chinoises, ni à la faim, ni aux fatigues : je pensais à vous ; il me semblait vous voir, anxieux, lire les dépêches annonçant nos pertes en bloc et se terminant par la phrase sacramentelle : « La liste des morts ne paraîtra qu'après avoir été officiellement contrôlée et lorsque les familles auront été averties. »

Mon nom n'a point paru sur ces listes funèbres.

D'autre part, si aucun des rêves de la plus modeste ambition ne s'est réalisé pour moi, je me sens au moins sans reproche. J'ai fait mon petit devoir, rien de plus, rien de moins. Quand on m'a crié : En avant ! j'ai marché ; quand on m'a crié : Halte ! je me suis arrêté.

Enfin, pour moi tout a bien fini ; mais je songe, hélas ! que pour beaucoup de mes pauvres camarades il n'en est pas de même.

Que je vous signale cependant un bienheureux !

Je vous ai parlé du sergent Goutte, un Vosgien, tombé sur le corps de mon lieutenant, M. de L'Estoile, à Hoa-Moc. Hé bien ! il n'était pas tué, ce pauvre ami que nous avions cru mort, tant semblait grave sa blessure d'une balle à la tête.

Déjà il s'était fort bien conduit, sur l'*Éclair*, un jour que, s'y trouvant en détachement d'escorte, cette canonnière subit une rude attaque. Depuis, jamais le brave commandant Leygue ne le revoyait à son bord sans l'appeler dans sa cabine et lui offrir un verre de Bordeaux.

Adonc, lui aussi, et bien plus oue moi, en a vu de cruelles.

Que de choses vous allez entendre de sa bouche, car il rentre avec moi ; il passera à Paris pour se rendre dans son village de Saulxures-lès-Bugnéville, dont il me parle souvent, et il viendra déjeûner à la maison.

Il n'est point le seul ami que j'aie retrouvé à bord ; avec quel plaisir j'ai revu le fourrier, secrétaire du second.

J'étais sur le pont du *Nagothna*, au moment où nous avons accosté la *Nive ;* je regardais cet immense bâtiment blanc, aux bordages salis, je le répète, mais toujours majestueux, avec ses grosses cheminées jaunes, sa belle mâture élancée.

Les matelots, en chapeau de paille, garnissaient tous les bastingages, et, parmi eux, des convalescents du corps expéditionnaire de Formose. Je ne pensais qu'à mon ami ; tout à coup, je le vois, avec sa bonne figure riante, ses deux galons d'or sur le haut de ses manches de laine. J'agite mon casque, j'appelle : « Mathieu ! Mathieu ! » D'abord, il ne m'entend pas, ne me voit pas ; enfin, il m'a aperçu, il lève brusquement son chapeau ; mais ses yeux grands ouverts me semblent pleins d'étonnement. Et quand, de notre bord, j'entrai dans la partie basse de la *Nive*, à côté du capitaine d'armes, Mathieu était là, qui m'attendait ; nous nous embrassons de tout cœur.

« — O mon pauvre vieux ! me dit-il, je ne te reconnaissais pas. Comme tu es changé ! Tu as dû rudement trimer à terre ! Seulement je t'assure que, nous aussi, à bord, nous avons bourlingué ferme. Devant Kélung, devant Tamsui, quel métier ! Enfin, on rentre, on ramène sa peau, c'est le principal. Toi, tu as l'air bien fatigué. Viens ! Dans mon bureau, j'ai une bonne bouteille de vin ; nons boirons une moque[1] à ta santé, mon pauvre ami ! »

Le capitaine d'armes à son tour m'a reconnu : « Ah ! Ah !

---

[1] Tous les marins dénomment ainsi le gobelet, le *quart* de fer blanc. C'est un mot familier en Bretagne et en Normandie. Il est français, puisque Littré l'a inscrit dans son Dictionnaire.

sergent, m'a-t-il dit, en me donnant une bonne poignée de main, vous êtes fidèle à la *Nive !* » Vous pensez si j'étais content. Le pont de la *Nive* qui me ramène vers la terre de France et où je rencontre ces braves cœurs, me semble déjà le sol natal.

Mon bonheur serait parfait, si je n'étais dans le plus complet dénûment.

Plus de chemise, un simple gilet de flanelle tout déchiré ; mes brodequins sont des savates. Pour seule garde-robe, un vieux pantalon de flanelle, une vieille vareuse et mon casque, tout bosselé, tout aplati : il m'a tant de fois servi d'oreiller, en colonne !

Mathieu me prête des pantalons blancs ; car il fait chaud, ici, — en Cochinchine, il n'y a pas d'hiver comme au Tonkin. — Mathieu m'a donné, en outre, deux de ces courtes chemises de matelot, rayées blanc et bleu, que l'on passe comme un tricot.

C'est dans ce peu réglementaire accoutrement que je descends à terre. Les adjudants de place de Saïgon ne disent rien : ils le savent, ce n'est pas de notre faute.

Avec une douzaine de camarades non mieux nippés que moi, je me suis rendu à la caserne d'infanterie de marine de Saïgon. Il fallait voir l'ahurissement des jeunes marsouins nouveaux débarqués de France, quand ils ont vu ce groupe de sous-officiers en loques et ayant l'air de mendiants ou de brigands, plutôt que de soldats.

C'est moi qui avais eu l'idée de cette visite aux beaux messieurs pimpants de Saïgon. Il s'agissait de prier les officiers-payeurs de nos régiments respectifs de bien vouloir nous faire une avance sur notre arriéré de solde.

Pour mon compte, on me devait, au jour de mon embarquement, 48 jours de prêt, c'est-à-dire 84 fr. 60, sur lesquels devait être opérée une petite retenue de 6 fr. 60, pour les journées d'hôpital, qui ne sont qu'à demi-solde. Bref, 75 francs me restaient à percevoir. Et, comme depuis longtemps je n'ai reçu ni lettres ni mandats[1], cette somme m'aurait fait joliment plaisir.

---

[1] Le lecteur trouvera peut-être que nous revenons trop souvent sur cette question des lettres retardées, égarées, parfois perdues. Et cependant ce manque de nouvelles de ceux que l'on aime est, pour les pauvres troupiers, une chose très importante. L'inquiétude que peut-être on les oublie, les affecte

L'officier-payeur m'a déclaré, à moi qui parlais comme plus ancien, et à trois de mes camarades (dont deux avaient été blessés), qu'il regrettait, mais n'avait pas les fonds disponibles pour nous payer même une part de ce qui nous était dû, ainsi que j'avais fini par en faire la demande.

« — Mais, mon lieutenant, nous n'avons pas un centime; nous ne pouvons acheter ni savon pour laver notre peu de linge, ni tabac pour fumer.

« — Mon pauvre ami, je regrette beaucoup, mais cela m'est impossible. »

Il m'a paru peiné. Inutile d'accroître sa peine par plus d'insistance.

Dans les autres bureaux, même fin de non-recevoir et accompagnée, paraît-il, d'un moins bon accueil. Devant un sous-officier de la ligne, qui s'était joint à ses camarades de l'infanterie de marine, le lieutenant-trésorier poussait les exclamations les plus cocasses, en voyant ce pauvre diable en culotte rouge. On eût dit que c'était la fin du monde, la fin de la comptabilité plutôt, ce qui, pour les bureaucrates, est tout comme.

Enfin, il n'y a qu'à se résigner. Les officiers-payeurs ne sauraient être rendus responsables de ce qui ne dévoile et n'accuse qu'une bien mauvaise organisation.

Tristement, je suis rentré à bord.

Je me promenais sur le pont de la *Nive*, l'air très ennuyé. « — Qu'est-ce que tu as donc ? » me demanda Mathieu.

Je lui contai notre démarche infructueuse.

« — Mais, mon cher, me dit-il, quelle idée d'aller trouver ton officier-payeur ! Et moi, je ne compte donc pour rien ? » Il ne

---

beaucoup ; au point de vue militaire, un tel état moral peut avoir de très fâcheuses conséquences.

Trois mois après mon retour en France, je reçus dans ma famille, *dix-sept lettres recommandées*, retour du Tonkin, dont *douze* étaient parvenues, là-bas, bien avant mon départ. Malgré leurs adresses très exactes, très bien calligraphiées, elles avaient couru un peu partout, sauf là où était ma compagnie.

Nos plaintes à ce sujet resteront-elles sans écho ? Si chaque soldat des corps expéditionnaires pouvait porter ou faire porter ses doléances en public, certainement, à la Direction générale des postes, on finirait par s'émouvoir, et des ordres sévères seraient envoyés, dans nos colonies, à qui de droit.

fit qu'un bond vers son petit bureau et revint. « Tiens! Combien veux-tu, 40 francs, 60 francs? Les voilà! A Formose, je ne pouvais rien dépenser ; c'est pourquoi je suis riche, et toi aussi par conséquent. »

Figurez-vous la joie d'un pauvre homme gagnant le gros lot : c'est l'image de ma joie.

« — Puis, tu sais? ajouta mon camarade, il m'en reste et je veux te le prouver : ce soir, je suis permissionnaire ; demande une permission au capitaine d'armes, et l'on dînera chez Olivier. »

Un quart d'heure après, nous étions à terre ; un autre sergent d'infanterie de marine se joignait à nous ; on hêlait une voiture pour faire le tour de l'Inspection, prendre un apéritif à la glace au café Masséna, puis se rendre au restaurant indiqué, le plus beau de Saïgon.

On dîne très bien chez cet Olivier, où de grands pankas vous éventent. Nous consultions la grande carte où sont inscrits au moins vingt mets différents, tous numérotés. C'est le numéro seul que l'on indique au boy pour demander l'un d'eux, et, ma foi! nous avions bien envie de compter depuis un jusqu'à vingt.

On riait, on était content, d'autant plus heureux de vivre qu'on avait beaucoup souffert.

Maintenant, le Tonkin, Formose, nous laissions tout cela derrière nous. N'étions-nous pas dans ce beau Saïgon, prêts à appareiller pour la France?

Nous sortons, nous allons prendre le café dans un des vastes et beaux établissements de la ville. Là, — nous n'en fûmes pas frappés tout d'abord, — les personnes assises aux petites tables avaient l'air préoccupé, rêveur.

A propos de je ne sais quelle plaisanterie d'un de mes camarades sur le peuple d'Annam, un monsieur assis à côté de nous se retourna.

« — Vous ne connaissez pas la nouvelle? » nous dit-il.

« — Non. Laquelle?

« — Nous venons d'éprouver un très grave échec au Tonkin. Lang-Son est repris par les Chinois ; nos troupes battent en retraite ; le général de Négrier est blessé mortellement. »

Nous restâmes pétrifiés.

« — Ce n'est pas possible ! m'écriai-je. Pour prendre Lang-Son, nous avons bousculé une armée chinoise cinq fois supérieure en nombre, et, bien qu'il y ait maintenant deux fois moins d'hommes dans la place qu'au temps de la grande colonne, nous n'avons pu l'évacuer. »

Quelqu'un entra, tenant une copie de la dépêche officielle. Hélas ! ce qui nous avait paru invraisemblable n'était que trop véridique.

Plusieurs personnes, employés civils ou négociants, s'étaient approchées de nous, désireuses de s'instruire sur la vraie situation militaire du Tonkin, sur les faits d'armes auxquels nous avions pris part. On nous prêtait une oreille avide. Et je songeai alors à ce que j'ai lu touchant nos pauvres soldats de 1870, blessés ou malades, qu'on évacuait en arrière des armées et que tout le monde entourait, pressait de questions.

Nous qui n'avions assisté qu'à des victoires, nous ne pouvions raconter la défaite qu'on venait de subir ; tout au plus pouvions-nous chercher à sonder les causes probables d'un désastre pareil.

J'avoue que, vu le défaut d'informations, de données précises, le problème nous semblait aussi insoluble que navrant. Je disais à mes auditeurs :

« La place de Lang-Son se trouvait, je le répète, démunie ; mais elle n'en avait pas moins, en avant, une brigade : cinq bataillons, à qui trois batteries prêtaient leur concours. Ce qui nous dépasse, c'est que ces hommes aient pu être mis en déroute par les Chinois, alors qu'à Tuyen-Quan deux pauvres compagnies de la Légion ont résisté durant des semaines à toute une armée.

« Une seule chose — et encore ! — pourrait faire un peu comprendre un fait aussi anormal : c'est que de Négrier ait été blessé à mort. Pour les soldats, de Négrier, c'est tout. Voilà l'inconvénient que présentent ces grands entraîneurs d'hommes. Si par malheur ils tombent, la démoralisation s'empare des troupes..... à moins toutefois — ce qui arrive — que les troupes ne s'élancent avec plus d'ardeur, voulant venger leur chef.

« Mais nous nous perdons ici en conjectures. De Négrier est-il atteint mortellement ? On n'en sait rien, et, plus je raisonne, plus je ne vois que cette unique conclusion : Ou nous avons eu plus de 100,000 Chinois sur les bras — ce qui m'étonnerait fort

— ou il y a là-dessous quelque chose qu'on ne saura peut-être jamais et qui ne me semble point naturel. [1]»

Pendant que nous discourions, un autre monsieur arriva au café, apportant une nouvelle dépêche ainsi conçue et qui vint nous rendre l'espoir : « 50,000 hommes s'embarquent pour le Tonkin. »

« — Allons ! dis-je aussitôt, l'on va se relever, prendre la revanche. Déjà, au jour où la *Nive* allait quitter la baie d'Halong, il y arrivait un renfort de 5,500 hommes (dont 1 escadron de spahis, 3 bataillons de zouaves et 2 batteries de l'artillerie de terre)[2]. Puisque 50,000 hommes à leur tour partent de France[3], notre colonie n'aura plus rien à redouter et le Tonkin restera aussi soumis, aussi fidèle à la métropole que votre Cochinchine elle-même. »

« — En Cochinchine, nous déclara alors un de nos auditeurs, nulle révolte n'est à craindre. Depuis l'occupation française, les Annamites sont plus riches et plus heureux. Quant aux Chinois établis ici, ils font une grande partie de leur commerce avec nous : Pourquoi voudraient-ils nous chasser ? »

Ces raisons nous parurent plausibles ; mais notre compatriote tenait-il assez compte des haines de race ? Malgré ses assurances, nous n'en restions pas moins navrés de la nouvelle. Un petit incident vint nous la rendre plus douloureuse encore, un incident qui peint bien l'état d'esprit des indigènes, quand on connut notre désastre.

---

[1] Ce quelque chose, c'était la fameuse affaire Herbinger. Voir, à la fin du volume, la note que nous y consacrons. (Note A.)

[2] Ces troupes restèrent dans le Delta, inutilisées. Et l'immobilisation de ces forces fut le grave, mais injuste reproche adressé à Brière de L'Isle. On oublie trop qu'il avait, pour Lang-Son et Tuyen-Quan, dégarni tout à fait le Delta, et qu'en y maintenant les renforts nouvellement débarqués, il agit avec sagesse : il ne pouvait prévoir sur quel point excentrique il devrait en faire l'envoi.

[3] C'était très exagéré, il n'y avait que 4,000 hommes de détachements de renforts, plus deux escadrons de spahis et le 11° bataillon de chasseurs. Seulement, avec ce peu de soldats, venait tout un Etat-major, de quoi commander 60,000 hommes, neuf généraux de l'armée de terre, dont quatre division-naires.

Et, une fois la paix conclue avec la Chine, comme il fallait faire quelque chose, on exagéra, en partie on inventa d'abord, on finit ensuite par créer réellement le pirate annamite, qui, de notre temps, à vrai dire, n'exis-tait pas.

Nous sortions du café et nous hélons un cocher qui passait à quelque distance. C'était un Chinois ; il vient vers nous, puis, soudain, nous regardant d'un air dédaigneux, il fouette sa bête et repart.

Mais un de mes camarades court saisir le cheval par la bride et, arrêtant net la voiture : « Pourquoi, demande-t-il, refuser de nous conduire ?

« — Moi rentrer cheval. (Tout comme nos bons cochers parisiens !)

« — Comment ! rentrer cheval ? Tu t'avançais d'abord pour nous prendre ; puis, voyant en nous des soldats, tu t'empresses de fuir.

« — Oh ! toi pas tant crier ! dit le Chinois d'un ton insolent. Français pas tant crier, Lang-Son ! »

Aussitôt l'un de nous, caporal fourrier de la flotte, lui assène un maître coup de poing.

Le Chinois hurle comme si on l'avait mis à mort ; il veut faire accroire à un assassinat. C'est l'habitude des Orientaux. L'on s'attroupe ; deux agents, un Français, un indigène, sont accourus. On leur conte le fait, et notre Chinois est conduit au poste par les deux hommes de police, indignés de l'outrage. Mais celui qui l'était le plus, c'était l'indigène. Mettant la main sur son cœur, où brillait la médaille militaire : « Moi, avant, nous dit-il, faire caporal Tirailleurs, moi blessé Sontay, moi avoir drapeau français dans ventre. » Je serrai la main à ce brave petit soldat. Ainsi, voilà deux jaunes : l'un dont nous occupons le pays et qui nous aime, l'autre qui vit du gain qu'il fait sur nous et qui nous hait.

Sous ces pénibles impressions, nous revînmes sur la *Nive*.

Là, une surprise agréable. Deux représentants de la *Société de Secours aux blessés* et de la *Société des Dames de France* étaient venus offrir quelque chose à chacun de nous. Un camarade, en mon absence, avait pris pour moi une longue chemise blanche — enfin, j'avais une chemise ! — et deux paquets de tabac[1].

---

[1] A l'hôpital d'Haïphong, j'avais déjà reçu un paquet de tabac et un cahier

Sans doute, ce n'est point le Pactole; mais on est réjoui de voir que le peuple de France n'oublie pas ses soldats du Tonkin et les aime, lui qui leur envoie ces dons.

Cela me rend plus impatient encore de revoir le pays bien-aimé. — Ce sera bientôt.

Toulon, 9 mai 1885.

Enfin, me voici à terre, et dans des conditions que je n'eusse jamais espéré si heureuses. L'air salin de la mer a puissamment contribué à me rétablir [1].

C'est cette nuit que nous sommes entrés en rade de Toulon. Sauf les hommes très malades, personne de nous ne s'était couché; chacun avait voulu entrevoir le plus tôt possible, sinon la côte : l'ombre la voilait à nos yeux, du moins les phares, les lumières de cette terre de France.

Ce matin, de grands chalands, remorqués par des chaloupes à vapeur, sont venus nous débarquer. Les hommes convalescents de l'infanterie de marine ont été conduits à bord du *Panama,* horrible ponton, amarré au quai du vieux port et qui reçoit le *Dépot des isolés* de l'infanterie de marine.

Être consignés, et bien *isolés,* voilà notre « don de joyeux avènement ». Impossible de mettre le pied en ville. Nous considère-t-on comme des cholériques, des pestiférés? Nullement, puisqu'on nous place dans le port. Alors quoi ?... Eh ! la mesure est explicable par l'immortelle routine.

Un de mes bons camarades, fils d'un général commandant

---

de papier à cigarettes. J'en fus bien aise, à ce moment. Toutefois, plus tard, lorsque j'appris à quelle somme considérable s'était élevée la souscription ouverte en France pour nous et combien les dons en nature affluèrent de toutes parts, je fus porté à conclure qu'un véritable désordre avait dû présider à la répartition de ces secours.

Il est juste d'ajouter qu'une fois, au sein de ma famille, on vint m'offrir, comme me revenant de droit, une petite somme (une trentaine de francs, si j'ai bonne mémoire). Je remerciai, laissant cela pour de plus pauvres que moi. Mais j'avoue qu'à Saïgon, lorsqu'on venait de nous refuser notre solde et que nous étions dénués de tout, la moindre pièce de 5 francs eût fait notre affaire; nous l'aurions reçue sans humiliation.

[1] Voir au sujet des rapatriements de malades, la note B, à la fin du volume.

une brigade de cuirassiers, le général de B..., maugrée comme moi; nous voudrions bien nous affranchir. Chacun de nous a un ami parmi les officiers du 4° d'infanterie de marine; deux mots de lettre les préviendront de notre arrivée. Voilà les deux lettres écrites. Mais le bon caporal de garde ne peut envoyer aucun de ses hommes les porter au Mourillon.

« — Eh bien! lui dis-je, laissez-nous partir. Vous voyez bien que nous allons chez des officiers : messieurs D... et de F...Vous les connaissez, n'est-ce pas ? »

« — Oui, sergent. »

« — Donc rien à craindre pour vous. »

Le caporal semble ébranlé; je lui serre la main, et, sans attendre sa réponse, nous voilà, de B... et moi, filant comme deux lièvres. Nous arrivons au mess des officiers, où nous sommes admirablement reçus par nos amis. Ils habitent la même maison, où, heureux hasard, se trouvent deux chambres libres; ils nous y ont installés *illico;* c'est de là, que je vous écris.

Quant à notre désertion, simple farce de troupiers, nulle inquiétude à avoir. Le lieutenant du Dépôt des isolés a été prévenu ; il a souri : c'est chose enterrée.

Il est des règles auxquelles on doit obéissance aveugle; mais celle-là ?... Pourquoi l'autorité maritime consigne-t-elle sur un vieux sabot de pauvres soldats si avides, après tant de misères, de toucher la terre de France ?

Quelques-uns s'enivreraient ? La belle affaire ! Est-ce que, tous les trois mois, quand ils touchent le décompte de leur masse, les dix mille matelots de Toulon ne s'en vont pas, titubant par les rues ? Les amiraux trouvent cela amusant. Mais nous, pauvres Marsouins, on nous retient sous une poigne de fer.

Malheureux compagnons, enfermés encore par centaines dans l'infecte cage du *Panama*, pardonnez-nous, si nous avons pris notre vol !.....

De B... et moi, nous mangeons dans ma chambre. L'ordonnance de mon ami nous apporte nos repas du mess des officiers. Ils s'en plaignent de leur mess : pas nous !

Ce qui nous amuse, c'est la stupéfaction de ces braves ordonnances, en voyant la familiarité qui règne entre leurs officiers et ces sergents dépenaillés.

Nous passons nos soirées avec nos amis, mais sortons seuls le jour, et, afin de n'être pas interpellés par les adjudants sur notre piteuse tenue, nous avons endossé de superbes vêtements civils, vêtements de nos camarades, ayant la même taille que nous. Un perruquier a transfiguré nos têtes hirsutes.

Tout à l'heure, dans la rue, de B... m'a dit tout rieur, en me toisant :

« — Avec ta canne, tes gants clairs et ta figure maigre, sous ton élégant petit chapeau, tu as l'air d'un jeune gommeux éreinté par la noce.

« — Oui, ai-je répondu, la noce de la Rivière-Claire et de Lang-Son, et les nuits de fête en grand'garde, sous la pluie qui vous gèle, en face des Chinois !

« Mais, après tout, ces épreuves nous auront fortifiés. Certes, nous n'avons pas à nous poser en capitaine Fracasse. Du moins, nous pouvons être un peu fiers devant ces petits crevés, qui ne cessent de geindre sur la seule année de service militaire qu'ils aient à accomplir. Ils se la coulent douce, dans quelque bonne garnison, et ils osent parler de leurs souffrances !..... Ah ! par quelle bouffonnerie a-t-on baptisé leur service, si peu volontaire, du nom de *volontariat ?*

« — Tu as raison pour la généralité, objecta mon camarade. Néanmoins, j'ai connu quelques volontaires d'un an qui eussent fait volontiers colonne avec nous.

« — D'accord ! Mais exception n'est pas règle, et un fait qui crève les yeux, c'est que ce sont tous ces fils de paysans, d'ouvriers, et pourquoi le taire ? ces *voyous* de Paris, tous nos camarades, qui viennent de prouver qu'en France on a toujours du sang dans les veines. Grâce à eux, notre pays n'est pas encore, comme on se plaît à le dire, entré en décadence. Aussi, je les estime et les aime, ces braves garçons, autant que je dédaigne nos petits *copurchic*. Si tout le monde ressemblait à ces *copurchic*, en quelques marches militaires les Prussiens seraient à Paris de nouveau, et adieu la France. *Finis Galliæ !* mon cher ami. »

Et mon brave collègue, qui, par son éducation, ses préjugés de famille nobiliaire, est aux antipodes de la démocratie, partage sur ce point mon opinion.

Nous sommes loin d'avoir la fortune du général de B.... Cela ne vous a point empêché, ma chère maman, de m'envoyer un bon mandat télégraphique. Avec cela, j'ai pu acquérir bien des petites choses et surtout rembourser mon ami, le fourrier de la *Nive*, de son avance généreuse.

J'ai couru le voir à bord et l'ai emmené dîner avec moi dans un bon restaurant.

« — Ah çà ! m'a-t-il dit en éclatant de rire, tu es donc de la famille des insectes, tu passes ta vie en métamorphoses? Là-bas, en baie d'Halong, je ne te reconnaissais plus, sous tes vêtements militaires, si minables, et voilà que de nouveau j'allais ne pas te reconnaître, sous tes beaux habits civils ! »

Ces habits, je vais les restituer à leur charmant propriétaire, pour reprendre mon vieil uniforme, qu'on a détaché, recousu, rafistolé tant bien que mal.

Pauvres vêtements de grosse laine bleue ! ils me siéront à ravir pour comparaître demain devant le Conseil de santé ! Ils me prêtent encore plus mauvaise mine, et, sans aucun doute, on m'accordera un congé de trois mois.

Quarante-huit heures après, ma feuille de route en main, je me dirigerai vers la gare. Avec l'express, je prendrai mon joyeux essor pour Paris, en vous télégraphiant l'heure de mon arrivée. Que le bon papa, venant me recevoir, ne s'inquiète point de trouver une voiture à galerie pour mes malles : je n'emporte pas même une valise.

Mais j'ai une grosse joie dans le cœur ; c'est là un trésor que bien des riches envieraient.

Saint-Maixent [1], 15 juillet 1886.

Lorsque je vous ai annoncé, il y a deux jours, qu'on devait, à l'intérieur de l'École, célébrer le 14 juillet, j'étais loin de m'attendre à la fête agréable où je viens d'être à la fois témoin et acteur.

---

[1] Mon congé fini et peu de temps après mon retour au corps, j'entrai pour dix mois à l'Ecole militaire d'infanterie, au sortir de laquelle je fus promu sous-lieutenant au 4º régiment, à Toulon.

C'est le modeste, mais consolant épilogue de notre campagne du Tonkin.

Avant-hier soir, on nous informa qu'on profiterait de ce jour, pour nous décerner nos médailles commémoratives. Seulement de qui devions-nous les recevoir ?

Nous apprîmes qu'un petit conflit, très courtois du reste, venait de surgir à ce propos.

Le colonel du 114e de ligne, commandant la place et sous la direction duquel se trouvent toutes les troupes, — y compris l'École, — réclamait comme un droit l'honneur de nous les délivrer.

Le commandant de notre École, le lieutenant-colonel Marchand [1], maintint comme une prérogative de sa fonction, de médailler lui-même ses élèves ; il en télégraphia au ministre, et le général Boulanger lui donna gain de cause.

Sur la grande place découverte de Saint-Maixent, bordée d'avenues d'arbres et au centre de laquelle se dresse la belle statue de l'héroïque Denfert-Rochereau, nous voici donc tous rangés en un carré ouvert.

Le bataillon de l'École, les petits détachements des hommes du cadre, les cavaliers de remonte, forment une des faces ; le 114e, les deux autres faces ; la quatrième, qui regarde la ville, une grande promenade s'élevant en pente douce, est libre de troupes. Par là arrive le flot de la population. Les privilégiés seuls, peuvent se grouper au pied de la statue, les autres s'accumulent sous les arbres, derrière les rangs.

Après la revue, passée par le colonel du 114e, le lieutenant-colonel Marchand, qui vient de présenter les troupes, a mis pied à terre. C'est un officier supérieur tout jeune, à la figure intelligente et à qui une belle moustache blonde à la Vercingétorix, un noble prestance donnent un air très martial. Il a de plus une voix de commandement superbe. On l'entend appeler :

« — Messieurs les élèves-officiers qui ont fait la campagne du Tonkin, au centre ! »

Nous sommes sept, dont cinq de la marine, un de la Légion,

---

[1] Aujourd'hui général de division.

un du 23ᵉ de ligne. Tous les sept nous sortons des rangs et venons nous placer face à la statue de Denfert.

Nous étions par rang de taille. Là se trouvait un de mes bons amis du 4ᵉ de marine, le sergent Vitard, qui, par des prodiges de bravoure a gagné successivement la médaille militaire et la croix de chevalier de la Légion d'honneur[1]; puis trois médaillés militaires et trois autres élèves à la poitrine vierge de décoration.

Devant nous, au pied de la statue, est groupé le Conseil municipal, à qui font escorte les pompiers, les typiques, les légendaires pompiers de province. Près de ce bataillon d'élite, braves gens, ils font, — on le sent bien, — de louables efforts pour se donner l'air martial, eux aussi.

Notre colonel met alors sabre au clair et jette ce commandement : — « Bataillon des élèves-officiers... Portez vos armes ! » — « Portez... armes! » répète le chef de bataillon. Deux coups secs, un éclair d'acier : ce sont les 460 fusils, qui, d'un seul mouvement, se sont plaqués contre l'épaule, les 460 mains gauches qui sont retombées dans le rang.

Ah! l'on manœuvre joliment bien, à l'École! Pour des profanes, cela est fort curieux, et l'on admire, mais sans se demander comment pareil résultat est obtenu. Nous savons, nous, combien il faut en voir de grises pour y parvenir.

Le bataillon est au port d'armes, dans la plus complète immobilité. Un sous-officier du génie, prévôt d'escrime, s'approche du commandant de l'École. Il tient à la main une petite boîte contenant les médailles. Le colonel y jette un coup d'œil ; puis se tourne vers nous, et d'une voix forte, il prononce cette allocution :

« Mes chers camarades, c'est avec le plus vif plaisir que je vais attacher sur vos jeunes et vaillantes poitrines la médaille commémorative de la campagne du Tonkin.

« Cette médaille est pour vous la juste récompense de votre courage, de votre abnégation.

« Elle vous rappellera vos privations, vos fatigues, les dangers que vous avez courus; elle montrera à vos camarades que vous avez été de ceux qui ont porté haut et ferme le drapeau de la France, sur cette terre lointaine que plusieurs d'entre vous ont arrosée de leur sang.

---

[1] Voir à la fin du volume, la note C, consacrée à ce vaillant.

« C'est un grand honneur pour moi, mes chers camarades, de vous décerner ainsi la récompense des faits d'armes accomplis par vous, sous ce climat meurtrier ; car cette campagne marque pour nous le commencement de la cicatrisation de cette plaie, ouverte, il y a seize ans, au flanc de la France, et qu'un jour, il faut l'espérer, nous contribuerons tous à fermer.

« A cette décoration, je l'espère, d'autres viendront s'ajouter. En attendant, au nom du Président de la République, je vous décerne la médaille commémorative du Tonkin. »

Très vive a été l'impression de cette harangue sur la foule des auditeurs ; mais, si elle a touché les indifférents eux-mêmes, jugez combien elle a dû émouvoir les intéressés. Quant à moi, je m'en suis souvenu et, mot à mot, j'en suis certain.

Avec une familiarité charmante s'est faite ensuite la distribution des médailles.

Nous étions toujours immobiles, baïonnette au canon ; le lieutenant-colonel, passant devant nous, a piqué sur chacune de nos tuniques les brochettes soutenant le ruban. Il a serré avec effusion la main du premier, chevalier de la Légion d'honneur ; aux trois médaillés militaires, il a souhaité que leur ruban change bientôt de couleur, et il a adressé une parole d'encouragement aux trois autres, à ceux qui, comme moi, n'avaient encore rien. En me piquant ma brochette, il a craint d'avoir enfoncé la pointe jusqu'à la peau. — « Vous ai-je piqué, Monsieur Garcin ? »

« — Non, mon colonel. »

« — D'ailleurs, a-t-il ajouté en souriant, je vous piquerais fort, que vous n'en diriez rien, n'est-ce pas ? » Il m'a serré la main, comme aux autres. Et, tandis que le bataillon venait de recevoir l'ordre de reposer sur les armes, tout les sept, faisant demi-tour, nous avons rejoint nos compagnies.

A partir de ce moment, le ciel, qui tour à tour nous lançait d'ardentes échappées de soleil et roulait de gros nuages, mais sans avoir laissé tomber une goutte d'eau, le ciel s'est mis à pleuvoir. C'est sous une averse que nous avons défilé devant la population, car, au lieu de rentrer directement à l'École, on nous a fait traverser la ville.

Malgré la bourrasque, j'étais bien heureux. Quelle différence, me disais-je, entre cette revue, la dernière que je passe sac au dos, en public, et la première que je passai à Cherbourg, voilà juste six ans, la revue que l'incident Ribourg rendit si mémorable dans le monde politique et dans le monde militaire [1].

Ici, tout a fort bien marché. Nous allions en tête, précédés par la musique du 114e, lequel venait derrière nous.

L'École a sa musique, elle aussi, et bien meilleure, vraiment, car elle est formée d'élèves-officiers qui ont appris à jouer dès leur prime jeunesse. Pour cette solennité, ils étaient dans le rang. Mais patience ! leur tour viendra de se faire entendre et applaudir.

Nous rentrons enfin, on rompt les rangs et je trouve dans la cour mon lieutenant de peloton, que j'aime beaucoup et qui m'attendait pour me serrer la main.

L'heure du déjeûner est venue. C'est l'heure où, pour compléter la réjouissance, nos chers collègues musiciens, retardant leur repas, ont voulu régaler le nôtre de leurs symphonies.

Puis, sur un signal, la musique fait silence. Nos camarades de l'armée de terre ont résolu de nous porter un toast. L'un d'eux, chargé de prendre la parole, s'en est acquitté à merveille ; il a parlé avec ce qui donne la vraie éloquence : le patriotisme et le cœur. Tout le monde battait des mains. Nous, les sept, nous ne pouvions, vous le devinez bien, crier : bravo ! mais nous étions très émus.

Ce n'était pas fini. A peine hors du réfectoire, les neuf élèves, de ma chambrée me prennent au milieu de la cour, m'enlèvent, me portent sur la place, m'entraînent au café, pour m'y abreuver de champagne.

J'en ai bu, d'abord deux flûtes ; mais, en entendant éclater les nombreux bouchons : « Cela va chauffer ! » me suis-je dit, et j'ai fait venir une carafe. Malgré bien des protestations, les Tonkinois et moi, n'avons pris que des *marquises*, mélange d'eau et de vin, qui ne vous fait point perdre la tête.

C'est ainsi que, durant tout le jour et toute la soirée, en ville, à l'École, le groupe des Tonkinois a été acclamé ; sur n'importe

---

[1] Voir, aux annexes, la note D.

quel point, nous étions de la part de tous nos camarades l'objet d'une véritable ovation.

Il n'y a pas à dire ! l'état militaire peut, je l'avoue, faire germer et croître bien des défauts, même des vices ; mais plus que nul autre, il développe cette haute vertu : une sincère confraternité ! Mieux que deux citoyens quelconques, deux soldats sentent à chaque instant que, s'ils sont aujourd'hui pleins de vie, demain ils peuvent être frères dans la mort. Aussi est-elle rare cette jalousie basse, si commune dans le monde civil.

Dans l'armée, — où, notez-le encore, le favoritisme règne moins que partout ailleurs, — quand une action reçoit sa récompense, chacun en est heureux, comme si la récompense lui était personnelle. — Eh ! ne croyez pas que je juge d'après mon unique sentiment : ce sentiment, j'ai pu m'en convaincre, anime l'immense majorité de mes camarades.

De là ces cris, partis du fond du cœur et vibrant à nos oreilles : « Vive les Tonkinois ! »

Je dois être l'un des plus modestes, dans ce petit groupe d'élèves-officiers revenus de l'Extrême-Orient. Et, bien qu'elle ait porté à ma santé une atteinte grave qui, j'en ai l'espoir, ira s'effaçant, je ne l'ai jamais regrettée un seul jour, ma campagne du Tonkin ; je ne la regretterai pas davantage dans l'avenir ; mais, en ce 14 juillet 1886, j'en ai été réellement heureux.

Tous nous sentions que l'œuvre accomplie dans l'Orient lointain était une œuvre bonne pour la France.

CONCLUSION

« Œuvre bonne pour la France. » Cette pensée clôturait, voilà dix-sept ans, la série des lettres écrites à propos du Tonkin.

Quelques mots doivent en être le complément, non moins utile que naturel.

Ceux d'entre nous qui sont retournés en ce pays, — et je suis du nombre, moi qui, à deux reprises différentes, soit comme officier, soit comme fonctionnaire civil, y ait fait deux nouveaux et plus longs séjours ; — ceux-là encore — et j'en suis — qui ont pu comparer le Tonkin à d'autres colonies nouvelles, par exemple celles de la côte occidentale d'Afrique ; — ceux-là ont acquis la certitude que notre conquête de l'Empire indo-chinois, bien qu'elle ait rencontré, en France même, plus d'ennemis que toutes nos autres expéditions coloniales, est incomparablement la plus riche, la plus féconde de toutes celles qu'en notre époque d'expansion des peuples vers le dehors, la France ait pu acquérir.

La conquête du Tonkin et surtout son assimilation est ce qui répond le mieux au proverbe que l'on va répétant : *Les Français ne savent pas coloniser !*

Ah ! les Français ne savent pas coloniser ? Nous l'avons dit, dès le début : Qu'ils aillent donc, les beaux flâneurs à qui ce dicton est familier, parce qu'ils sont incapables de déserter leurs boulevards parisiens, qu'ils aillent faire une promenade en ce Tonkin si rapidement métamorphosé par les vrais colonisateurs de France !

Sans doute, on a procédé, là, avec bien des tâtonnements, ce qui est naturel et peu regrettable ; sans doute bien des erreurs, bien des fautes même ont été commises, que l'on aurait pu et dû éviter, n'importe! Celui qui a vu le Tonkin tel qu'il était en 1884-1885, c'est-à-dire aux jours de la conquête, demeure étonné et comme ébloui de la transfiguration qui s'offre à ses regards.

Qu'on visite Hanoï, surtout Haï-Phong et bien d'autres villes encore. Là, maisons européennes, mais que des vérandas embellissent; larges boulevards, sillonnés de tramways; beaux jardins publics, vastes et riches magasins, luxueuses hôtelleries, casernes superbes, écoles dignes de leur noble destination, hôpitaux spacieux et confortables, tout cela, comme par un coup de baguette magique, semble être sorti du sol, venant prendre la place des petites cases annamites, souvent si nauséabondes, qui bordaient les digues et les rizières.

En même temps que les tramways, pour de courtes distances, des lignes de chemins de fer, des lignes de bateaux rapides ont mis en prompte communication tous les centres commerciaux et agricoles, qui semblaient autrefois si lointains.

Des industries se sont créées ou largement développées; car la houille indispensable a été extraite des mines de Yen-Bay, sur le Haut-Fleuve Rouge, des mines d'Hone-Gaye et de Kébao, sur les bords de la mer, et extraite en telle quantité, que, non seulement elle alimente nos usines, nos locomotives, nos navires, mais encore elle va jusque sur le grand marché anglais et voisin de Hong-Kong faire une victorieuse concurrence aux houilles d'Angleterre et d'Amérique.

— A merveille! dira-t-on, ce succès industriel est fort beau! Mais ne sommes-nous pas allés, là-bas, là-bas, avec nos brutales mœurs conquérantes, asservir, effacer une race d'autant plus digne d'intérêt qu'elle est très pacifique et très douce? Sommes-nous, au Tonkin, les vrais apôtres de la civilisation? N'avons-nous pas violenté la nature? Or, ainsi que nous l'enseignent la science et l'expérience, la nature, tôt ou tard, se révolte, se reprend et triomphe. Dès lors, rien ne serait plus éphémère que notre prétendu Empire indo-chinois.

L'objection est très forte. Le jeune sergent qui, en 1884 et 1885, écrivait les lettres — surtout la dernière du chapitre X — qui forment l'étoffe du présent volume, sentait sourdre en son esprit inquiet cette forte objection. Par bonheur, des faits aussi indéniables que consolants et réparateurs du mal commis ont déjà depuis longtemps répondu.

Ils sont exposés avec détails en un volume destiné à faire pendant au *Tonkin de la conquête* et qui, sous ce titre : *Le Tonkin d'aujourd'hui,* pourrait voir le jour bientôt, si le public montrait quelque faveur à ce genre d'études.

Ce qu'on peut dire, dès à présent, et d'une façon très sommaire, c'est que les Annamites, qui, durant des siècles, avaient subi, tel qu'un fléau fatal, sans recours, la piraterie intermittente des Chinois et le pillage perpétuel de leurs rapaces mandarins ; eux qui accueillirent avec tant de joie et secondèrent avec tant d'ardeur la première entreprise de Francis Garnier, les Annamites sont loin de gémir de notre domination.

Effectivement, d'une part, notre industrie, dont nous parlions tout à l'heure, utilisant les produits de leur sol et surtout de leur sous-sol, a répandu parmi eux une aisance jusque-là inconnue ; d'autre part, le respect imposé par nos armes, leur assurant la paix, leur assurait du même coup la jouissance de ces nouveaux biens.

Ce fut le but des plus intelligents Gouverneurs. Et si Paul Bert, par son antipathie à l'égard des militaires, par sa condescendance très exagérée vis-à-vis des mandarins, d'ailleurs impuissants contre la piraterie, fit faire à la pacification un énorme et rapide recul, M. de Lanessan — on ne saurait lui refuser cette justice — vint, en organisant les Territoires militaires dans la haute région, permettre de rejeter les bandes chinoises et pillardes au delà de la frontière[1]. C'est à tel point, que le dernier mouvement des Boxers, en Chine, si redoutable qu'il fût, n'a pu avoir aucune répercussion au Tonkin.

Le fléau, le grand fléau séculaire du pays, c'est le pirate. Or, la France a trouvé le vrai moyen de le dompter ; car le pirate, après tout, n'est qu'un meurt-de-faim. Et on l'a vaincu, en lui offrant la possibilité de vivre par son travail. Dès lors, il a quitté le fusil pour le pic du mineur ou la pioche du terrassier ; il se confond avec le peuple qu'il rapinait et massacrait.

---

[1] Cette manière de voir, qui étonnera peut-être plus d'un lecteur, nous lui avons donné l'expansion voulue, dans le premier numéro du *Mois colonial,* jeune Revue qui, sous l'active direction de M. G. Froment, a pris tant d'essor.

Les doux Annamites savent bien à quelle domination est due cette merveilleuse métamorphose, qu'eux-mêmes n'eussent jamais pu opérer. Aussi considèrent-ils la France comme la patrie éloignée qui les protège. Notre Protectorat a donc cessé, — puisse-t-il en être ainsi toujours ! — il a cessé de paraître le résultat de la Force ; ce n'est plus qu'un pacte accepté cordialement, avec gratitude.

Et, aujourd'hui, des rives du Meï-Kong, couvertes d'épaisses et hautes forêts, aux rivages sablonneux de la mer de Chine, plantés çà et là de pins maritimes et parsemés de nombreux villages au milieu des rizières ; des collines couvertes de palmiers du cap Saint-Jacques jusqu'aux montagnes de Cao-Bang, où le froid de l'hiver se fait déjà sentir ; sur un territoire plus vaste que la France et peuplé de près de 25 millions d'habitants, aujourd'hui, flottent en paix nos trois couleurs.

Et c'est à la ténacité de l'homme qu'on a tant conspué autrefois, Jules Ferry ; c'est au courage et aux talents militaires des Courbet, des Brière de L'Isle, des de Négrier, des Giovaninelli ; aux talents à la fois militaires et organisateurs des colonels Pennequin, Galliéni, Servières ; enfin à la sagacité de tant d'administrateurs, comme les Brière, les Bonnal, les Lemire ; c'est à tout cet ensemble de vaillants et généreux efforts que la France doit d'avoir ajouté, à l'écrin bien dégarni, hélas ! de ses anciennes et riches possessions coloniales, cette Indo-Chine orientale, qui en forme incontestablement le plus riche et le plus précieux joyau.

ANNEXES[1]

NOTE A

La retraite de Lang-Son
Le rôle du lieutenant-colonel Herbinger

Le simple récit des événements auxquels nous nous sommes trouvé mêlé, voilà où se borne notre tâche, c'est dire que nous ne prétendons point écrire une histoire complète des campagnes du Tonkin.

Néanmoins, comme un lien naturel, étroit, relie tous les grands faits de cette conquête, nous avons, d'instinct, en nos lettres de jeune sergent (chapitre IX) évoqué le souvenir des hommes qui nous ont ouvert la route, bien que nous n'ayons pu les voir à l'œuvre.

Nous n'avons pas assisté non plus à la retraite de Lang-Son ; mais nous est-il possible, ayant participé aux actes antérieurs, de passer celui-là sous silence ?

Au point de vue militaire, il n'eut point l'importance de la prise de Lang-Son ni du débloquement de Tuyen-Quan, dont on a lu le récit ; au point de vue international, ou de nos rapports avec l'Empire du Milieu, il n'eut pas la gravité qu'on lui suppose, car il n'empêcha point la conclusion immédiate d'une paix habilement préparée d'avance et très avantageuse pour nous. Mais, dans notre politique intérieure, il prit une acuité incroyable, faillit mettre Paris en révolution, provoqua la chute soudaine du ministère Ferry et amena le long effacement de l'éminent homme d'État, qui fut flétri du surnom de *Tonkinois*, dont il s'est paré comme d'un titre d'honneur.

Encore une fois, pouvons-nous omettre un événement, cause d'une si profonde secousse ?

Les passions politiques y ont fait irruption ; on a souvent embrouillé, obscurci, dénaturé les faits ; on en a déduit les conséquences les plus contradictoires. Notre unique dessein est de saisir et d'exposer, sans parti pris d'aucune sorte, les actes militaires dans leurs grandes lignes.

---

[1] Voir pages 229, 231, 236, 238 du dernier chapitre.

Une fois nos troupes maîtresses de Lang-Son (le lecteur a vu par quels efforts), le commandant en chef, Brière de L'Isle, avec la 1re brigade, quitta cette ville, en y laissant, sous les ordres du général de Négrier, la 2e brigade.

Le 17 février, une reconnaissance de cavalerie ayant signalé les Célestes à Dong-Dang, le 23, de Négrier marche sur ce point, rejette l'ennemi sur son territoire, fait sauter avec la poudre la Porte de Chine, et, sur ses ruines, on plante un poteau avec cette inscription, en caractères sinologues : *Le respect des traités protège plus sûrement un pays que les Portes aux frontières. La Porte du Quang-Si n'existe plus.*

Les Chinois répondirent par cette autre inscription menaçante : *Nous reconstruirons notre porte avec des têtes de Français.*

Aussi, en rentrant à Lang-Son, le général jugea-t-il prudent de laisser sur les lieux le 2e bataillon de la Légion (commandant Diguet) avec deux pièces d'artillerie. Le 17 mars, il revenait à Dong-Dang avec sa brigade et substituait à ce bataillon le 23e et le 111e de ligne, avec quatre pièces, sous les ordres du lieutenant-colonel Herbinger, qui venait d'arriver au Tonkin, juste pour la marche sur Lang-Son.

Les Chinois ayant, la nuit, assailli nos troupes, de Négrier repousse leur attaque et, quoique ses effectifs fussent bien réduits (à 925 hommes seulement), il se porte au delà de la frontière.

A Bang-Bo, le 23 mars, il enlève une partie des positions occupées par les Chinois, et, le lendemain, il commande à Herbinger de s'emparer des redoutes qui restent. Mais, là, des masses profondes enveloppent soudain nos troupes. Écoutons l'un des plus vaillants acteurs et plus fidèles peintres de ce drame, le capitaine Verdier, du 111e[1] :

« De toutes les crevasses du terrain, sous nos pas, sortent des ennemis armés de coupe-coupe. La mêlée devient horrible. Ils sont plus de dix, plus de vingt contre un; ils bondissent autour de nous. Tout soldat, tout officier entouré est saisi, tiraillé de tous côtés, puis décapité ; dans l'assouvissement de leur rage, ils jettent en l'air, avec des cris de fauves, ces pauvres têtes horriblement grimaçantes.

« Autour de chaque cadavre, une curée. Il faut avancer toujours. » Mais non ! En une demi-heure, le 111e, seul, avait vu tomber plus du quart de son effectif. Les cinq[2] bataillons de la brigade, réduits à

---

[1] Voir son livre si intéressant, si consciencieux : *La Vérité sur la retraite de Lang-Son.* Mémoires d'un combattant, par Jacques HARMANT (c'est le pseudonyme du capitaine). Savine, 1892.

[2] Le 6e bataillon de la 2e brigade (2e bataillon d'infanterie légère d'Afrique) tenait la ligne d'étapes de Lang-Son à Chu et ne put participer à ces combats.

925 hommes, en avaient perdu, en tués ou blessés, 275. Quoique les pertes de l'ennemi fussent bien plus du double, il n'y avait plus, selon le mot de Négrier, « qu'à rompre le combat ». Le signal de la retraite fut donné.

« Là, le général de Négrier, comme homme de guerre, dit le témoin et acteur que nous venons d'entendre, fit preuve des qualités les plus remarquables..... La retraite s'opéra par échelons. Le général donnait ses ordres avec un calme parfait, n'abandonnant une position qu'après s'être bien assuré que les blessés étaient en sûreté..... Il fait face à tout, voit tout, prévoit tout. Placé à l'arrière-garde, il ferme la marche, électrise les troupes par son courage et tient constamment tête à l'ennemi. » D'autres témoins ajoutent : Aussi héroïque que le maréchal Ney, lors de la retraite de Moscou, il a mis pied à terre, saisi un fusil et fait le coup de feu.

Cette retraite de Bang-Bo, de l'avis de tous les officiers présents, demeure un des plus beaux faits d'armes de Négrier.

Hélas! telle ne fut point, quatre jours plus tard, la retraite de Lang-Son.

Dans l'intervalle, nos troupes avaient reçu des renforts ; l'effectif de la 2e brigade se trouva élevé à 4,490 hommes, y compris les Tonkinois. On était averti, en outre, qu'un escadron de Spahis et une batterie du 28e allaient vite la rejoindre, que 1000 Zouaves suivaient ; l'on avait tous les vivres et provisions de guerre désirables (120 cartouches par homme, sans compter celles du parc); on était suffisamment pourvu en munitions d'artillerie (2,676 coups et la batterie du 28e apportait 1450 coups). On savait que des convois de munitions étaient en marche pour Lang-Son. Les troupes, qui, depuis longtemps, étaient réduites au riz, pas toujours décortiqué (on appela cela *la ration substituée*), se voyaient enfin distribuer viande de conserve et biscuit. L'espoir animait tous les cœurs ; on était avide de prendre une éclatante revanche.

Les Chinois vinrent eux-mêmes nous l'offrir.

Le 27 mars, au soir, leurs avant-postes sont signalés à 5 kilomètres de Ky-Lua. Le lendemain matin, deux fortes colonnes s'avancent. De Négrier fait replier nos grand'gardes, afin d'attirer l'ennemi sous nos redoutes. Il s'y présente, en effet, bien à découvert. Nos feux balayent les glacis, il fuit en désordre de ce côté, tandis que, d'un autre, une contre-attaque, dirigée par le lieutenant-colonel Herbinger, complète la déroute.

Oui, la revanche était éclatante. Nous n'avions eu qu'une cinquantaine d'hommes hors de combat, dont 21 n'ayant que des blessures légères, et l'ennemi, de l'aveu même des journaux de Canton, avait payé la journée de Ky-Lua de 6,000 blessés et 1300 morts.

Il commença aussitôt à battre en retraite. Mais, fait presque unique dans l'histoire, c'est le moment où l'armée victorieuse reçut l'ordre de battre en retraite à son tour.

Que s'était-il donc passé, motivant cette fameuse retraite de Lang-Son ?

Le 28 mars, vers 3 h. 1/2 du soir, un immense malheur frappait la brigade : son chef venait de recevoir une grave blessure et passait le commandement au lieutenant-colonel Herbinger, dont soudain le rôle commence.

Étendu sur un brancard, de Négrier, sans prétendre donner aucun ordre, mais désireux de communiquer ses vues à l'officier qui lui succède, dicte pour lui une note, où il conseille d'observer les Chinois (il ignore qu'ils sont en fuite). Cependant, « il ne croit pas à un retour offensif de leur part, ni conséquemment qu'on doive évacuer Lang-Son ».

Sans vouloir se renseigner, n'écoutant aucun avis, refusant au commandant Servières l'honneur qu'il réclame de rester à Lang-Son avec son bataillon d'Afrique, qui précédemment tenait la ligne d'étapes et venait d'être réuni dans la place, presque intact, sans écouter personne, Herbinger ordonne la retraite.

Et aussitôt, à 4 heures, il envoie au commandant en chef, Brière de L'Isle, ce télégramme : « Général de Négrier grièvement blessé. Pris commandement de la colonne. Profiterai de la nuit pour rétrograder. *Impossible maintenir position,* FAUTE MUNITIONS ET VIVRES. »

Rien de plus inexact que cette dernière assurance. Évidemment, Herbinger, qui, au Mexique, à Metz, à Paris, avait fait ses preuves de bravoure, à cette heure où tout reposait sur lui, se trouve affolé.

Ici, deux questions se posent :

1° La retraite était-elle vraiment obligatoire?

2° A-t-elle été bien conduite?

Sur le premier point, on a pu émettre des opinions différentes. Ceux qui songent combien les Chinois pullulent ont pu craindre un prompt retour offensif de leur part, avec des forces écrasantes : ce qui n'a rien d'absolument irrationnel.

Mais, en admettant que la raison ait dicté au chef de la colonne son ordre de retraite, l'a-t-elle inspiré dans l'exécution de cette grave mesure ?

Hélas ! c'est ici surtout que l'affolement — pour ne pas dire la folie — se manifeste.

Le lieutenant-colonel, et sans que rien motivât pareil sacrifice, fait jeter dans un ravin une batterie de six pièces de 4 de montagne; il fait détruire les vivres; il fait précipiter dans le Sung-Ki-Kung tout le trésor, qu'il était en tous cas si facile de sauver en distribuant des piastres à chaque soldat. Un peu plus tard, il fera brûler les livres de comptabilité de ce même trésor, briser les appareils du télégraphe optique ; il exigera l'abandon de tous les bagages d'officiers, et cela au grand étonnement des coolies habitués au transport de ces cantines, qui disaient en leur naïveté : « Nous porter rien ? Nous vouloir porter tout. »

Herbinger avait divisé ses troupes en deux colonnes. A la tête de l'une, il se dirigea vers Than-Moï et Bac-Lé ; à la tête de l'autre, le commandant Schœffer, de la Légion, dut rétrograder par Dong-Son en toute hâte.

Et, malgré le général en chef, qui lui télégraphie : « Je ne comprends pas que, sans poursuite, le commandant de la colonne éreinte ainsi ses troupes » ; malgré cette grave admonestation : « Vous devez savoir ce que vous pouvez faire avec des troupes de la qualité de celles que vous avez l'honneur de commander » ; malgré qu'il lui annonce des renforts importants ; malgré qu'il lui prescrive de s'arrêter dans sa marche, Herbinger continue toujours, toujours sa retraite échevelée, donnant des ordres et des contre-ordres à la fois.

Un petit fait, un des seuls traits d'indiscipline qui se soient produits alors, prouve combien était peu urgente cette retraite, combien l'on était peu pressé par l'ennemi.

Les cantiniers qui suivaient la brigade, n'ayant pu se procurer de coolies à Lang-Son, au milieu du désarroi, avaient pris le parti de distribuer gratis leurs boissons. Avant que les officiers eussent pu intervenir, une douzaine de Légionnaires avaient bu de telle sorte qu'ils restèrent couchés dans des coins, ivres-morts. On les oublia.

Lorsque, le lendemain, ces hommes se réveillèrent, ils n'aperçurent pas un Chinois, et, stupéfaits de se trouver seuls dans la place, ils se réunirent et rejoignirent tranquillement la colonne par la route de Chu.

C'est alors enfin que Brière de L'Isle envoya le colonel d'artillerie de marine Borgnis-Desbordes, avec des forces et la mission de remplacer Herbinger dans son commandement, tandis qu'une moitié de la 1ʳᵉ brigade arrivait sous les ordres du général Giovaninelli. Les premiers jours d'avril 1885, ces troupes s'établirent à Chu.

Là s'arrête le drame militaire, si douloureux, dont nous avons noté les graves conséquences politiques : l'effondrement d'un ministère.

Les passions ne se calmèrent pas de sitôt. Appelé en France devant un conseil d'enquête, le malheureux officier supérieur dut ensuite retourner au Tonkin, pour y être jugé à nouveau, sans autre résultat qu'une banale ordonnance de non-lieu, rendue, dit-on, par ordre supérieur. On voulait étouffer le bruit autour de l'aventure. Impossible. La clameur redoubla. Nombre de journaux ne virent en Herbinger qu'un bouc émissaire, la victime innocente, expiatoire, des fautes d'autrui, de Jules Ferry surtout.

Tel est le sentiment qui inspira la longue étude publiée, le 10 décembre 1885, dans la Revue *Le Correspondant* et signée (***). Trois étoiles qui cachaient le nom d'un général. Là, au milieu d'attaques passionnées contre plusieurs chefs politiques et militaires, on lisait une apologie exubérante d'Herbinger. « Son nom, disait l'écrivain, était la meilleure garantie de l'opportunité et de la bonne exécution d'une mesure militaire quelle qu'elle fût. »

Le même jour, paraissait dans le *Temps* le *Rapport sur l'évacuation de Lang-Son et la retraite de Lang-Son à Chu*, signé par le colonel Borgnis-Desbordes.

La publication, sans contre-partie, dans un journal, de ce document officiel, qui n'a pas moins de 39 pages, était un acte insolite qui produisit un vif émoi. C'est le seul blâme que puisse encourir ce rapport, œuvre d'un enquêteur sérieux qui, jour par jour, heure par heure, a étudié les moindres faits et gestes, interrogé tous les principaux acteurs, et, après avoir jugé *sans excuse* presque chacune des opérations du chef de la colonne, aboutit à cette conclusion finale : En ce moment-là, « le lieutenant-colonel Herbinger était dans un état de surexcitation qui l'empêchait de jouir de toutes ses facultés ».

Herbinger mourut deux ou trois mois plus tard. Volontiers nous dirions : Paix à ses cendres ! si l'on ne devait, avant tout, dire la vérité sur les morts qui sont mêlés à notre histoire.

Sans doute, lui qui était sorti de Saint-Cyr avec le n° 1 et qui, chef d'un bataillon de chasseurs à pied, qu'il avait su bien entraîner, fut nommé professeur de la Tactique d'infanterie, à l'École Supérieure de Guerre, Herbinger fut un savant officier et un brave soldat. Quand il arriva au Tonkin, précédé de sa réputation, grande fut la joie de tous ceux qui se trouvèrent sous ses ordres. Mais, quand on le vit à l'œuvre, quelle désillusion subite !

L'auteur des *Mémoires d'un Combattant* révèle des faits nombreux qui prouvent l'irritabilité extraordinaire du lieutenant-colonel Herbinger. Il faut dire, toutefois, que ses plus violentes sorties contre ses hommes eurent pour principale cause des questions de tenue, et qu'on ne saurait voir, en cela seul, l'indice d'un trouble cérébral. Sans doute, les expressions dont se servait le colonel étaient excessives; mais, sans doute aussi, la tenue de son régiment, comparée à celle de corps qui se trouvaient dans les mêmes conditions, était loin d'être brillante.

Quelque chose du moins doit nous consoler dans ce désastre, c'est le témoignage véridique du même acteur (le capitaine Verdier), qui déjà avait « assisté à la retraite du Mans et à d'autres en 1870 ». Voici ce ferme témoignage : « Nous ne craignons pas de le dire hautement : La retraite de Lang-Son s'est effectuée, de la part des hommes, dans le calme le plus parfait; chacun restant à sa place, dans les marches les plus pénibles, aucun intervalle n'était perdu, même de nuit; aucun cri, aucun murmure; tous les ordres des officiers étaient ponctuellement exécutés. Et il fallait qu'elle fût bien disciplinée, cette malheureuse troupe, pour rester aussi calme avec un pareil colonel à sa tête[1]. »

Ajoutons enfin que cette retraite, cause de tant de bruit et dont se réjouirent tant certains ennemis de la France, n'a rien de comparable avec celle, toute récente (1896), où une armée italienne, composée, non d'une seule, mais de six brigades, a laissé aux mains de l'ennemi 72 pièces de canon, et où l'on a vu, devant les Abyssins, son général en chef s'enfuir à toute bride, escorté de quelques cavaliers.

Note B

Dans l'expédition de Madagascar, cette question des transports de malades et de l'opportunité de leur rapatriement a vivement préoccupé le public.

La marine dispose de grands transports-hôpitaux très bien aménagés dans ce but. Sur la *Nive*, nous nous trouvions d'une façon moins confortable. Cependant, sa grande batterie haute fut si bien transformée en hôpital, que sur les 1500 convalescents, dont 400 alités, qui étions à bord, nous ne perdîmes, dans une traversée de trente-cinq jours, que 6 hommes.

Pourquoi, à Madagascar, ne s'est-on pas servi de nos transports-

---

[1] N'ayant pas vu le lieutenant-colonel et ne me considérant point, du reste, comme apte à le juger, il m'est interdit de porter sur lui la moindre appréciation qui me soit propre. Cependant, qu'on me permette ce citer un témoignage modeste, mais qui, à mes yeux, offre une immense valeur : celui de mon père.

En 1884, dans une maison amie, où les lettres que j'écrivais du Tonkin à ma famille étaient lues avec intérêt et surtout avec bienveillance, maison où le lieutenant-colonel Herbinger se rendait souvent, mon père eut deux fois l'occasion de s'entretenir avec lui. Or, chaque fois, quoique très prévenu en sa faveur, mon père fut très vivement frappé, plus peut-être que par ses paroles, par son grand regard à la fois vague et fixe, et il rentra, en résumant son impression en ces termes : « C'est un homme de génie ou un fou. »

hôpitaux, au lieu de ces affrétés, *cargo-boats*, sans air ni lumière, où, dans un voyage de vingt jours à peine, on a eu 40 et 45 décès ?

On embarqua, dit-on, des hommes trop malades. Et la presse de blâmer les médecins.

On oublie que, pour le pauvre soldat malade, le seul fait d'être placé sur un navire qui le ramène en France est le remède le plus puissant, une sorte de résurrection. Combien n'ai-je point vu de mes camarades, qui, traînant dans les hôpitaux du Tonkin, y eussent trouvé une mort certaine et à qui le rapatriement seul rendit la vie !

NOTE C

Médaillé pour sa belle conduite, lors de la sortie du 1ᵉʳ septembre 1883, près d'Hanoï, le sergent Vitard, deux mois plus tard, à l'assaut d'une redoute de Sontay, allait prendre, sous une grêle de balles, son lieutenant blessé (le lieutenant Jéhenne, plus tard officier d'ordonnance du vice-amiral Courbet et qui, mort à Formose, fut veillé et pleuré par son illustre chef). Vitard le rapportait en arrière, puis, le déposant à l'abri d'une digue, entraînait de nouveau par son exemple les hommes de sa section et entrait un des premiers dans l'ouvrage. Proposé pour la croix de chevalier, il l'attendait encore, lorsque, dans une petite colonne sur le Day, il se distingua de nouveau.

Il servait alors aux Tonkinois. Envoyé par le colonel Brionval reconnaître un village, il le trouva occupé par cinquante Chinois. Il disposait de six Tirailleurs. Aussi grand et fort que courageux, il enfonce la porte de bambou qui fermait l'enceinte, électrise ses Annamites et met les Chinois en fuite.

Mais une balle lui a enlevé un doigt, une autre s'est logée dans son épaule.

Il revient vers son colonel et, raide, au port d'armes, lui annonce que le village occupé tantôt est évacué maintenant.

« — Mais vous êtes blessé ? » dit le colonel, en voyant le sang couler.

« — Oh ! oui, mon colonel, ce n'est rien.

« — Par exemple ! s'écria l'officier supérieur. Vous avez déjà été proposé pour la Légion d'honneur ; cette fois-ci vous l'aurez, ou je perds mon nom ! »

Charmant camarade, d'une gaieté vraiment extraordinaire, Vitard, sous-lieutenant à Cherbourg, fit l'admiration et la joie des officiers russes de passage dans ce port de guerre. Il fut ensuite envoyé en Nouvelle-Calédonie. Ce n'est pas, malheureusement, en gardant des *bagnards* qu'un tel officier pouvait faire montre de ses qualités.

Note D

S'il est impossible de fournir ici les détails de cet incident, il est bon du moins qu'on en rappelle le fait capital.

Le 14 juillet 1880, la remise solennelle de tous les drapeaux venait d'être faite à Paris, à Longchamps, par le Président de la République. Les trois régiments en garnison à Cherbourg, ayant reçu chacun le sien, par les délégués de ces corps, on ordonna, pour les accueillir, une grande revue. Elle fut passée par le préfet maritime, le vice-amiral Ribourt.

Or, dès le début, quand il arriva devant le 1er de marine, notre musique entama la *Marseillaise*. Lui, d'un geste énergique de la main, la fit cesser aussitôt. Grande stupéfaction dans la foule. L'amiral parvient devant le 25e de ligne. Même scène. Mais là, le général Fauchon, qui avait pleine autorité sur le régiment de sa brigade, crie d'une voix très forte : « Chef de musique, continuez la *Marseillaise !* » Bravos frénétiques du peuple pour le général, huées contre l'amiral Ribourt. On devine ce que devint, à partir de ce moment, la cérémonie patriotique.

L'événement fit grand bruit ; le commandement maritime fut retiré au vice-amiral Ribourt, et, peu après, il fut mis à la retraite.

ERRATA

Page 4, 16ᵉ ligne, fin du paragraphe 3, *au lieu de :* « Que cela m'étonna ! », *lire* (ce qui est tout le contraire) : « Que cela n'étonne. »

Page 13, ligne 10, à propos du détroit de *Bab-el-Mandeb*, on lit : « Comme il mérite bien son nom de *Porte de l'affliction !* »

Maints lecteurs pourraient croire que c'est là un surnom donné au détroit : c'est son nom même, en arabe, et l'auteur l'avait exprimé en ces termes : « Comme il mérite bien son nom, qui signifie : *Porte de l'affliction !* »

TABLE DES MATIÈRES

CHAPITRE IX.

CHAPITRE X.

CHAPITRE XI.

CHAPITRE XII.

CHAPITRE XIII.

CHAPITRE XIV.

Paris. — Imprimerie R. Chapelot et Cᵉ, 2, rue Christine.

9 782019 932510